U0413263

北京建筑大学教材建设项目资助出版

高等院校应用型特色教材·经济管理类

财 务 管 理 学

彭 斌 编 著

清 华 大 学 出 版 社
北京交通大学出版社
·北京·

内 容 简 介

本书开篇对财务管理的主要内容进行了全面的概述，接下来通过财务管理基础和财务管理专题两个篇章对财务管理进行了详尽的讲解，内容不仅包括投资管理、筹资管理、营运资金管理、利润分配管理，还包括财务分析、企业并购和破产、重组与清算等财务管理专题。

本书结构合理，内容精练，实用性强，适合作为会计学、金融学等专业的教材，也可供从事管理、经济、法律和理财、金融等方面工作的企事业人士学习参考。

图书在版编目（CIP）数据

财务管理学/彭斌编著. —北京：北京交通大学出版社：清华大学出版社，2023.10
ISBN 978－7－5121－3771－4

Ⅰ.①财…　Ⅱ.①彭…　Ⅲ.①财务管理-高等学校-教材　Ⅳ.①F275

中国版本图书馆 CIP 数据核字（2021）第 233509 号

财务管理学
CAIWU GUANLIXUE

责任编辑：郭东青
出版发行：清 华 大 学 出 版 社　　邮编：100084　　电话：010－62776969
　　　　　北京交通大学出版社　　邮编：100044　　电话：010－51686414
印 刷 者：北京鑫海金澳胶印有限公司
经　　销：全国新华书店
开　　本：185 mm×260 mm　　印张：17.25　　字数：443 千字
版 印 次：2023 年 10 月第 1 版　　2023 年 10 月第 1 次印刷
印　　数：1～1 000 册　　定价：59.00 元

本书如有质量问题，请向北京交通大学出版社质监组反映。对您的意见和批评，我们表示欢迎和感谢。
投诉电话：010－51686043，51686008；传真：010－62225406；E-mail：press@bjtu.edu.cn。

前　言

本书结合国内外财务管理理论与实践研究的最新成果，以近年来财务管理学体系改革成果为依托，做到基础性、实用性、前沿性和创新性的统一。

本书结构合理，内容精练，实用性强。本书开篇对财务管理的主要内容进行了全面的概述，接下来通过财务管理基础和财务管理专题两个篇章对财务管理进行详细讲解。第 1 篇为财务管理基础篇，以企业财务活动和专题财务问题为导向，探究企业财务管理过程中的投资管理、筹资管理、营运资金管理和利润分配管理等财务基本内容。第 2 篇为财务管理专题篇，系统阐述财务分析、企业并购和破产、重组与清算等财务管理专题。

本书最大的特点是选编了大量最新实用的案例在每章进行讨论，将各章的概念、原理融入实例问题之中，启发读者结合实践，对财务管理的理论和方法进行深入思考，以提高读者提出、分析和解决问题的能力。

编者得以完成本书，首先要感谢北京建筑大学城市与经济管理学院，由于学院的安排和支持，笔者有机会在教研实践中完成这本书的写作和修改；还要感谢各位参与讨论的同学，他们提出了许多宝贵的意见，给予我很大的鼓励；同时还要感谢北京交通大学出版社郭东青等同志在这本书的审稿工作中付出的辛勤劳动。

编者

2023 年 8 月

目　　录

财务管理总论

学习目标：

1. 掌握财务管理主要内容与财务会计的区别和联系。
2. 掌握现代公司财务组织、财务经理与财务活动。
3. 掌握财务关系与企业契约模型。
4. 掌握财务管理假设前提和财务管理环境。
5. 掌握财务管理目标的主要观点。

1.1 什么是财务管理

财务管理，是管理财务活动和协调财务关系的一门独立学科和课程，所管理的对象是“钱财”。

财务管理是一门艺术还是科学？科学是解析、解决问题，而艺术是给人以一种感受，喜剧让人感到高兴，悲剧让人感到痛苦，艺术和科学完全不是一回事；你亏了 100 万元，虽然去看了喜剧会让你开心一会，但最终钱还是拿不回来。科学分为社会科学和自然科学。社会科学是研究人的行为的，经济学假设人都是理性的（而非理性正是需要克服的），因而人在绝对理性时做出的决策是最好的。自然科学是针对客体的，经过逻辑推理导出变量之间的关系，探讨其背后原因。财务管理是研究理性人如何通过逻辑推理挖掘公司资金运动的财务活动价值，从而做出最优财务决策的科学。

财务管理的核心功能是有效管理公司的财务活动，实现企业价值，强调资本市场投融资等财务活动对公司运营的重要性，而且是一门社会科学和自然科学相互融合的学科。所以其不考虑公司治理理论，而且认为公司是理性的，不考虑委托代理关系非理性噪声来决策。（现代公司治理的结构是股东—董事会—高级经理—部门经理，股东是委托人，部门经理是代理人，代理人借助信息优势实现个人私利，因信息不对称委托人逆向选择从而产生道德风险。）

1.1.1 财务管理的主要内容

财务管理的主要内容是组织财务活动。财务活动是以现金收支为主的企业资金收支活动的总称。在市场经济条件下，一切物资都具有一定的价值，它体现着耗费于物资中的社会必要劳动量。社会再生产过程中物资价值的货币表现，就是资金。在市场经济条件下，资金是进行生产经营活动的必要条件。企业的生产经营过程，一方面表现为物资的不断购进和售出；另一方面则表现为资金的支出和收回，企业的经营活动不断进行，也就会不断产生资金的收支。企业资金的收支，构成了企业经济活动的一个独立方面，这便是企业的财务活动。企业财务活动可分为以下四个方面。

1. 筹资活动

企业从事经营活动，首先必须解决的是通过什么方式、在什么时间筹集多少资金。在筹资过程中，企业通过发行股票、发行债券、吸收直接投资等方式筹集资金，表现为企业资金的收入；而企业偿还借款，支付利息、股利以及付出各种筹资费用等，则表现为企业资金的支出。这种因为资金筹集而产生的资金收支，便是由企业筹资引起的财务活动。

在进行筹资活动时，财务人员首先要预测企业需要多少资金，通过什么方式筹集资金，是通过发行股票取得资金还是向债权人借入资金，两种资金占总资金的比例应为多少等。假设企业决定借入资金，那么是发行债券好，还是从银行借入资金好呢？借入资金应该是长期的还是短期的？资金的偿付是固定的还是可变的？等等。财务人员面对这些问题时，一方面要保证筹集的资金能满足企业经营与投资的需要；另一方面还要使筹资风险在企业的掌控之中，一旦外部环境发生变化，企业不至于由于偿还债务而陷入破产。

2. 投资活动

企业筹集资金的目的是把资金用于生产经营活动以取得利润，不断增加企业价值。企业把筹集到的资金用于购置自身经营所需的固定资产、无形资产等，便形成企业的对内投资；企业把筹集到的资金投资于其他企业的股票、债券，与其他企业联营进行投资以及收购另一个企业等，便形成企业的对外投资。无论是企业购买内部所需各种资产，还是购买各种证券，都需要支出资金。当企业变卖其对内投资的各种资产或收回其对外投资时，会产生资金的收入。这种因企业投资而产生的资金的收支，便是由投资引起的财务活动。

在进行投资活动时，由于企业的资金是有限的，因此应尽可能将资金投放在能带给企业最大收益的项目上。由于投资通常在未来才能获得回报，因此，财务人员在分析投资方案时，不仅要分析投资方案的资金流入与资金流出，同时还要分析企业为获得相应的报酬还需要等待多久。当然，获得回报越早的投资项目越好。另外，投资项目很少是没有风险的，一个新的投资项目可能成功，也可能失败，因此，财务人员需要找到一种方法对这种风险因素加以计量，从而判断选择哪个方案，放弃哪个方案，或者是将哪些方案进行组合。

3. 资金运营活动

企业在正常的经营过程中，会发生一系列的资金收支。首先，企业要采购材料或商品，以便从事生产和销售活动，同时，还要支付工资和其他营业费用；其次，当企业将产品或商品售出后，便可取得收入，收回资金；最后，如果企业现有资金不能满足企业经营的需要，那么还需要采取短期借款方式来筹集所需资金。上述各方面都会产生资金的收支，属于企业经营引起的财务活动。

在企业经营引起的财务活动中，主要涉及的是流动资产与流动负债的管理问题，其中关键是加速资金的周转。流动资金的周转与生产经营周期具有一致性，在一定时期内，资金周转越快，就可以利用相同数量的资金生产出更多的产品，取得更多的收入，获得更多的报酬。因此，如何加速资金的周转、提高资金利用效果是财务人员在这类财务活动中需要考虑的主要问题。

4. 企业利润分配活动

企业在经营过程中会产生利润，也可能会因对外投资而分得利润，这表明企业有了资金的增值或取得了投资报酬。企业的利润要按规定的程序进行分配。首先要依法纳税；其次要用来弥补亏损，提取公积金；最后要向投资者分配股利。这种因利润分配而产生的资金收支便属于由利润分配而引起的财务活动。

在分配活动中，财务人员需要确定股利支付率的高低，即将多大比例的税后利润用来支付给投资人。过高的股利支付率，会使较多的资金流出企业，从而影响企业再投资的能力，一旦企业遇到较好的投资项目，将有可能因为缺少资金而错失良机；而过低的股利支付率，又有可能引起投资人的不满，对于上市企业而言，这种情况可能导致股价下跌，从而使企业价值下降。因此，财务人员要根据企业自身的具体情况确定最佳的分配政策。

上述财务活动的四个方面，不是相互割裂、互不相关的，而是互相联系、互相依存的。正是上述互相联系而又有一定区别的四个方面，构成了完整的企业财务活动，这四个方面也正是财务管理的基本内容：企业筹资管理、企业投资管理、资金运营管理、利润及其分配管理。如图1-1所示。

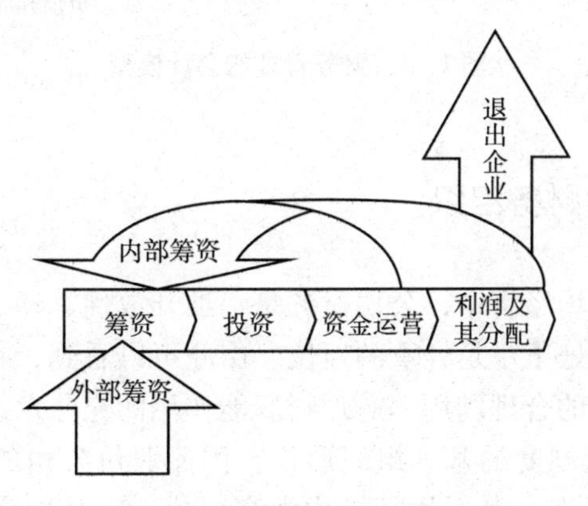

图1-1 财务活动四个方面的循环关联

综上所述，财务管理的主要内容是：筹资管理，解决的问题是“钱从哪里来”；投资管理，解决的问题是“钱用到哪里”；资金运营管理，解决的问题是“怎么有效地用好钱”；利润及其分配管理，解决的问题是“怎么分配赚到的钱”。

1.1.2 财务管理和财务会计的区别和联系

财务会计是对财务活动的核算和监督，就是记账、算账和编制报表。财务管理是管理投资活动、筹资活动、资金运营活动和利润分配活动。比如财务管理要决策筹资来源和方式，企业是选择负债经营还是股权融资，举债是短期还是长期，这在财务会计报表中对应的项目是流动负债和非流动负债；股权融资在财务会计报表中对应的项目是股东权益。有了钱企业要把钱用出去，让钱生钱，这就是投资活动。财务管理要决策钱的用处，把钱用于投资短期有价证券，则在财务会计报表中对应的项目是交易性金融资产；把钱用于买设备厂房，在财务会计报表中对应的项目是固定资产；把钱用于买原材料生产出产成品和半成品，在财务会计报表中对应的项目是存货；把钱用于买专有技术和专利，在财务会计报表中对应的项目是无形资产。赚到钱留着有自用，在财务会计报表中对应的项目是留存收益。财务管理与财务会计两者的联系如图 1-2 的会计模型所示。

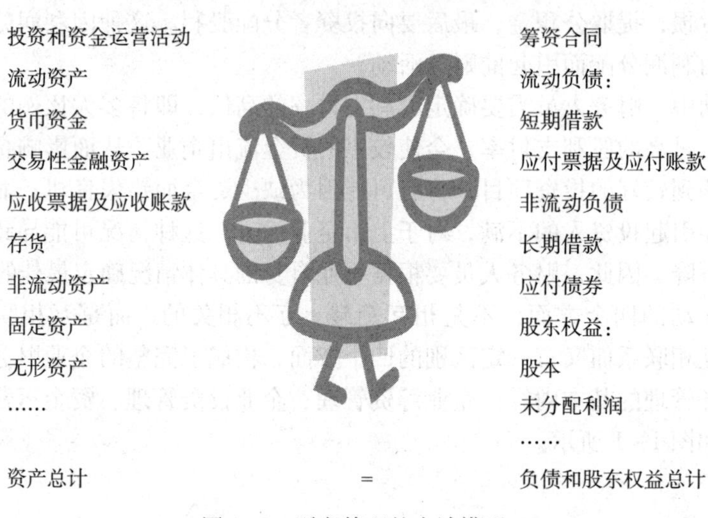

图 1-2　财务管理的会计模型

1.1.3　现代公司中的财务组织

前文指出，在现代市场经济中，公司财务是一项开放性、动态性、综合性的工作，在公司整个经营管理工作中处于举足轻重的地位。由此可以看到，在公司内部，财务机构的科学设置、财务专业人员的合理聘用，对理财职能作用的充分发挥具有十分重要的意义。

股份公司是现代企业制度的基本组织形式，因而股份公司的财务机构也可视为现代公司财务机构最完备的形态。公司执行机构由高层执行官员即高层经理人员组成。这些高层执行官员受聘于董事会，在董事会授权范围内，拥有对公司事务的管理权和代理权，负责处理公司的日常经营事务。在董事会领导下的高层执行官员包括：总经理、副总经理、财务总监、财务经理、总会计师等。典型的现代公司中的财务组织机构如图 1-3 所示。

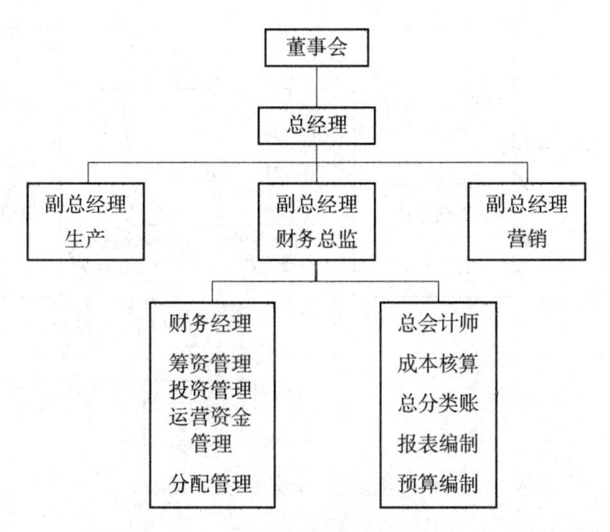

图1-3 现代公司中的财务组织机构

图1-3表明，财务经理、总会计师都向财务总监负责，在他领导、统筹下开展工作。但他们之间有明确的分工，各自履行性质不同的专业工作。

小常识：股份制公司和股票交易所成立

1554年英国成立第一个以入股形式进行海外贸易的特许公司“莫斯科公司”，它的成立标志着真正的股份制度的产生。

1602年，荷兰东印度公司成立，该公司由大股东和小股东组建，是世界上第一个发行股票的公司。东印度公司成立后，世界第一家股票交易所在荷兰阿姆斯特丹成立。东印度公司将公众手中的钱汇集起来进行远洋贸易，返航后拥有公司股票的人得到了丰厚的回报：652万荷兰盾，相当6亿美元。

1.1.4 财务经理与财务活动

财务管理强调通过定量方法对财务活动进行财务决策，实现公司价值创造。具体实现路径可用图1-4来说明。图1-4中的箭头表明现金流量在企业与金融市场以及政府之间流动的方向。假设企业开始进行融资活动，为了筹集资金而在金融市场向投资者发售债券和股票，现金从金融市场流向公司（A），将现金用于投资（B），公司在生产经营过程中创造现金流（C），然后，公司将现金支付给债权人、股东（F）和政府（D）。股东以现金股利的方式得到投资回报；债权人因出借资金而获得了利息，并且收回了本金；政府也获得了税收收入。需要注意的是，企业并不是将所有的投资回报都用于支付，还将留存一部分用于再投资（E）。但是，从长期来看，只要企业支付给债权人和股东的现金（F）大于从金融市场上筹集到的资金（A），公司价值就得到了提升。

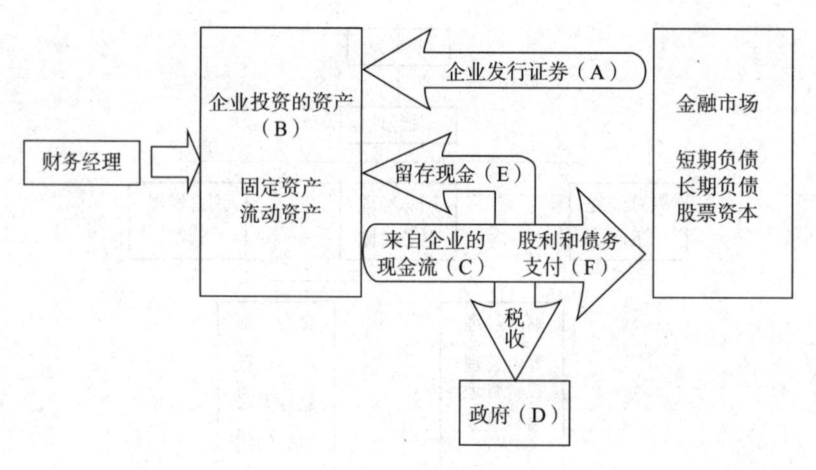

图1-4　企业和外部现金流

1.1.5　企业财务关系

企业财务关系是指企业在组织财务活动过程中与各有关方面发生的经济关系。企业的筹资活动、投资活动、经营活动、利润及其分配活动与企业内部和外部的方方面面都有着广泛的联系。企业的财务关系可概括为以下几个方面。

1. 企业同其所有者之间的财务关系

这主要指企业的所有者向企业投入资金，企业向其所有者支付投资报酬所形成的经济关系。企业的所有者主要有四类：国家、法人单位、个人、外商。企业的所有者要按照投资合同、协议、章程的约定履行出资义务，以便及时形成企业的资本金。企业利用资本金进行经营，实现利润后，应按出资比例或合同、章程的规定，向其所有者分配利润。企业同其所有者之间的财务关系体现了所有权的性质，反映了经营权和所有权的关系。

2. 企业同其债权人之间的财务关系

这主要指企业向其债权人借入资金，并按借款合同的规定按时支付利息和归还本金所形成的经济关系。企业除利用资本金进行经营活动外，还要借入一定数量的资金，以降低企业资本成本，扩大企业经营规模。企业的债权人主要有：债券持有人；贷款机构；商业信用提供者；其他出借资金给企业的单位或个人。企业利用债权人的资金后，要按约定的利息率，及时向债权人支付利息。债务到期时，要合理调度资金，按时向债权人归还本金。企业同其债权人之间的关系体现的是债务与债权的关系。

3. 企业同其被投资单位之间的财务关系

这主要是指企业将其闲置资金以购买股票或直接投资的形式向其他单位投资所形成的经济关系。随着横向经济联合的开展，这种关系将越来越广泛。企业向其他单位投资，应按约定履行出资义务，参与被投资单位的利润分配。企业与其被投资单位的关系体现的是所有权性质的投资与受资的关系。

4. 企业同其债务人之间的财务关系

这主要是指企业将其资金以购买债券、提供借款或商业信用等形式出借给其他单位所形成的经济关系。企业将资金借出后，有权要求其债务人按约定的条件支付利息和归还本金。企业同其债务人之间的关系体现的是债权与债务关系。

5. 企业内部各单位之间的财务关系

这主要是指企业内部各单位之间在生产经营各环节相互提供产品或劳务所形成的经济关系。在实行内部经济核算的条件下，企业供、产、销各部门以及各生产单位之间，相互提供产品和劳务要进行计价结算。这种在企业内部形成的资金结算关系，体现了企业内部各单位之间的利益关系。

6. 企业与职工之间的财务关系

这主要是指企业向职工支付劳动报酬的过程中所形成的经济关系。企业要用自身的产品销售收入，向职工支付工资、津贴、奖金等，按照提供的劳动数量和质量支付职工的劳动报酬。这种企业与职工之间的财务关系，体现了职工和企业在劳动成果上的分配关系。

7. 企业与国家税务机关之间的财务关系

这主要是指企业要按税法的规定依法纳税而与国家税务机关形成的经济关系。任何企业，都要按照国家税法的规定缴纳各种税款，以保证国家财政收入的实现，满足社会各方面的需要。及时、足额地纳税是企业对国家的贡献，也是对社会应尽的义务。因此，企业与税务机关的关系反映的是依法纳税和依法征税的权利义务关系。

从契约经济学的角度，企业是各种利益相关者之间契约的组合。通过书面契约，管理者、员工、供应商等可以保护自己的利益免受股东的侵害；即使没有与某些利益相关者（如社会、政府和环境）订立书面契约，企业仍然受到法律和道德的约束。而且，如果企业违反了契约的规定，利益相关者就会中断与企业的交易，企业最终会遭受损失。企业与各种利益相关者的财务关系构成企业契约模型，如图1-5所示。

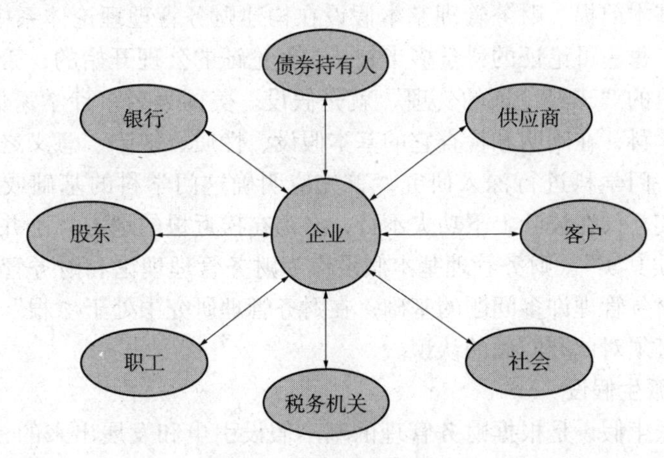

图1-5 企业契约模型

1.2 财务管理假设

1.2.1 财务管理假设的概念

“假设”（postulation）一词的含义究竟是什么？一般都引用比较权威的《韦氏国际词典》的解释。该词典对假设给出了两方面解释：①提出一个认为是理所当然或不言自明的命题；②基本的前提或假定。可以认为，第一种解释是一种不需要进行证明的，有一定事实依据的命题；第二种解释是人们进行实践活动或进行理论研究的基本前提。

因此，可以把假设定义为：人们根据特定环境和已有知识所提出的、具有一定事实依据的假定或设想，是进一步研究问题的基本前提。根据以上假设的概念，结合财务管理的特点，可以把财务管理假设定义为：人们利用自己的知识，根据财务活动的内在规律和理财环境的要求所提出的，具有一定事实依据的假定或设想，是进一步研究财务管理理论和实践问题的基本前提。

1.2.2 财务管理假设的分类

根据财务管理假设的作用不同，财务管理假设可以分为以下三种。

1. 财务管理基本假设

财务管理基本假设是研究整个财务管理理论体系的假定或设想，它是财务管理实践活动和理论研究的基本前提。财务管理基本假设在构建财务管理理论体系中具有重要意义。亚里士多德说过，每一可论证的科学多半是从未经论证的公理开始的，否则，论证的阶段就永无止境。这里的“未经论证的公理”就是假设。美国著名审计学家伯特·K. 莫茨也说过：无论哪门学科，在阐明和检查它的基本假设、性质、缺陷、意义之前，均无法得到真正的发展。对一门学科进行深入研究，首先应明确这门学科的基础或前提，就像一棵树，要想多结果实，仅在枝叶上下功夫不行，必须在挨近根的地方翻土并施加肥料。即所谓的“养其根而俟其实”。财务管理基本假设作为财务管理理论和财务管理实践的逻辑前提，是深入研究财务管理许多问题的基础，在财务管理研究中处于“根”的地位，每一位财务管理人员都必须对此有明确的认识。

2. 财务管理派生假设

财务管理的派生假设是根据财务管理的基本假设引申和发展出来的一些假定和设想。财务管理的派生假设与基本假设互为作用，派生假设是对基本假设的进一步说明和阐述，在构建财务管理理论体系中也起着重要作用。

3. 财务管理具体假设

财务管理具体假设是指为研究某一具体问题而提出的假定和设想。它是以财务管理基本假设为基础，根据研究某一具体问题的目的而提出的，是构建某一理论或创建某一具体方法的前提。例如，财务管理中著名的 MM 理论、资本资产定价理论、本量利分析方法等都是在一系列具体假设的基础上构建的。

1.2.3 研究财务管理假设的意义

1. 财务管理假设是建立财务管理理论体系的基本前提

一般来说，理论体系的建立，多数要通过假设、推理、实证等过程实现。因此，要形成理论，都需要先提出假设。恩格斯曾说过："只要自然科学在思维着，它的发展形式就是假说。"列宁也指出："在马克思建立科学的无产阶级世界观之前，社会学中的唯物主义思想曾经是一假设。"可见，不管是自然科学还是社会科学，要建立科学的理论体系，都需要建立一定的假设。

2. 财务管理假设是企业财务管理实践活动的出发点

人类做出任何决策都需要一定的假设，财务管理也不例外。例如，当一个企业进行长期债券投资时，必然假定自己的企业和被投资的企业均是持续经营的企业；当我们说把钱存入银行不如投资股票的报酬高时，实际是假设风险与报酬同增。

1.2.4 财务管理假设的构成

1. 理财主体假设

理财主体假设是指企业的财务管理工作不是漫无边际的，而应限制在每一个经济上和经营上具有独立性的组织之内。它明确了财务管理工作的空间范围。这一假设将一个主体的理财活动同另外一个主体的理财活动相区分。在现代的公司制企业中，客观上要求将公司的财务活动与股东的财务活动划分清楚，如果将成千上万的股东和企业混在一起，就无法判断企业的经营业绩和财务状况。而使用理财主体假设，将公司与包括股东、债权人和企业职工在内的其他主体分开，无疑是一种聪明的做法。

理财主体应具备以下特点：①理财主体必须有独立的经济利益；②理财主体必须有独立的经营权和财权；③理财主体一定是法律实体，但法律实体并不一定是理财主体。

一个组织只有具备这三个特点，才能真正成为理财主体。显然，与会计上的会计主体相比，理财主体的要求更严格。如果某个主体虽然具有独立的经济利益，但不是法律实体，则该主体虽然是会计主体，但不是理财主体，如一个企业的分厂。如果某个主体虽然是法律实体，但没有独立的经营权和财权，则其也不是理财主体。当然，实际工作中，为了管理上的要求，会人为地确定一些理财主体。例如，对一个分厂实行承包经营，赋予它比较大的财权，这个分厂也就有了理财主体的性质。因此，可以认为，考虑到实际情况，理财主体可以区分为完整意义上的理财主体（或称真正的理财主体、自然的理财主体）和相对意义上的理财主体（或称相对的理财主体、人为的理财主体）。一个真正的理财主体，必须具备上述三个特点。一个相对的理财主体，条件可适当放宽，可以根据实际工作的具体情况和一个单位权、责、利的大小，确定特定层次的理财主体。不过，在财务管理理论研究中所说的理财主体，一般都是指真正意义上的理财主体。

由理财主体假设可以派生出自主理财假设。从上述理财主体的概念中可知，凡是成为理财主体的单位，都有财务管理上的自主权，即可以自主地从事筹资、投资和分配活动。

当然，自主理财并不是说财权完全集中在财务人员手中，在现代企业制度下，财权是在所有者、经营者和财务管理人员之间进行分割的。股东的权利一般不能单独行使，它通常表现为一种集体决策权，如股份公司发放股利、大规模增资、进行重大项目投资都必须经过股东大会集体表决。当然，在经营权和所有权日益分离的现代企业制度中，这种表决一般是象征性的。因此，两权分离的推行，使财权回归企业，经营者有权独立地进行财务活动，包括筹资、投资和分配等重要决策。"经理革命"的出现，进一步为企业成为理财主体奠定了基础。所谓"经理革命"是指领取薪水的经理人员在高层管理中逐渐取代传统的所有者在企业中的支配地位，这是现代企业制度的一个基本特征。正如汤谷良教授所说，因为经理革命的完成，牢固地确立企业经理在企业决策中的地位，原始出资人难以再染指企业财务决策，企业的法人产权越来越由经理阶层全权支配和处置，法人财产日渐脱离原始产权而彻底独立。所有权与经营权的分离，更加显示出理财主体假设的实际意义。因此，在现代的股份制企业中，企业是一个独立的理财主体。

在我国，国有企业的理财主体地位经历了以下三个阶段的变化：①改革开放以前，企业不是独立的理财主体，国家是企业的理财主体；②20 世纪 70 年代末至 80 年代末，国有企业的理财主体具有双重性，即国家和企业均可能是企业的理财主体；③20 世纪 80 年代末至 90 年代末，随着企业改革的不断推进，一部分企业完全掌握了理财的自主权，成为真正意义上的理财主体，但仍有一部分企业属于双重理财主体。随着我国现代企业制度的建立和财权逐渐回归企业，所有竞争行业的国有企业均应成为真正意义上的理财主体。而一部分不能实行完全竞争行业的国有企业，其理财主体的双重身份可能会长期存在。但这种特殊情况的存在，并不能否定理财主体假设的成立。

理财主体假设为正确建立财务管理目标，科学划分权责关系奠定了理论基础。

2. 持续经营假设

持续经营假设是指理财主体是持续存在并且能执行其预计的经济活动。也就是说，除非有相反的证明，否则，将认为每一个理财主体都会无限期地经营下去。它明确了财务管理工作的时间范围。

在设定企业作为理财主体以后，就面临一个问题，即这个企业能存在多久。企业可能是持续经营的，也可能会因为某种原因发生变更甚至终止营业。在不同的条件下，所采用的财务管理原则和财务管理方法也是不一样的。由于绝大多数企业都能持续经营下去，破产、清算的毕竟是少数，即使可能发生破产，也难以预计发生的时间，因此，在财务管理中，除非有证据表明企业将破产、关闭，否则，都假定企业在可以预见的将来会持续经营下去。

显然，持续经营虽然是一种假设，但在正常情况下，却是财务管理人员唯一可选择的办法，因而为财务管理人员广泛接受，成为一项公认的假设。因为在任何一个时点上，企业的前景只有两种可能：持续经营和停业清算，非此即彼，没有第三种可能。在正常情况下，当企业进行筹资、投资和分配时，假定企业持续经营是完全合理的，推测企业破产反而有悖事理。因为只有在持续经营的情况下，企业的投资在未来产生效益才有意义，企业才会根据其财务状况和对未来现金流量的预测、业务发展的要求安排其借款的期限，如果没有持续经营假设，这一切都无从谈起。

事实上，一个企业，不论其规模大小，它总是一个"有限生命"的经济组织。由于客观和主观的原因，一个企业往往不能永远经营下去。因此，持续经营假设并不是永远不变的。在持续经营这一前提下，一旦有迹象表明企业经营欠佳，出现财务状况恶化，不能偿还到期债务，持续经营假设就失去支持其存在的事实。进而，以这项假设为基础的财务管理原则和方法也就失去其应有的效用。这样，财务管理中必须放弃此项假设，而改为在清算假设下进行工作。例如，在企业破产清算中，1 年期的债务和 3 年期的债务、未到期的债务和已到期的债务是没有区别的，而在持续经营的条件下，它们却有实质性的差异。

持续经营假设可以派生出理财分期假设。按理财分期假设，可以把企业持续不断的经营活动，人为地划分为一定期间，以便分阶段考核企业的财务状况和经营成果。根据持续经营假设，企业自创立之日起，直到解散停业为止，其生产经营活动和财务活动都是持续不断的。企业在其存在期内的财务状况是不断变化的，一直到停业之日才停止变动。为了分阶段地考核企业经营成果和财务状况，必须将持续经营的企业人为地划分为若干个期间，这就是理财分期假设的现实基础。

持续经营假设是财务管理上一个很重要的基础前提。我们说，在确定筹资方式时，要注意合理安排短期资金和长期资金的关系；在进行投资时，要合理确定短期投资和长期投资的关系；在进行收益分配时，要正确处理各个利益集团短期利益和长期利益的关系，这些都是建立在此假设基础之上的。

3. 有效市场假设

有效市场假设是指财务管理所依据的资金市场是健全和有效的。只有在有效市场中，财务管理才能正常进行，财务管理理论体系才能建立。最初提出有效市场假设的是美国财务管理学者法玛（Fama）。法玛在 1965 年和 1970 年各发表一篇文章，将有效市场划分为三类。

（1）弱式有效市场。当前的证券价格完全地反映了已蕴含在证券历史价格中的全部信息。其含义是，任何投资者仅仅根据历史的信息进行交易，均不会获得额外盈利。

（2）次强式有效市场。证券价格完全反映所有公开的可用信息。这样，根据一切公开的信息，如公司的年度报告、投资咨询报告、董事会公告等都不能获得额外的盈利。

（3）强式有效市场。证券价格完全地反映一切公开的和非公开的信息。投资者即使掌握内幕信息也无法获得额外盈利。实证研究表明，美国等发达国家的证券市场均已达到次强式有效市场。我国有些学者认为，中国股票市场已达到弱式有效市场，但尚未实现次强式有效市场。事实上，即使是发达国家的股票市场，也不是在所有的时间和所有的情况下都是有效的，个别情况会出现例外，所以称为假设。

法玛的有效市场假设是建立在美国高度发达的证券市场和股份制占主导地位的美国理财环境的基础之上的，并不完全符合中国的国情。从中国理财环境和中国企业的特点来看，我们认为，有效市场应具备以下特点：①当企业需要资金时，能以合理的价格在资金市场上筹集到资金；②当企业有闲置的资金时，能在资金市场上找到有效的投资方式；③企业理财上的任何成功和失误，都能在资金市场上得到反映。

有效市场假设的派生假设是市场公平假设，这是指理财主体在资金市场筹资和投资等完全处于市场经济条件下的公平交易状态。市场不会抹杀某一理财主体的优点，也不会无视某一理财主体的缺点。理财主体的成功和失败，都会公平地在资金市场上得到反映。因此，每一个理财主体都会自觉地规范其理财行为，以便在资金市场上受到好评，以利于今后的财务管理工作。市场公平假设还暗含着另外一个假设，即市场是由众多的理财主体在公平竞争中形成的，单一理财主体，无论其实力多强，都无法控制市场。

有效市场假设是建立财务管理原则，决定筹资方式、投资方式，安排资金结构，确定筹资组合的理论基础。如果市场无效，很多理财方法和财务管理理论都无法建立。

4. 资金增值假设

资金的增值假设是指通过财务管理人员的合理运营，企业资金的价值可以不断增加。这一假设实际上指明了财务管理存在的现实意义。因为财务管理是对企业的资金进行规划和控制的一项管理活动，如果在资金运筹过程中不能实现资金的增值，财务管理也就没有存在的必要了。

企业财务管理人员在运筹资金的过程中，可能会出现以下三种情况：①取得了资金的增值（有了盈余）；②出现了资金的减值（有了亏损）；③资金价值不变（不盈不亏）。财务管理存在的意义绝不是后两种情况，而应该是第一种情况。当然，资金的增值是在不断运动中产生的，即只有通过资金的合理运筹才能产生价值的增加。马克思在《资本论》中也曾指出："它是一种运动，是一个经过各个不同阶段的循环过程……它只能理解为运动，而不能理解为静止物……在这里，价值经过不同的形式、不同的运动，在其中它保存自己，同时使自己增值、增大。"在商品经济条件下，从整个社会来看，资金的增值是一种规律，而且这种增值只能来源于生产过程。例如，一家企业投资于股票，一年以后卖出，可能实现资金的增值，也可能会出现亏损，因此，我们说从个别企业进行考察，资金增值只能是一种假设，而不是一项规律。因为在财务管理中，在进行这种投资时，一定是假设这笔投资是增值的，如果假定出现亏损，这笔投资就不会发生了。

资金增值假设的派生假设是风险与报酬同增假设。此项假设是指风险越高，获得的报酬越高（取得的增值越大或付出的成本越低）。资金的运筹方式不同，获得的报酬就不一样，例如，国库券基本是无风险投资，而股票是风险很大的投资，那为什么还有人将巨额资金投向股市呢？这是因为他们假设股票投资取得的报酬要远远高于国库券的报酬。同样，有人将资金投向食品行业，有人却投向房地产行业，还有人投向衍生金融工具，他们也同样是根据风险与报酬同增这一假设来进行决策的。风险与报酬同增假设实际上暗含着另外一项假设，即风险可计量假设。因为如果风险无法计量，财务管理人员不知道哪项投资风险大，哪项投资风险小，风险与报酬同增假设也就无从谈起。

资金增值假设说明了财务管理存在的现实意义，风险与报酬同增假设又要求财务管理人员不能盲目追求资金的增值，因为过高的报酬会带来巨大的风险。这两项假设为科学地确立财务管理目标、合理安排资金结构、不断调整资金投向奠定了理论基础。风险报酬原理、利息率的预测原理、投资组合原理也都是依据此项展开论述的。

5. 理性理财假设

理性理财假设是指从事财务管理工作的人员都是理性的理财人员，因而他们的理财行为也是理性的。他们都会在众多的方案中，选择最有利的方案。在实际工作中，财务管理人员分为两类：理性的和盲目的。但不管是理性的还是盲目的理财人员，他们都认为自己是理性的，都认为自己做出的决策是正确的，否则，他们就不会做出这样的决策。尽管存在一部分盲目的理财人员，但从财务管理理论研究来看，只能假设所有的理财行为都是理性的，因为盲目的理财行为是没有规律的。没有规律的事情无法上升到理论的高度。

理性理财的第一个表现就是理财是一种有目的的行为，即企业的理财活动都有一定的目标。当然，在不同的时期，不同的理财环境中，对理性理财行为的看法是不同的。例如，在过去计划经济的年代里，企业的主要任务就是执行国家下达的总产值指标，企业领导人职位的升迁、职工个人利益的多少，均由完成产值指标的程度来决定，这时所做出的理财决策无疑是为了实现产值的最大化。今天看来，这种行为不是理性的，因为它造成了只讲产值，不讲效益；只求数量，不求质量；只抓生产，不抓销售；只重投入，不重挖潜等种种对企业长期健康发展有害的理财行为。但是，在当时，人们会认为这种理财行为是正确的，是理性的。可见理性理财假设中的理性是相对的，是相对具体理财环境而言的。无论事后证明这种理财行为正确与否，其行为的基本前提和出发点都被认为是理性的。

理性理财的第二个表现是理财人员在众多方案中选择一个最佳方案。表现为财务管理人员要通过比较、判断和分析等手段，从若干个方案中选择一个有利于财务管理目标实现的最佳方案。

理性理财的第三个表现是当理财人员发现正在执行的方案是错误的方案时，都会及时采取措施进行纠正，以便使损失降至最低。

理性理财的第四个表现是理财人员都能汲取以往工作的教训，总结以往工作的经验，不断学习新的理论，合理应用新的方法，使得理财行为由不理性变为理性，由理性变得更理性。

尽管上述四个方面为理性理财行为假设提供了理论依据，但在实际工作中，仍有个别理财行为不是理性行为。另外，即使所有的理财行为都是理性行为，也不一定完全导致理性的结果。因此，理财的理性行为只是一种假设，而不是事实。

理性理财假设可派生出另外一项假设——资金再投资假设。这一假设是指当企业有了闲置资金或产生了资金的增值，都会用于再投资。换句话说，企业的资金在任何时候都不会大量闲置。因为理财行为是理性的，企业必然会为闲置的资金找到投资途径，因为市场是有效的，就能够找到有效的投资方式。财务管理中的资金时间价值原理，净现值和内部报酬率的计算等，都是建立在此项假设基础之上的。

理性理财行为是确立财务管理目标，建立财务管理原则，优化财务管理方法的理论前提。财务管理的优化原则，财务管理的决策、计划和控制方法等都与此项假设有直接联系。

1.3 财务管理环境

任何事物总是与一定的环境相联系、存在和发展的，财务管理也不例外。不同时期、不同国家、不同领域的财务管理之所以有不同的特征，都是因为影响财务管理的环境因素不尽相同。企业在许多方面同生物体一样，如果不能适应周围的环境，也就不能生存。环境的变化，可能给企业理财带来困难，但企业财务管理人员若能合理预测其发展状况，就会不断地走向成功。

1.3.1 财务管理环境的分类

从系统论的观点来看，所谓环境，就是指被研究系统之外的，对被研究系统有影响作用的一切系统的总和。显然环境具有相对性，即某一系统的环境，往往又是以其他系统为环境的。

人类社会的实践活动，总是在一定的环境下进行的，财务管理也不例外。如果把财务管理工作看作是一个系统，那么，财务管理以外的、并对财务管理系统有影响作用的一切系统的总和，便构成了财务管理的环境。如国家的政治经济形势、国家经济法规的完善程度、企业所面临的市场状况、企业的生产条件等，都会对财务管理产生重要影响，因此，都属于财务管理环境的组成内容。

从上述财务管理环境的概念中知道，财务管理环境是一个多层次、多方位的复杂系统，它纵横交错，相互制约，对企业财务管理有着重要影响。为了能对财务管理环境做更深入细致的研究，下面对财务管理环境进行简单分类。

（1）财务管理环境按其包括的范围，分为宏观财务管理环境和微观财务管理环境。

宏观财务管理环境是对财务管理有重要影响的宏观方面的各种因素，如国家政治经济形势、经济发展水平、金融市场状况等。宏观环境的变化，一般对各类企业的财务管理均会产生影响。

微观财务管理环境是对财务管理有重要影响的微观方面的各种因素，如企业组织形式、生产状况、企业的产品销售市场状况、企业的资源供应情况等。微观财务管理环境的变化一般只对特定企业的财务管理产生影响。

（2）财务管理环境按其与企业的关系，分为企业内部财务管理环境和企业外部财务管理环境。

企业内部财务管理环境是指企业内部影响财务管理的各种因素，如企业的生产情况、技术情况、经营规模、资产结构、生产经营周期等。相对而言，内部财务管理环境比较简单，因为有现成的资料，具有能比较容易把握和加以利用等特点。

企业外部财务管理环境是指企业外部影响财务管理的各种因素，如国家政治、经济形势，法律制度，企业所面临的市场状况以及国际财务管理环境等。外部财务管理环境构成比较复杂，需要认真调查，搜集资料，以便分析研究，全面认识。

企业内部财务管理环境一般均属微观财务管理环境。企业外部财务管理环境有的属于宏观财务管理环境，如政治、法律制度等；有的属于微观财务管理环境，如企业的产品销售市场、企业资源的供应情况等。

（3）财务管理环境按其变化情况，分为静态财务管理环境和动态财务管理环境。

静态财务管理环境是指那些处于相对稳定状态的影响财务管理的各种因素，它通常指那些相对容易预见，变化小的财务环境部分，它对财务管理的影响程度也是相对平衡、起伏不断的。因此，认清这些财务管理环境后，一般无须经常予以调整、研究，而是将其作为已知条件来对待。财务管理环境中的地理环境、法律制度等，属于静态财务管理环境。

动态财务管理环境是指那些处于变化状态的、影响财务管理的各种因素。从长远观点来看，财务管理环境都是发展变化的，都是变化状态下的财务管理环境。这里，所谓动态财务管理环境，是指变化性强、可预见性差的财务管理环境部分。在市场经济体制下，商品市场中的销售数量及销售价格，资金市场的资金供求状况及利息率的高低，都是不断变化的，属动态财务管理环境。在财务管理中，应着重研究、分析动态财务管理环境，并及时采取相应对策，提高对财务管理环境的适应能力和应变能力。

1.3.2　研究财务管理环境的意义

世界是由相互联系的事物组成的，正是事物之间的相互作用、相互影响，促进了世界的发展与变化。财务管理理论和方法的变化，也是各种环境作用的结果。

所以，研究财务管理环境具有重要的作用。

（1）通过对财务管理环境的研究，可以使我们正确、全面地认识财务管理的历史规律，掌握财务管理的发展趋势。

在20世纪，财务管理经历了五次发展浪潮，这五次浪潮告诉我们，财务管理的发展是各种环境因素综合作用的结果。由于受多种因素的作用，财务管理的发展变化具有两面性：当各种因素的变化比较平稳时，财务管理处于稳定发展阶段；当某些环境因素发生重大变化时，便出现财务管理内容和方法的革新，带来财务管理的迅速发展，这就是我们所说的财务管理发展过程的浪潮。因此，只有认真研究理财环境，才能对财务管理的历史做出正确、全面的评价，才能对各国财务管理的发展状况有清楚的认识和合理的解释，也才有可能对财务管理的发展趋势做出合理的判断。

（2）通过对财务管理环境的研究，可以正确认识影响财务管理的各种因素，不断增强财务管理工作的适应性。

财务管理工作是在一定环境条件下进行的实践活动，只有适应了环境，才能有生命力。在市场经济条件下，财务管理环境具有构成复杂、变化快速等特点，对财务管理工作有重大影响。财务管理人员必须对环境做认真的调查和分析，预测财务管理环境的发展变化趋势，采取相应的财务策略，以永远立于不败之地。

（3）通过对财务管理环境的研究，可以不断推动财务理论的研究，尽快建立适应市场经济发展需要的财务管理体系。

财务管理理论研究的目的，不应仅限于正确地反映财务管理实践，更为重要的是应能正确地指导实践。没有人类的财务管理实践，固然就没有财务管理理论。

然而，财务管理实践如果缺乏系统的理论指导，那也是盲目的。所以，财务管理环境的研究，应该作为一个重要的财务管理理论课题，同时，对这一问题的研究，又必将推动整个财务管理理论真正朝着与市场经济相结合的方向发展。当前，应重点研究社会主义市场经济的特点及其对财务管理的影响，以便尽快建立适应社会主义市场经济发展要求的财务管理体系。

1.3.3　财务管理环境的构成

财务管理环境包括的内容十分复杂，如经济环境、法律环境、社会文化环境、企业组织形式等。下面简要介绍对理财有重要影响的各种环境。

1. 经济环境

财务管理的经济环境是指影响企业财务管理的各种经济因素，如经济周期、经济发展水平、经济体制、具体的经济因素等。

1）经济周期

在市场经济条件下，经济通常不会出现较长时间的持续增长或较长时间的衰退，而是在波动中前进，这种循环叫作经济周期。资本主义经济周期是人所共知的现象，但它并非以同样的方式和程度影响所有产业和企业。由于经济周期影响的严重性，西方财务学者比较重视企业在经济周期中的经营理财策略。我国的经济发展与运行呈现出特有的周期特征，带有周期性波动。过去曾多次出现经济超高速增长，发展过快，不得不进行治理整顿或宏观调控的情况。经济周期性波动对企业理财有重要影响。一般而言，在萧条阶段，由于整个宏观环境不景气，企业很可能处于紧缩状态之中，产量和销售量下降，投资锐减，有时资金紧张，有时又出现资金闲置。一般而言，在繁荣阶段，市场需求旺盛，销售大幅度上升，企业为了扩大生产，就要扩大投资，以增添机器设备、存货和劳动力，这就要求财务人员迅速筹集所需资金。总之，面对周期性波动，财务人员必须预测经济发展变化情况，适当调整财务政策。

2）经济发展水平

财务管理的发展水平是和经济发展水平密切相关的，经济发展水平越高，财务管理水平也越高；经济发展水平较低，财务管理水平也会较低。经济发展水平是一个相对概念，要在世界范围内说明各个国家所处的经济发展阶段和目前的经济发展水平，是一件相当困难的事情。所以，我们只能按照常用的概念，把不同的国家分别归于发达国家、发展中国家和不发达国家三大群体，并以此来说明经济发展水平对财务管理的影响。

发达国家经历了较长时间的资本主义经济发展历程，经济发展水平、资本的集中和垄断已达到了相当高的程度，经济发展水平在世界上处于领先地位，这些国家的财务管理水平比较高。这是因为：①高度发达的经济必然要求进行科学的财务管理，这就决定了随着经济发展水平的提高，必然创造出越来越多的先进的理财方法；②经济生活中许多新的内容，更复杂的经济关系以及更完善的生产方式，也往往首先出现于这些国家，这就决定了发达国家的财务管理内容是不断创新的；③随着经济的发展，计算、通信设备的不断更新，为财务管理采用更复杂的方法创造了条件。

发展中国家都在千方百计地提高本国的经济发展水平，这些国家目前一般呈现出以下特征：基础较薄弱、发展速度较快、经济政策变更频繁、国际交往日益增多。这些因素决定了发展中国家的财务管理具有以下特征：①财务管理的总体发展水平在世界上处于中间地位，但发展速度比较快；②与财务管理有关的法律政策频繁变更，给企业理财造成许多困难；③财务管理实践中还存在着财务管理目标不明、财务管理方法简单等不尽如人意之处。

不发达国家是经济发展水平很低的那些国家，这些国家的共同特征一般表现为以农业为主要经济部门，工业特别是加工工业企业规模小，组织结构简单，这就决定了这些国家的财务管理呈现出水平很低、发展较慢、作用不能很好发挥等特征。

3）经济体制

经济体制是指对有限资源进行配置而制定并执行决策的各种机制。现在世界上典型的经济体制有计划经济体制和市场经济体制两种。

计划经济体制的基本特征是：①基层企业单位没有决策权，决策权归某一个高层权力机构（如计划委员会）或某几个高层权力机构（如计委、企业主管部门、财政部门等）；②决策指令是通过有关计划文件的形式由上往下，最终下达给基层单位的；③基层单位必须执行这些决策指令，并努力完成决策中所规定的各种计划指标。

市场经济体制的基本特征是：①没有（若有也十分有限）来自高层机构的指令或命令；②企业的经营决策由企业根据市场供求关系和价格变动所提供的信息来做出；③企业不断对市场信息做出反应，以不断调整其各种决策。

显然，在计划经济体制下，企业财务管理的权力比较小，企业的筹资权、投资权都归高层决策单位，企业只有执行权，而无决策权，这样，财务管理的内容比较单一，财务管理的方法比较简单。而在市场经济体制下，企业筹资、投资的权力归企业所有，企业必须根据自身条件和外部环境做出各种各样的财务决策并组织实施，因此，财务管理的内容比较丰富，方法比较复杂，财务管理发展水平较高。

4）具体的经济因素

除以上几个因素之外，一些具体的经济因素发生变化也会对企业财务管理产生重要影响。这些因素主要包括：①通货膨胀率；②利息率；③外汇汇率；④金融市场、金融机构的完善程度；⑤金融政策；⑥财税政策；⑦产业政策；⑧对外经贸政策；⑨其他相关因素。这些因素发生变化，会对财务管理产生十分明显的影响。

2. 法律环境

财务管理的法律环境是指影响财务管理的各种法律因素。法是体现统治阶级意志，由国家制定或认可，并以国家强制力保证实施的有关行为规范的总和。广义的法包括各种法律、规定和制度。财务管理作为一种社会行为，必然要受到法律规范的约束。按照法对财务管理内容的影响情况，可以把法律规范分成以下几类。

（1）影响企业筹资的各种法律。企业筹资是在特定的法律约束下进行的，影响企业筹资的法规主要有：公司法、证券法、金融法、证券交易法、经济合同法、企业财务通则、企业财务制度等。这些法规可以从不同方面规范或制约企业的筹资活动。

（2）影响企业投资的各种法规。企业的投资活动也必须在特定的约束条件下进行，这些方面的法规主要有：企业法、证券交易法、公司法、企业财务通则、企业财务制度等。这些法规都从不同方面规范企业的投资活动。

（3）影响企业收益分配的各种法规。企业在进行收益分配时，必须遵守有关法规的规定，这些法规包括：税法、公司法、企业财务通则、企业财务制度等。它们都从不同方面对企业收益分配进行了规范。

3. 社会文化环境

社会文化环境包括教育、科学、文学、艺术、新闻出版、广播电视、卫生、体育、世界观、理想、信念、道德、习俗，以及同社会制度相适应的权利义务观念、道德观念、组织纪律观念、价值观念、劳动态度等。作为人类的一种社会实践活动，财务管理必然受社会文化的影响，但是，社会文化的各个方面，对财务管理的影响程度是不尽相同的。有的具有直接影响，有的也可能只有间接影响；有的影响比较明显，有的则可能微乎其微。

4. 企业组织形式

设立一个企业，首先面临的问题是要采用哪一种组织形式。各资本主义国家的企业组织形式不完全相同，但通常有三类：独资企业、合伙企业和公司制企业。不同的企业组织形式对企业理财有重要影响。如果是独资企业，理财比较简单，主要利用的是业主自己的资金和供应商提供的商业信用。因为信用有限，其利用借款筹资的能力亦相当有限，银行和其他人都不太愿意借钱给独资企业。独资企业的业主要抽回资金，也比较简单，无任何法律限制。合伙企业的资金来源和信用能力比独资企业有所增加，收益分配也更加复杂，因此，合伙企业的财务管理比独资企业复杂得多。公司制企业引起的财务问题最多，其不仅要争取获得最大利润，而且要争取使企业价值增加；公司的资金来源有多种多样，筹资方式也很多，需要进行认真的分析和选择；盈余分配也不像独资企业和合伙企业那样简单，要考虑企业内部和外部的许多因素。

1.3.4 对我国财务管理环境的评价与展望

从总体上来看，目前我国企业的财务管理环境还不十分理想，但从发展的角度来看，前景比较乐观。现仅简要评价如下。

1. 关于现代企业制度

现代企业制度的建立，为企业自主理财提供了可靠保证。从目前情况来看，我国还存在着政企不分、企业财权没有真正回归企业的现象。但随着我国现代企业制度和具有中国特色的企业治理结构的建立和完善，企业会逐渐成为自主理财的实体。在一个现代化的企业中，企业治理结构的核心是企业的董事会。在社会主义初级阶段，企业董事会应由股东、职工和债权人等多方面构成，只有这样，才能建立适应社会主义初级阶段的企业治理结构，才能不断推动我国企业健康发展。

2. 关于金融市场

金融市场的不断发展，将为企业进行资金的运作提供良好条件。现代财务管理与金融市场有着十分密切的关系，没有发达的金融市场，就不会有发达的财务管理实践，也就不会有完善的财务管理理论与方法。我国建立金融市场的时间虽然不长，但最近几年发展很快，预计今后将会以更快的速度发展。

3. 关于法律法规

法律法规的不断完善，为企业理财提供了良好的外部规范。从某种意义上说，市场经济是法制经济，没有健全的法律法规体系，市场经济秩序就会遭到破坏，同样，没有健全的法律法规体系，财务管理也很难健康发展。虽然目前我国仍存在法律法规体系不完善、执法不严等问题，但总的来看，财务管理的法律规范不断增加，依法理财的观念也逐渐深入人心。

4. 关于经济增长

国民经济的高速增长，给企业理财既带来了机遇，也带来了挑战。自改革开放以来，我国经济一直在高速增长，给企业财务管理带来了一系列机会，我国财务管理在最近30年也得到了空前的重视和发展。但也应该看到，我国的经济增长具有一定的周期性，经济周期性波动对企业理财有重要影响，也给企业理财带来了较大的风险。

5. 关于科学技术

现代电子技术的广泛应用，为企业财务管理提供了良好手段。现代财务管理越来越朝着数量化的方向发展，这就要求必须具有现代化的数据处理手段。最近这些年，电子计算机在我国企业，尤其是在大中型企业得到普及和推广，这为财务管理提供了先进的技术条件，极大地促进了财务管理方法的改进和创新。

1.4 财务管理目标

1.4.1 研究财务管理目标的重要意义

财务管理目标是企业理财活动所希望实现的结果，是评价企业理财活动是否合理的基本标准。

系统论认为，正确的目标是系统良性循环的前提条件，企业财务管理的目标对财务管理系统的运行也具有同样的意义。为了完善财务管理的理论结构，有效指导财务管理实践，必须对财务管理目标进行认真研究。因为财务管理目标直接反映了理财环境的变化，并根据环境的变化做适当调整，它是财务管理理论结构中的基本要素和行为导向，是财务管理实践中进行财务决策的出发点和归宿。因此，不研究财务管理的目标，就无法正确确定财务管理的理论结构。

财务管理目标制约着财务运行的基本特征和发展方向，是财务运行的一种驱动力。不同的财务管理目标，会产生不同的财务管理运行机制，科学地设置财务管理目标，对优化理财行为，实现财务管理的良性循环，具有重要意义。研究财务管理目标问题，既是建立科学的财务管理理论结构的需要，也是优化我国财务管理行为的需要，无论在理论上还是实践上都有重要意义。

1.4.2 对财务管理目标主要观点的评述

关于财务管理目标的界定，国内外学者多有论述，从不同角度进行了多方面的探讨，在此选择三种最具代表性的观点进行简要介绍。

1. 利润最大化

利润最大化目标是指通过对企业财务活动的管理，不断增加企业利润，使利润达到最大化。

利润最大化观点在西方经济理论中是根深蒂固的，西方许多经济学家都是以利润最大化这一概念来分析和评价企业行为和业绩的。例如，亚当·斯密、大卫·李嘉图等经济学家，都认为企业的目标是利润最大化。20世纪50年代以前，西方财务管理理论界也认为，利润最大化是财务管理的最优目标。历史上，我国也有一部分财务管理学家认为，以利润最大化为目标是财务管理人员的最佳选择。这是因为企业要想取得利润最大化，就必须讲求经济核算，加强管理，改进技术，提高劳动生产率，降低产品成本，这些都有利于经济效益的提高。但以利润最大化作为财务管理的目标存在以下缺点：利润最大化没有考虑利润发生的时间，没有考虑资金的时间价值。利润最大化没能有效地考虑风险问题，这可能会使财务管理人员不顾风险的大小去追求最多的利润。利润最大化往往会使企业财务决策带有短期行为的倾向，即只顾实现目前的最大利润，而不顾企业的长远发展。应该看到，利润最大化的提法，只是对经济效益浅层次的认识，存在一定的片面性，所以，利润最大化并不是财务管理的最优目标。

2. 股东财富最大化

股东财富最大化是指通过财务上的合理经营，为股东带来最多的财富。股东财富由其所拥有的股票数量和股票市场价格两方面来决定，在股票数量一定时，当股票价格达到最高时，则股东财富也达到最大。所以，股东财富最大化，又演变为股票价格最大化。与利润最大化目标相比，股东财富最大化目标有其积极的方面，主要表现为：股东财富最大化目标科学地考虑了风险因素，因为风险的高低，会对股票价格产生重要影响。股东财富最大化在一定程度上能够克服企业在追求利润上的短期行为，因为不仅目前的利润会影响股票价格，预期未来的利润对企业股票价格也会产生重要影响。股东财富最大化目标比较容易量化，便于考核和奖惩。但应该看到，股东财富最大化也存在一些缺点：它只适合上市公司，对非上市公司则很难适用。它只强调股东的利益，而对企业其他关系人的利益重视不够。股票价格受多种因素影响，并非都是公司所能控制的，把不可控因素引入理财目标是不合理的。

3. 企业价值最大化

由于现代企业是多边契约关系的总和（参见图1-5企业契约模型），财务管理目标应该与企业多个利益集团相关，是这些利益集团共同作用和相互妥协的结果，所以企业财务管理目标定位为企业价值最大化更为科学。企业价值最大化是指通过企业财务上的合理经营，采用最优的财务政策，充分考虑资金的时间价值和风险与报酬的关系，在保证企业长期稳定发展的基础上使企业总价值达到最大化。这一定义看似简单，实际包括丰富的内涵，其基本思想是将企业长期稳定发展摆在首位，强调在企业价值增长中满足各方利益关系，具体内容包括以下几个方面：强调风险与报酬的均衡，将风险限制在企业可以承担的范围之内；创造与股东之间的利益协调关系，努力培养安定性股东；关心本企业职工利益，创造优美和谐的工作环境；不断加强与债权人的关系，以便保持销售收入的长期稳定增长；讲求信誉，注意企业形象的宣传；关心政府政策的变化，努力争取参与政府制定的有关活动，以便争取出现对自己有利的法规，而一旦法规颁布实施，不管是否对自己有利，都会严格执行。

企业价值最大化强调企业价值的增加，是以企业各利益集团共同价值最大化为目标。从理论上讲，企业价值是企业未来报酬（通常用现金流量来表示）的贴现值。

1.4.3 影响财务管理目标的各利益集团

确立科学的财务管理目标必须分析究竟哪些利益集团会对企业理财产生重要影响。与企业有关的利益集团很多，但不一定都对企业理财产生重大影响，那么，究竟哪些利益集团会对企业理财，进而对财务管理目标产生影响呢？一般而言，影响财务管理目标的利益集团应当符合以下三条标准：必须对企业有投入，即对企业有资金、劳动或服务方面的投入；必须分享企业收益，即从企业取得诸如工资、奖金、利息、股利或税收等各种报酬；必须承担企业风险，即当企业失败时，会承担一定损失。根据这三条标准，影响财务管理目标的利益集团有以下几类。

1. 企业所有者

企业所有者对企业理财的影响主要是通过股东大会和董事会来进行的。从理论上讲，企业重大的财务决策必须经过股东大会或董事会的表决，企业经理和财务经理的任免也由董事会决定，因此，企业所有者对企业财务管理有重大影响。

2. 企业债权人

债权人把资金借给企业后，一般都会采取一定的保护措施，以便按时收取利息，到期收回本金。因此，债权人必然要求企业按照借款合同规定的用途使用资金，并要求企业保持良好的资本结构和适当的偿债能力。当然，债权人权力的大小在各个国家有所不同，在日本，债权人尤其是银行对企业财务决策会产生重大影响。

3. 企业职工

企业职工包括一般的员工和企业经理人员，他们为企业提供了智力和体力劳动，必然要求取得合理报酬。职工是企业财富的创造者，他们有权分享企业收益；职工的利益与企业的利益紧密相连，当企业失败时，他们要承担重大风险，有时甚至比股东承担的风险还大，因此，在确立财务管理目标时，必须考虑职工的利益。

4. 政府

政府为企业提供了各种公共方面的服务，因此要分享企业收益，要求企业依法纳税，对企业财务决策也会产生影响。当然，在计划经济条件下，政府对企业财务管理的影响很大，而在市场经济条件下，因为实行政企分离，政府对企业财务管理的影响要弱些，经常通过政策诱导的方式影响企业财务管理的目标。

1.4.4 财务管理目标的选择

从上述分析可以看出，财务管理目标与企业多个利益集团有关，在一定时期和一定环境下，某一利益集团可能会起主导作用，但从企业长远发展来看，不能只强调某一利益集团的利益，而置其他集团的利益于不顾，也就是说，不能将财务管理的目标仅仅归结为某一集团的目标，从这一意义上说，股东财富最大化不是财务管理的最优目标。从理论上讲，各个利益集团的目标都可以折中为企业长期稳定发展和企业总价值的不断增长，各个利益集团都可以借此来实现它们的最终目的。为此，以企业价值最大化作为财务管理的目标，比以股东财富最大化作为财务管理的目标更科学。

以企业价值最大化作为财务管理的目标，避免了利润最大化的主要缺陷，同时也避免了股东财富最大化可能引致的利益不均衡的弊端。该目标具有以下优点：企业价值最大化目标考虑了取得报酬的时间，并用时间价值的原理进行计量。企业价值最大化目标科学地考虑了风险与报酬的联系。企业价值最大化能克服企业在追求利润上的短期行为，因为不仅是企业当前的利润会影响企业的价值，预期未来的利润对企业价值的影响所起的作用更大。进行企业财务管理，就是要正确权衡报酬增加与风险增加的得与失，努力实现二者之间的最佳平衡，使企业价值达到最大。因此，企业价值最大化的观点，体现了对经济效益的深层次认识，它是现代财务管理的最优目标。

案例讨论

阳光保险股权迷雾

2010年9月，阳光保险集团股份有限公司（下称“阳光保险”）增资8.6亿元，获得相关部门的批准。增资后，公司注册资本金上升至46.5亿元。外界普遍认为，阳光保险引入战略投资者后，会使公司上市工作加速推进。此前的2009年10月，阳光保险前一轮增资刚刚完成。一年之内，公司资本金增加了15.6亿元，稳居国内七大保险集团之列。

在引入外部股东的同时，2010年9月15日，一份要求内部员工退股的紧急通知下发到各分公司。阳光保险以员工股违反监管制度为由，要求将此前入股员工的出资以9.02%的年息退还，并称即使员工不签字，公司也会强制退股。

31岁的秦晓是阳光保险的老员工，2007年年初阳光保险某分公司筹建时他就进入了公司。“那时我感觉自己很幸运，进入公司不久就赶上了员工持股计划启动。”秦晓说，他幻想着公司上市后自己所持有的股份能够增值，尽管他没有积蓄，却仍然借钱投入了5万元。

以公司上市的名义募集职工股，在公司上市启动之前退还募集资金，阳光保险的众多职工，至今仍沉浸在这出悲喜剧中。和秦晓有同样遭遇的阳光保险员工有数千人，大家都不情愿被退股，很多人选择了抗争。“在公司最困难的时候，我们四处筹措资金入股，现在公司要上市了，把我们踢出局，这让我们很受伤。”阳光保险湖南分公司某服务部经理周勤建说。

多年辛勤的努力，果实即将成熟时，却因一个清退令而化为乌有，员工的情绪显得十分激动。有阳光保险的员工代表发表公开信称，当年很多员工是在公司资金紧缺的情况下，自己借钱入股支持公司，如今却要被公司强行退股，因此质疑公司强行清退的合法性。“在没有对公司的资金收益以及公众投资的收益进行会计审计的情况下，廉价清退职工股，严重损害了广大职工的合法权益。”一位员工向记者表示，“公司这样的做法实在让人心寒，完全就是卸磨杀驴。第一，就算要清理股份也要与职工协商，不能公司说清就清；第二，这9.02%的利息到底是怎么定出来的，到目前也没有一个明确的说法。”

据秦晓和周勤建介绍，阳光保险在2007年4月、2007年11月先后两次推行员工持股计划，价格分别为每股1元和每股1.1元，并对员工明确表示，出资就能入股公司。公司高层曾在内部通气：“公司即将实现盈利，几年后就可以上市。”虽然那时公司正式营业尚不到两年时间，但大家都相信这样的说法，踊跃入股。公司按照员工的职级划分了入股的上限：普通员工、高级主管、经理、部门总经理的持股上限分别为5万元、10万元、15万元、25万元，更高级别的管理人员可高达100万元以上。周勤建在2007年4月出资10万元入股，出资后与总公司工会指定的受托人签署了《阳光保险公司员工信托资金委托书》，委托书上写明了“本人已自愿缴付人民币10万元，从而持有阳光保险公司员工信托资金份额10万份。”委托书签署后，公司只给员工出具了收据，上面写明是“出资款”。

另一名员工回想说，员工大会上动员大家买股，但是“买股”的员工付出真金白银之后，拿到手里的只有一张“出资款”收据，出资款集中打到户名为一个代理人的账户上，此后公司又与“买股”员工签订了一份《阳光保险公司员工信托资金委托书》。“持股”何以变成了持有“信托资金”？对于员工的质疑，公司称要么签字同意，要么退还本金，没有第三种选择。蹊跷的是，协议中既无时间期限，也无收益率说明，甚至签署协议的日期也被要求“空着”。

2007 年 5 月底，阳光保险高调宣称“开始实现盈利”，当年 11 月宣布继续实施员工持股计划，10 月 31 日前进入公司的员工均可参与，此次价格是每股 1.1 元，价格较前次上升了 10%。“累计募集到的资金据说有 10 亿元左右，具体的数字不会公布。”秦晓说。

由于预期持股可以上市，阳光保险员工三年来一直忍受着较低的薪资待遇。“每月工资只有 1 000 多元，没有任何福利。”周勤建说，员工一直忍受这样低的待遇，主要是因为公司屡次宣称，一旦实现三年盈利上市后，员工股将增值几十倍。

2010 年 8 月，“阳光保险公司将赴香港上市，计划募资 6 亿美元”的消息见诸报端。但随后的 9 月 15 日，员工即收到了要求退股的通知：员工的出资以 9.02% 的年息退还，并称即使不签字公司也会强制退股。周勤建并未签字，但 9 月 17 日，10 万元出资款已经按照 9.02% 的年息打到其工资账户上。

对于此次清退，阳光保险解释说主要是出于两大政策原因：一是 2008 年年底保监会发布的《中国保险监督管理委员会关于保险公司高级管理人员 2008 年薪酬发放等有关事宜的通知》；二是 2009 年年初财政部下发的《关于金融类国有和国有控股企业负责人薪酬管理有关问题的通知》。记者查询后发现，这两则通知都规定了“暂时停止实施股权激励和员工持股计划。在国家对金融企业股权激励和员工持股政策颁布之前，各公司不得实施股权激励或员工持股计划”。对此，也有阳光员工认为，国家的规定只是暂停，并未明令强行清退，公司称是“保监会要求必须予以清退”，但又没有发布任何相关的文件或通知。

据了解，这一期间阳光保险并未召开任何股东大会或者展开讨论，直接强制退股。三级机构（地市级机构）总经理以下的员工全部遭到强退，而高管则不在退股之列。

资料来源：《阳光保险公司上市前强制员工退股，管理层曲线入主公司》，载《财经国家周刊》，2012－05－13（整理）；《阳光保险公司上市前强清员工股，退股合法性遭质疑》，载《信息时报》，2010－09－27（整理）。

[案例讨论]

1. 讨论不同财务管理目标的优缺点。

2. 阳光保险清退职工股的做法是否有助于其财务管理目标的实现？

3. 为什么阳光保险没有将高管也列入清退股份之列？高管持有公司股份对公司经营有何影响？

[答案要点]

据分析，国内七大保险集团之一的阳光保险在赴港上市前夕，突然爆出员工股的清退计划，补偿条件是每年 9.02% 的利息（单利）。消息一出引发阳光保险上下震动，有员工表示现在回想起来，似乎当初的持股早就是公司设的一个局。

公司即将赴港上市，对于持股的员工来说本是件令人欣喜的事，通过股权投资，持股员工可能实现“一夜暴富”，当年平安保险的上市就曾造就大批的百万、千万富翁。不过同样的命运，却没有一样的幸运，阳光保险人最终发觉，持股原来是黄粱梦一场，4 年的等待换来的是在上市前的清退通知。

通知显示："2007 年，阳光保险公司工会根据当时的国家政策背景，在员工自愿的基础上，由员工出资成立了平台公司，计划在条件成熟和监管部门批准后实现员工持股计划。但由于政策原因，公司员工的出资款至今没能入股公司，而按照保监会的要求，必须予以清退。"通知同时约定了退股的最后期限为 2010 年 9 月 30 日，所有退股员工将按照 9.02% 的年息（单利）一次性退还本金及利息。

对于此次清退，阳光保险主要出于两大政策原因，都是有关于金融类国有和国有控股企业的通知，这些通知规定暂时停止实施股权激励和员工持股计划，面对严峻的经营形式，公司决定实行员工退股，从而通过财务上的合理运营，为股东创造最多的财富。公司实行清退员工股权主要是出于控制成本，追求企业利益最大化，这是十分正常的，也就是说清退员工股权是基于企业利润最大化的目标而实施的。当然，在正常情况下，利润的增加可以增加股东的财富，但是当员工对清退股权的抵触情绪如此之强，事情已经发展到管理层难以控制的局面时，一个企业就已经处于发展的非常阶段。出现以上情况公司就必须考虑发生这种特殊情况后的应对措施，如果一味地追求利润最大化，在这里就是坚决对员工提出的意见不予理睬，谁都无法想象会出现什么后果。

本案例也折射出一些其他问题，例如，公司立法不到位，公司必须保护职工的合法权益，但该法在规范企业治理结构等方面是以股东价值为导向的。企业发展要与时俱进，企业财务管理目标不能一成不变，对它的适当调整是必要的，只有这样才能使企业在不断变化的内外部环境中处于比较有利的竞争地位。

1. 讨论不同财务管理目标的优缺点。

（1）以利润最大化为目标。

优点：有利于资源的合理配置，有利于经济效益的提高。

缺点：利润最大化没有考虑项目收益的时间价值；利润最大化忽略了企业经营的不确定性和风险；利润最大化没有考虑利润和投入资本的关系；利润最大化往往会使企业财务决策带有短期行为的倾向；利润不能准确地反映企业的价值。

（2）以股东财富最大化为目标。

优点：股东财富最大化考虑了现金流量的时间价值因素；股东财富最大化考虑了风险因素；股东财富最大化反映了资本与报酬之间的关系；股东财富最大化在一定程度上能够克服企业在追求利润上的短期行为。

缺点：利益相关者的利益没有得到完全的保护；没有社会成本，指企业在追求股东财富最大化的过程中所耗费的成本都能够归结于企业并确实由企业负担。

（3）以企业价值最大化为目标。

优点：企业价值最大化目标考虑了取得报酬的时间，并用时间价值的原理进行计量，企业价值最大化目标科学地考虑了风险与报酬的关系；企业价值最大化能克服企业在追求利润上的短期行为。

缺点：①企业的价值过于理论化，不易操作；②对于非上市公司，企业价值受评估标准和评估方式的影响。

2. 阳光保险清退职工股的做法是否有助于其财务管理目标的实现？

首先财务管理的目标是企业理财活动所希望实现的结果，是评价企业理财活动是否合理的基本标准。为了完善财务管理理论，有效指导财务管理实践，必须对财务管理目标进行认真研究。因此，在研究财务管理决策活动之前，应首先了解财务管理目标。

清退股东主要是为了集中股权，为上市做准备。从未来上市权限上来说是有帮助的，但是从当前情况上看帮助不大。从以下三大点来做分析。

（1）以利润最大化为目标。利润最大化是指投入量及产出量的选择皆以获得最大限度经济利润，即总营业收入（总数收入）与总经济成本（总数经济成本）的差额最大化为目标。也就是说，管理当局在制定各种决策时，均以利润最大化为目的。管理当局认为利润代表了企业新创造的财富，利润越多则说明企业的财富增加得越多，就越接近企业的目标。

（2）以股东财富最大化为目标。股东财富最大化目标是指通过财务上的合理经营，为股东创造更多的财富，实现企业的财务管理目标。在股份制经济条件下，股东财富最大化具体表现为股票价格最大化。

（3）代理问题。当单一投资者的投资和借款无法满足企业快速发展时，就需要引入合伙人共同投资，或者是在证券市场上公开发行上市。股东们将聘用职业经理人来管理企业事务，代理问题也因此产生。

3. 为什么阳光保险没有将高管也列入清退股份之列？高管持有公司股份对公司经营有何影响？

阳光保险没有清退高管股份，是基于以下几点。一是经营管理需要，不想高层有太大的变动，二是阳光保险公司是国有企业，高管都有后台，强清股权会得罪很多既得利益者。股权会影响到公司经营的话语权。

据2010年9月29日《证券时报》报道，阳光保险此次以每年9.02%的利息为补偿条件，将自2007年开始募集的员工股予以一次性清退。清退的最后期限为9月30日。报道援引公司在中秋前下发员工的通知称："2007年，阳光保险公司工会根据当时的国家政策背景，在员工自愿基础上，由员工出资成立了平台公司，计划在条件成熟和监管部门批准后实现员工持股计划。但由于政策原因，公司员工的出资款至今没能入股公司，而按照保监会的要求，必须予以清退。"但阳光保险此次清退遭到了员工的强烈不满，认为侵犯了其作为原持股股东的合法权益。同时，该募资款的合法性也遭到质疑。此前有业内传言，阳光保险计划赴港上市。但传闻并未得到阳光保险的官方证实。

阳光保险作为国有体制的商业保险公司，持股用处不大。职业经理人也只是拿个股息或者期权，挣个高额退休金而已。所以高管持有公司股份对公司经营影响不大。

>>>第1篇　财务管理基础

投资管理

学习目标：

1. 掌握货币时间价值的概念、计算和应用。
2. 掌握风险和报酬的关系，单个证券和证券组合投资决策。
3. 掌握资本资产定价模型及证券市场线影响因素。
4. 掌握项目投资决策现金流确定，依其计算贴现和非贴现指标。
5. 掌握项目风险投资的决策树法。

2.1 货币时间价值原理

猜猜看：美国优质基金的平均年回报率为 14.85%，假设你今年 18 岁，你投资 10 万元于美国优质基金，问到你 60 岁退休时这笔钱会是多少？

2.1.1 货币时间价值的概念

自 2015 年 3 月 4 日起，5 年期以上商业贷款利率从原来的 6.2% 降为 5.9%，以个人住房商业贷款 50 万元（20 年）计算，降息后每月还款额将减少 61.5 元。但即便如此，在 3 月 4 日以后贷款 50 万元（20 年）的购房者，在 20 年中，累计需要还款 84.72 万元，需要比本金多还银行 34.72 万余元，这就是货币的时间价值在其中起的作用。

任何企业的投资活动都是在特定的时空中进行的。离开了时间价值因素，就无法正确计算不同时期的财务收支，也无法正确评价企业盈亏。货币的时间价值原理正确地揭示了在不同时点上资金之间的换算关系，是投资决策的基本依据。

[问题] 有 1 000 元人民币，你愿意今天得到，还是明年的今天得到？为什么？

回答是愿意今天得到 1 000 元，因为货币有时间价值，使得今天的 1 000 元价值大于明年的今天 1 000 元的价值。为何货币有时间价值即货币经过一段时间会发生增值？如何产生？其表现形式是什么？货币时间价值产生的前提是投资，货币不投资放在家中永远不会产生增值，只有投资于无风险或低风险且能带来投资收益的产品包括银行定期、活期存款以及保险理财才能增值。货币的时间价值有两种表现形式：相对数形式和绝对数形式。相对数形式，即时间价值率，是指扣除风险收益和通货膨胀贴水后的平均资金利润率或平均收益率；绝对数形式，即时间价值额，是指资金与时间价值率的乘积。时间价值虽然有两种表示方法，但在实际工作中并不进行严格的区分。因此，在述及货币时间价值的时候，有时是绝对数，有时是相对数。

1. 货币时间价值概念的几种表述

1）西方经济学认为货币时间价值就是机会成本

关于货币时间价值的概念和成因，人们的认识并不完全一致。西方经济学定义是：即使在没有风险和没有通货膨胀的条件下，今天 1 元钱的价值也大于 1 年以后 1 元钱的价值。因为股东投资 1 元钱，就失去了当时使用或消费这 1 元钱的机会或权利，按时间计算的这种付出的代价或投资收益，就叫作货币时间价值。

2）马克思政治经济学指出货币时间价值产生的本质

上述定义只说明了货币时间价值的现象，并没有说明货币时间价值的本质。试想，如果资金所有者把钱埋入地下保存是否能得到收益呢？显然不能。因此，并不是所有货币都有时间价值，只有把货币作为资本投入生产经营过程才能产生时间价值。也就是说，货币资金被投入生产经营以后，劳动者会生产出新的产品，创造出新的价值，产品销售以后得到的收入要大于原来投入的资金额，形成资金的增值，即时间价值是在生产经营中产生的。在一定时期内，资金从投放到回收形成一次周转循环。每次资金周转需要的时间越少，在特定时期之内，资金的增值就越大，投资者获得的收益也就越多。因此，随着时间的推移，资金总量在循环周转中不断增长，使得资金具有时间价值，它是由劳动者在剩余劳动时间创造的平均必要报酬率。

2. 理解货币时间价值应注意的问题

需要注意的是，将货币作为资本投入生产过程所获得的价值增加并不全是货币的时间价值。这是因为，所有的生产经营都不可避免地具有风险，而投资者承担风险也要获得相应的收益，此外，通货膨胀也会影响货币的实际购买力。因此，对所投资项目的收益率也会产生影响。资金的供应者在通货膨胀的情况下，必然要求索取更高的收益以补偿其购买力损失，这部分补偿称为通货膨胀贴水。可见，货币在生产经营过程中产生的收益不仅包括时间价值，还包括货币资金提供者要求的风险收益和通货膨胀贴水。因此，本书认为，货币时间价值可以表述如下：货币时间价值是扣除风险收益和通货膨胀贴水后的真实收益率。

银行存款利率、贷款利率、各种债券利率、股票的股利率都可以看作投资收益率，它们与货币时间价值都是有区别的，只有在没有风险和通货膨胀的情况下，货币时间价值才与上述各收益率相等。

在下面论述中货币时间价值的计算一般没有考虑风险和通货膨胀，以利率代表货币时间价值为假设基础。

2.1.2 复利终值和现值

1. 复利和单利

利息的计算有单利和复利两种方法。复利是不仅本金要计算利息，利息也要计算利息，即通常所说的“利滚利”。例如，本金为1 000元、年利率为1.75%的1年期定期存款，到期继续转存1年，第一年的利息收入为17.5元（1 000×1.75%），第二年的利息收入为17.8元（1 017.5×1.75%），2年后的利息收入总额为35.3元（17.5+17.8）。而单利是指一定期间内只根据本金计算利息，当期产生的利息在下一期不作为本金，不重复计算利息。例如，本金为1 000元、年利率为1.75%的1年期定期存款，到期取出利息继续转存本金1年，第一年的利息收入为17.5元（1 000×1.75%），第二年的利息收入为17.5元（1 000×1.75%），2年后的利息收入总额为35元（17.5+17.5）。

复利的概念充分体现了货币时间价值的含义，因为货币可以再投资，而且理性的投资者总是尽可能快地将货币投入合适的方向，以赚取收益。在讨论货币的时间价值时，一般都按复利计算。

2. 复利终值和现值计算公式

终值是指当前的一笔货币资金在若干期后所具有的价值，现值是指未来年份收到或支付的现金在当前的价值。复利终值和现值计算公式如下。

1）复利终值的计算公式

$$FV_n = PV_0 \times (1+i)^n = PV_0 \times FVIF_{i,n} \tag{2-1}$$

式中：FV_n——复利终值；

PV_0——复利现值；

i——每期利息率；

n——一定时期内计息期数，比如按月计息，三年计息期数 n 等于36期。

$(1+i)^n$ 称为复利终值系数（future value interest factor），简写成 $FVIF_{i,n}$。

2）复利现值的计算公式

$$PV_0 = FV_n/(1+i)^n = FV \times PVIF_{i,n} \tag{2-2}$$

式中：PV_0——复利现值；

FV_n——复利终值；

i——一定时期内每期利息率；

n——一定时期内计息期数，$1/(1+i)^n$ 称为复利现值系数（present value interest factor），简写成 $PVIF_{i,n}$，其与复利终值系数 $FVIF_{i,n}$ 互为倒数。

复利现值的计算就是由终值求现值，又称为贴现，贴现时使用的利息率称为贴现率。其公式可由终值的计算公式导出。

3. 复利终值在实践中的应用

【例2-1】 你考虑将得到的2 000美元存入银行，6年后使用。你看到1个月的定期存款年化利率是3.437 5%，3个月的定期存款年化利率是3.625%，半年的定期存款年化利率是3.75%，1年的定期存款利率是3.8125%，3年的定期存款年化利率是5.298%，你的存款本息到期都将自动转存，如果你不认为年内有调整利率的可能性，那么你愿意选择哪种存款方式？

解答：（1）2 000美元选择按月存款自动转存，6年后，价值等于

$$FV = 2\,000 \times (1 + 3.4375\%/12)^{6\times12} = 2\,000 \times (1 + 0.2865\%)^{72} = 2\,457.40(\text{美元})$$

（2）2 000美元选择按季存款自动转存，6年后，价值等于

$$FV = 2\,000 \times (1 + 3.625\%/4)^{6\times4} = 2\,000 \times (1 + 0.90625\%)^{24} = 2\,483.5(\text{美元})$$

（3）2 000美元选择按半年存款自动转存，6年后，价值等于

$$FV = 2\,000 \times (1 + 3.75\%/2)^{6\times2} = 2\,000 \times (1 + 1.875\%)^{12} = 2\,499.43(\text{美元})$$

（4）2 000美元选择按年存款自动转存，6年后，价值等于

$$FV = 2\,000 \times (1 + 3.8125\%)^{6} = 2\,503.39(\text{美元})$$

（5）2 000美元选择存3年到期自动转存，6年后，价值等于

$$FV = 2\,000 \times (1 + 5.298\% \times 3)^{2} = 2\,000 \times (1 + 15.894\%)^{2} = 2\,686.28(\text{美元})$$

由此可知，如果不是急需要钱用，存在银行时间越长，资金增值越大。

【例2-2】 如果你突然收到一张事先不知道的1 267亿美元的账单，你一定会大吃一惊。而这样的事件却发生在瑞士田纳西镇的居民身上。纽约布鲁克林法院判决田纳西镇居民应向美国投资者支付这笔钱。最初，田纳西镇的居民以为这是一件小事，但当他们收到账单时，他们被这张巨额账单惊呆了。他们的律师指出，若高级法院支持这一判决，为偿还债务，所有田纳西镇的居民在其余生中不得不靠吃麦当劳等廉价快餐度日。

田纳西镇的问题源于1966年的一笔存款。斯兰黑不动产公司在内部交换银行（田纳西镇的一个银行）存入一笔6亿美元的存款。存款协议要求银行按每周1%的利率（复利）付息。（难怪该银行第二年破产！）1994年，纽约布鲁克林法院做出判决：从存款日到田纳西镇对该银行进行清算的7年中，这笔存款应按每周1%的复利计息，而在银行清算后的21年中，每年按8.54%的复利计息。

问题：（1）1 267亿美元巨额账单是如何计算的？（2）该案例对你的启示。

解答：（1）1966年6亿美元存款到1994年，经过28年该笔资金竟然变成了1 267亿美元。原因是按复利计息，前7年按周计息，7年共计息365期，后21年按年计息共计息21期，故6亿美元是现值，则终值 $FV = 6 \times (1 + 1\%)^{7\times365/7} \times (1 + 8.54\%)^{21} = 1\,267$ 亿(美元)

（2）启示：货币时间价值是以复利计息为前提，因此未来本利和即复利终值随着计息期和利息率增加而增加。

2.1.3 年金终值和现值

1. 年金概念和种类

年金（annuity）是指一定时期内每期收（付）等额的款项。折旧、利息、租金、保

险费等均表现为年金的形式。年金按收（付）时间点不同，可分为以下四类。

（1）后（收）付年金，又称普通年金，它是从第一期开始每期期末收到或支付等额的款项，比如每月支付的工资等。

（2）先（收）付年金，又称即收或即付年金，它是从第一期开始每期期初收到或支付等额的款项，比如每月支付的房租等。

（3）延期年金，又称递延年金，它是从第 m 期（$m>1$）开始每期期末收到或支付等额的款项，比如保险公司保费等。

（4）永续年金，是指计息期 n 趋于无穷时的普通年金，因此该年金没有终值，虽有现值，但公式中没有计息期 n。

2. 后（收）付年金终值和现值计算

1）后（收）付年金终值的计算

后（收）付年金终值犹如零存整取的本利和，它是一定时期内每期期末等额收（付）款项的复利终值之和。

假设：A 代表年金；i 代表利息率；n 代表计息期数；FVA_n 代表年金终值。则后（收）付年金终值的计算可用图 2-1 来说明。

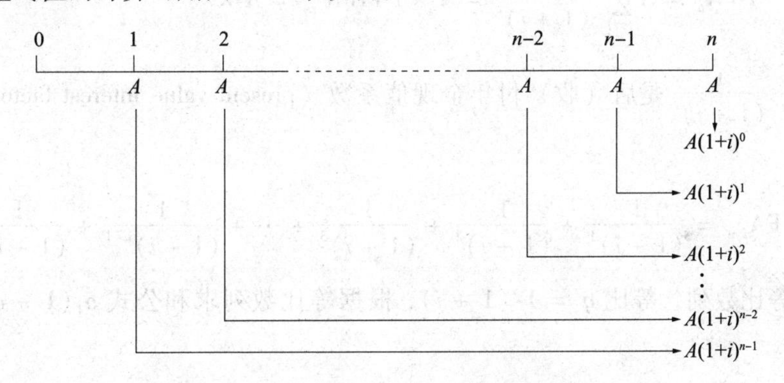

图2-1 后（收）付年金终值计算示意图

由图 2-1 可知，后（收）付年金终值的计算公式为

$$FVA_n = A \times \sum_{t=1}^{n}(1+i)^{t-1} = A \times FVIFA_{i,n} = A \times \frac{(1+i)^n - 1}{i} \qquad (2-3)$$

其中，$\sum_{t=1}^{n}(1+i)^{t-1}$ 是后（收）付年金终值系数或年金复利系数（future value interest factor of annuity），简写成 $FVIFA_{i,n}$，或写成 $ACF_{i,n}$。

$$FVIFA_{i,n} = (1+i)^0 + (1+i)^1 + (1+i)^2 + \cdots + (1+i)^{n-2} + (1+i)^{n-1} \qquad (2-4)$$

上式是等比数列，等比 $q=(1+i)$，根据等比数列求和公式 $a_1(1-q^n)/(1-q)$ 得到。

$$FVIFA_{i,n} = \frac{(1+i)^n - 1}{i} \qquad (2-5)$$

2）后（收）付年金现值的计算

后收付年金现值是一定期间每期期末等额的系列收付款项的现值之和。年金现值的符号为 PVA，后付年金现值的计算过程可用图 2-2 加以说明。

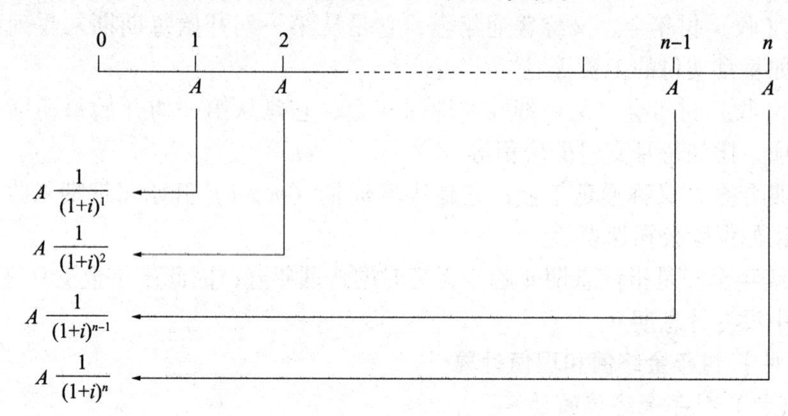

图 2-2　后（收）付年金现值计算示意图

由图 2-2 可知，后（收）付年金现值的计算公式为

$$PVA_n = A\sum_{t=1}^{n}\frac{1}{(1+i)^t} = A \times PVIFA_{i,n} = A \times \frac{1-1/(1+i)^n}{i} \qquad (2-6)$$

其中 $\sum_{t=1}^{n}\frac{1}{(1+i)^t}$ 是后（收）付年金现值系数（present value interest factor of annuity）简成 $PVIFA_{i,n}$。

$$PVIFA_{i,n} = \frac{1}{(1+i)^1} + \frac{1}{(1+i)^2} + \frac{1}{(1+i)^3} + \cdots + \frac{1}{(1+i)^{n-1}} + \frac{1}{(1+i)^n} \qquad (2-7)$$

上式是等比数列，等比 $q = 1/(1+i)$，根据等比数列求和公式 $a_1(1-q^n)/(1-q)$ 得到。

$$PVIFA_{i,n} = 1/(1+i)[1-1/(1+i)^n]/(1-1/(1+i)] = \frac{1-1/(1+i)^n}{i} \qquad (2-8)$$

3. 永续年金现值计算

永续年金是指期限为无穷的普通年金。英国和加拿大有一种国债就是没有到期日的债券，这种债券的利息可以视为永续年金。绝大多数优先股因为有固定的股利而又无到期日，因而其股利也可以视为永续年金。另外，期限长、利率高的年金现值，可以按永续年金现值的计算公式计算其近似值。根据后（收）付年金终值计算公式（2-3）可知当 n 趋于无穷时，FVA_n 趋于无穷；所以永续年金没有终值。

根据公式（2-6）可知当 n 趋于无穷时，即 $n\to\infty$ 时 $\frac{1}{(1+i)^n}\to 0$，则永续年金现值计算公式为

$$V_0 = \lim_{n\to\infty} A \times \frac{1-1/(1+i)^n}{i} = \frac{A}{i} \qquad (2-9)$$

4. 先（收）付年金终值和现值计算

由于后（收）付年金是最常用的，因此，必须根据后付年金的计算公式，推导出先

(收)付年金的计算公式。下面介绍两个思路。

(1)变年金,不变普通年金终值和现值系数计算先收(付)年金终值和现值。

n 期先(收)付年金和 n 期后(收)付年金的关系可用图2-3加以说明。

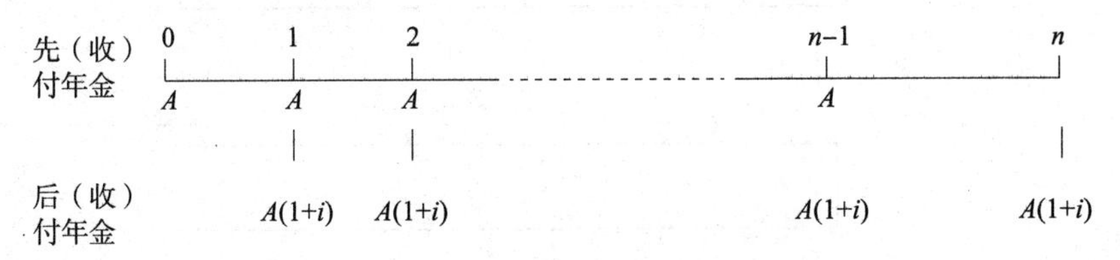

图2-3 先(收)付年金与后(收)付年金关系

从图2-3可以看出,n 期先(收)付年金与 n 期后(收)付年金的收付款次数相同,但由于收付款时间不同,n 期先(收)付年金终值比 n 期后(收)付年金终值多计算一期利息。所以,可先将每期先(收)付年金往后推一期变成后(收)付年金,每期年金是 $A(1+i)$,然后再按后(收)付年金终值和现值计算公式,便可求出 n 期先(收)付年金的终值和现值,计算公式为

$$\text{先(收)付年金终值 } XFVA_n = A \times (1+i) \times FVIFA_{i,n} \tag{2-10}$$

$$\text{先(收)付年金现值 } XPVA_n = A \times (1+i) \times PVIFA_{i,n} \tag{2-11}$$

(2)年金不变,变普通年金终值和现值系数计算先(收)付年金终值和现值。

① 先(收)付年金终值的计算。n 期先(收)付年金终值与 n 期后(收)付年金终值的关系,可以用图2-4加以说明。

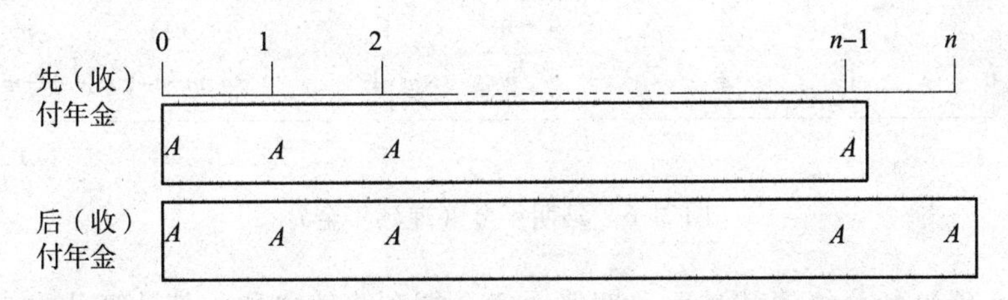

图2-4 n 期先(收)付年金终值 $=n+1$ 期后(收)付年金终值 $-A$

根据图2-4可知,由 n 期先(收)付年金终值与 $n+1$ 期后(收)付年金终值的关系推导出另一计算公式。n 期先(收)付年金与 $n+1$ 期后(收)付年金的计息期数相同,但比 $n+1$ 期后(收)付年金少(收)付一次款,因此,只要将 $n+1$ 期后(收)付年金的终值减去一期付款额 A,便可求出 n 期先(收)付年金终值计算公式为

$$XFVA_n = A \times FVIFA_{i,n+1} - A = A \times (FVIFA_{i,n+1} - 1) \tag{2-12}$$

② 先(收)付年金现值的计算。n 期先(收)付年金现值与 n 期后(收)付年金现值的关系,可以用图2-5加以说明。

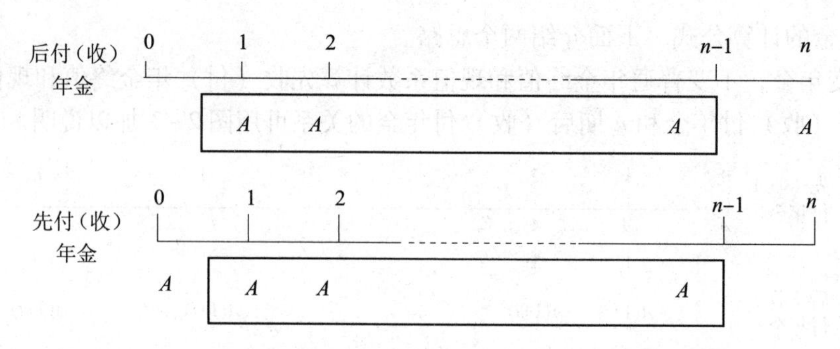

图2-5 n期先（收）付年金现值 = $n-1$期后（收）付年金现值 + A

从图2-5可以看出，由n期先（收）付年金现值与$n-1$期后（收）付年金的关系推导出另一计算公式。n期先（收）付年金现值与$n-1$期后（收）付年金现值的贴现期数相同，但比$n-1$期后（收）付年金多一期不用贴现的付款额A。因此，只要将$n-1$期后（收）付年金的现值加上一期不用贴现的付款额A，便可求出n期先（收）付年金现值，计算公式为

$$XPVA = A \times PVIFA_{i,n-1} + A = A \times (PVIFA_{i,n-1} + 1) \tag{2-13}$$

5. 延期（递延）年金终值和现值计算

延期年金又叫递延年金，是指在最初若干期没有收（付）款项的情况下，后面若干期有等额的系列收（付）款项的年金。假定最初有$m(m>1)$期没有收（付）款项，后面n期每年有等额的系列收（付）款项，可以用图2-6说明。

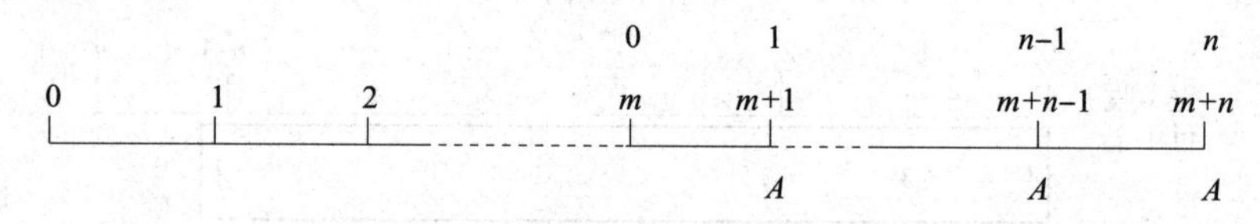

图2-6 延期年金（递延年金）

延期（递延）年金终值就是后n期普通年金复利终值之和，其计算公式为

$$V_n = A \times FVIFA_{i,n} \tag{2-14}$$

延期（递延）年金现值即后n期年金先贴现至m期期初，再贴现至第一期期初的现值。或者是$m+n$期后（收）付年金现值，减去没有收（付）款的前m期后（收）付年金现值。具体计算公式为

$$V_0 = A \times PVIFA_{i,n} \times PVIF_{i,m} = A \times [PVIFA_{i,n+m} - PVIFA_{i,m}] \tag{2-15}$$

6. 年金终值和现值在实践中的应用

【例2-3】某大学毕业生参加工作几年后，小有积蓄，现拟分期付款购买一套住房，当前总价款180万元，该生在购房当时（6月1日）支付30%首付，其他80万元用公积金贷款，剩下的用商贷，于未来30年内按半年分期归还，公积金贷款年利率为4%，商贷年利率为6%；每半年等额支付本息。该生每半年商贷和公积金贷款分别应该支付多少还款？还款中，有多少是归还房款的本金，多少是归还房款的利息？

解答： 首付款 = 180 × 30% = 54 万元，公积金贷款 80 万元，则

商业贷款 = 180 − 54 − 80 = 46（万元）

根据公式（2−13）

$$XPVA_n = A \times \left[\frac{1-1/(1+i)^{n-1}}{i}+1\right] = A \times (1+i) \times \frac{1-1/(1+i)^n}{i}$$

其中，（1）公积金贷款。

$$i = 4\%/2 = 2\%, \quad n = 30 \times 2 = 60, \quad XPVA_n = 80 \text{ 万元}$$

代入公式求得 $A = 2.256$ 万元，其中，本金 = 80/60 = 1.33 万元，利息 = 2.256 万元 − 1.33 万元 = 0.926 万元

（2）商贷。

$$i = 6\%/2 = 3\%, \quad n = 30 \times 2 = 60, \quad XPVA_n = 46 \text{ 万元}$$

代入公式求得 $A = 1.614$ 万元，其中本金 = 46/60 = 0.76 万元，利息 = 1.614 万元 − 0.76 万元 = 0.854 万元

【例 2−4】 保险公司提供一种养老保险，目前它提供的利率是 6%，比现在和你预期的未来银行存款利率高。它规定只要你一次存入某个金额，从未来第 11 年开始的 30 年内每年年末你可以获得一固定金额的返还。你认为这是一个很好的养老金储存方式，你希望将来每年能得到 10 000 元的养老金，你现在应该一次性缴入多少钱？

解答： $m = 10$ 年，$n + m = 30$ 年，$A = 10\ 000$ 元，$i = 6\%$

$$\begin{aligned} V_0 &= A \times PVIFA_{i,n} \times PVIF_{i,m} = A \times [PVIFA_{i,n+m} - PVIFA_{i,m}] \\ &= 10\ 000 \times [PVIFA_{6\%,30} - PVIFA_{6\%,10}] \\ &= 10\ 000 \times (13.7648 - 7.360) \\ &= 64\ 048(元) \end{aligned}$$

思考： 如果用 Excel 中的财务函数计算复利、年金终值和现值以及年金、期利率和期限，应注意哪些问题？

2.1.4　不等额现金流量现值的计算

前面讲的年金每次收（付）款项都是相等的，但在财务管理实践中，更多的情况是每次收（付）款项并不相等，而且经常需要计算这些不等额现金流入量或流出量的现值之和。

假设：A_0 代表第 0 年末或第 1 年年初的年收（付）款；A_1 代表第 1 年年末的收（付）款；A_2 代表第 2 年年末的收（付）款；……，A_{n-1} 代表第 $n-1$ 年年末的收（付）款；A_n 代表第 n 年年末的收（付）款。则其现值计算公式可用图 2−7 表示。

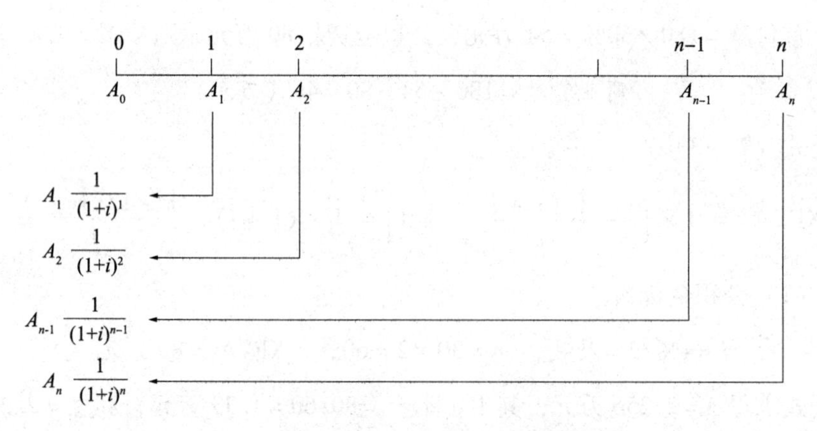

图2-7 不等额现金流量现值计算示意图

由上图可知：

$$PV_0 = A_0 + A_1 \frac{1}{(1+i)^1} + A_2 \frac{1}{(1+i)^2} + \cdots + A_{n-1} \frac{1}{(1+i)^{n-1}} + A_n \frac{1}{(1+i)^n}$$

$$= \sum_{j=0}^{n} A_j \frac{1}{(1+i)^j} = A_0 + A_1 PVIF_{i,1} + A_2 PVIF_{i,2} + \cdots + A_{n-1} PVIF_{i,n-1} + A_n PVIF_{i,n} \tag{2-16}$$

该式在投资决策的 NPV 方法中使用。

2.1.5 用复利、年金现值计算债券和股票发行价格

1. 债券发行价格计算

债券发行价格是已知终值或/和普通年金，求复利或/和年金现值的过程。零息债券是已知复利终值求复利现值获得该类债券发行价格；分期付息到期一次还本的债券发行价格是普通年金现值和复利现值之和。

1）零息债券和到期一次还本付息债券的价格计算

【例2-5】面值为100元，期限为5年的零息债券，到期按面值偿还，当时市场利率为8%。计算该债券发行价格。

解答：债券发行价格 $PV_0 = FV_n/(1+i)^n = \frac{100}{(1+8\%)^5} = 100 \times 0.6806 = 68.06$(元)

【例2-6】M公司发行一种债券，年利率为12%，按季计息，1年后还本付息，每张债券还本付息1 000元，该债券价格是多少？

该债券价格是已知未来还本付息值等于1 000元，求现在在市场上销售该债券的价格。这是已知复利终值求现值的问题。因为该债券是按季计息，一年共计息4次，所以计息期 $n=4$，又知年利率为12%，故季利率为 $i=3\%$，代入公式如下

解答：$PV_0 = \frac{FV_n}{(1+i)^n} = \frac{1\ 000}{(1+3\%)^4} = 1\ 000 \times 0.8885 = 888.5$(元)

【例2-7】某公司拟购买另一家公司发行的利随本清的债券，该债券面值为1 000元，期限5年，票面利率10%，如果当前市场利率分别是8%、10%和12%，该债券价格估计是多少？

解答：该债券是利随本清即到期一次还本付息，期限5年，$i=8\%$、10%和12%，则代入复利现值公式得到

（1）$i=8\%$时，该债券价格 $PV_0=\dfrac{FV_n}{(1+i)^n}=\dfrac{1\ 000\times(1+10\%)^5}{(1+8\%)^5}=1\ 096.08$(元) > 面值1 000元，说明当市场利率小于债券票面利率时，该债券应溢价发行，以高于债券票面价发行该债券。

（2）$i=10\%$时，该债券价格 $PV_0=\dfrac{FV_n}{(1+i)^n}=\dfrac{1\ 000\times(1+10\%)^5}{(1+10\%)^5}=1\ 000$(元) = 面值1 000元，说明当市场利率等于债券票面利率时，该债券应平价发行，以等于债券票面价发行该债券。

（3）$i=12\%$时，该债券价格 $PV_0=\dfrac{FV_n}{(1+i)^n}=\dfrac{1\ 000\times(1+10\%)^5}{(1+12\%)^5}=849.74$(元) < 面值1 000元，说明当市场利率大于债券票面利率时，该债券应折价发行，以低于债券票面价发行该债券。

2）分期付息到期按面值还本的公司债券价格计算

该类债券发行价格等于普通年金现值和复利现值之和。

【例2-8】某债券面值为1 000元，票面利率为10%，期限为5年。每年年末支付利息，到期按面值还本，如果当前市场利率为12%，问债券价格估计为多少？

解答：该债券期限$n=5$，每年支付利息1 000元×10%相当于年金$A=100$元，到期第五年年末支付本金1 000元，根据年金现值和复利现值公式得到该债券价格等于$P=A\times\dfrac{1-1/(1+i)^n}{i}+\dfrac{FV}{(1+i)^n}=100\times\dfrac{1-1/(1+12\%)^5}{12\%}+\dfrac{1\ 000}{(1+12\%)^5}=927.5$(元) < 面值1 000元，该债券以折价发行。

2. 股票发行价格计算

股票发行价格是现值计算过程，优先股发行价格为永续年金现值，普通股发行价格为特殊情形复利现值之和。

1）优先股发行价格计算

通常，优先股发行价格等于永续年金现值。

【例2-9】某人投资海外公司的无限期优先股，票面股息率为5%，他希望能够每年至少获得10 000元的股利用于养老，请问他至少应该购买多少金额的该优先股股票？

解答：运用永续年金现值计算公式得到该优先股发行价格等于$P=10\ 000/5\%=200\ 000$（元）。

2）普通股发行价格计算

当普通股每期发放的股利相同时，且期限无限长，则其发行价格等于优先股价格。当发放股利不同时，可以运用不等额现金流量现值的计算公式（2-16）；当发放股利相同时，可以借助年金现值和复利现值之和求得。

【例2-10】某人投资一家上市公司普通股股票，投资10年，每年希望获得的股利如表2-1所示，票面股息率为9%，请问他至少应该购买多少金额的该普通股股票？

表2-1　投资普通股获得的股利　　单位：元

年份	股利	年份	股利
1	1 000	6	2 000
2	1 000	7	2 000
3	1 000	8	2 000
4	1 000	9	2 000
5	2 000	10	3 000

在上表中，第1~4年的股利相等，可以看作求4年期的普通年金现值，第5~9年的股利也相等，可以看作一种延期年金，第10年是终值。则购买该普通股支付金额为

$$PV_0 = 1\ 000 \times \frac{1 - 1/(1+9\%)^4}{9\%} + 2\ 000 \times \frac{1 - 1/(1+9\%)^5}{9\%} \times \frac{1}{(1+9\%)^4} + 3\ 000 \times \frac{1}{(1+9\%)^{10}}$$

$$\begin{aligned} PV_0 &= 1\ 000 \times PVIFA_{9\%,4} + 2\ 000 \times PVIFA_{9\%,5} \times PVIF_{9\%,4} + 3\ 000 \times PVIF_{9\%,10} \\ &= 1\ 000 \times 3.240 + 2\ 000 \times 3.890 \times 0.708 + 3\ 000 \times 0.422 \\ &= 3\ 240 + 5\ 508.24 + 1\ 266 = 10\ 014.24(\text{元}) \end{aligned}$$

2.2　风险报酬原理

2.2.1　风险报酬的概念

对于大多数投资而言，个人或企业当前投入资金是因为预期在未来会赚取更多的回报资金。报酬为投资者提供了一种恰当地描述投资项目财务绩效的方式。报酬的大小可以通过报酬率或收益率来衡量。假设某投资者购入10万元的短期国库券，利率为10%，那么这一年的投资报酬率或收益率为10%。事实上，投资者获得的投资报酬就是国库券的票面利率，一般认为该项投资是无风险的。然而，如果将10万元投资于一个刚成立的高科技公司，则该投资的收益或回报就无法明确估计，即投资面临风险。

公司的财务决策几乎都是在包含风险和不确定的情况下做出的。离开了风险，就无法正确评价公司报酬的高低。风险是客观存在的，按风险的程度，可以把公司的财务决策分为三种类型。

1. 确定性决策

决策者对未来的情况是完全确定的或已知的决策，称为确定性决策。例如，前述投资

者将10万元投资于利率为10%的短期国库券，由于国家实力雄厚，到期得到10%的报酬几乎是肯定的，因此，一般认为这种投资为确定性投资，可以得到稳定的报酬，没有任何风险。

2. 风险性决策

决策者对未来的情况不能完全确定，但不确定性出现的可能性——概率的具体分布是已知的或可以估计的，这种情况下的决策称为风险性决策。

3. 不确定性决策

决策者对未来的情况不仅不能完全确定，而且对不确定性可能出现的概率也不清楚，这种情况下的决策为不确定性决策。

从理论上讲，不确定性是无法计量的，但在财务管理中，通常为不确定性规定一些主观概率，以便进行定量分析。不确定性被规定了主观概率以后，与风险就十分近似了。因此，在公司财务管理中，对风险与不确定性并不作严格区分，当谈到风险时，可能是风险，更可能是不确定性。

投资者之所以愿意冒险投资，是因为其预期报酬率或收益率足够高，能够补偿其可察觉的投资风险。很明显，在上述例子中，如果投资高科技公司的预期报酬率与短期国库券一样，那么几乎没有投资者愿意投资。相反，如果投资高科技公司的预期报酬率远远高于短期国库券，那么就会有投资者愿意投资。

2.2.2 单项证券的风险计量

如前所述，对投资活动而言，风险是与投资报酬的可能性相联系的，因此，对风险的计量就要从投资报酬的可能性入手。

1. 确定概率分布并预测未来不确定性概率情况下可能的报酬（收益）率

概率是度量随机事件发生可能性的一个数学概念。例如，掷一次硬币，正面向上的概率为50%。如果将所有可能的事件或结果都列示出来，并对每个事件都赋予一个概率，则得到事件或结果的概率分布。对于掷硬币一例，可以建立概率分布表，如表2-2所示。第1列列示了可能的事件结果，第2列列示了不同事件结果的概率。请注意，概率分布必须符合以下两个要求：①出现每种结果的概率都在0~1之间；②所有结果的概率之和应等于1。

表2-2 掷硬币的概率分布

事件结果（1）	概率（2）
正面向上	50%
反面向上	50%
合计	100%

这里为证券投资的可能结果（即报酬或收益）赋予概率。假设有两家公司西方公司和东方公司，其公司股票报酬率的概率分布如表2-3所示。从表中可以看出，经济繁荣的概率为20%，此时两家公司的股东都将获得很高的报酬率；经济情况一般的概率为60%，

此时股票报酬适中；而经济情况衰退的概率为20%，此时两家公司的股东只能获得低报酬，东方公司的股东甚至会遭受损失。

表2-3　西方公司及东方公司金融资产投资报酬率的概率分布

经济情况	发生概率	西方公司可能结果的报酬率	东方公司可能结果的报酬率
繁荣	0.2	40%	70%
一般	0.6	20%	20%
衰退	0.2	0	-30%
合计	1	60%	60%

2. 计算期望报酬（收益）率

期望报酬率是预测未来各种可能结果的报酬率按其概率进行加权平均得到的报酬率，它是反映集中趋势的一种量度。其计算公式为

$$\overline{K} = \sum_{i=1}^{n} (K_i \times P_i) \tag{2-17}$$

式中：$\overline{K}$——期望报酬率；

K_i——第i种可能结果的报酬率；

P_i——第i种可能结果的概率；

n——可能结果的个数。

如表2-3所示，将各种可能结果的报酬率与其所对应的发生概率相乘，并将乘积相加，则得到各种结果的加权平均数。此处权重系数为各种可能结果发生的概率，加权平均数则为期望报酬率。

西方公司的期望报酬（收益）率计算过程如下：

$$\overline{K} = 0.2 \times 40\% + 0.6 \times 20\% + 0.2 \times 0 = 20\%$$

东方公司的期望报酬率计算过程如下：

$$\overline{K} = 0.2 \times 70\% + 0.6 \times 20\% - 0.2 \times 30\% = 20\%$$

由此可知两个公司的期望报酬率相同。

3. 计算标准差

标准差是各种可能的报酬率偏离期望报酬率的综合差异，是反映离散程度的一种量度，标准差可按下列公式计算

$$\sigma = \sqrt{\sum_{i=1}^{n} (K_i - \overline{K})^2 P_i} \tag{2-18}$$

式中：σ——期望报酬率的标准离差；

$\overline{K}$——期望报酬（收益）率；

K_i——第i种可能结果的报酬率；

P_i——第i种可能结果的概率；

n——可能结果的个数。

可见，标准差实际上是第i种可能结果的报酬率偏离期望值的离差的加权平均值，其

度量了预测值偏离期望值的程度。

前例中，西方公司的标准差为

$$\sigma_1 = \sqrt{(40\% - 20\%)^2 \times 0.2 + (20\% - 20\%)^2 \times 0.6 + (0 - 20\%)^2 \times 0.2}$$
$$= 12.65\%$$

东方公司的标准差为

$$\sigma_2 = \sqrt{(70\% - 20\%)^2 \times 0.2 + (20\% - 20\%)^2 \times 0.6 + (-30\% - 20\%)^2 \times 0.2}$$
$$= 31.62\%$$

东方公司的标准差更大，说明其收益的离差程度更大，即无法实现期望报酬的可能性更大。由此可以判断，当单独持有时，东方公司的股票比西方公司的股票风险更大。在期望报酬率或收益率都为20%时，应选择风险小的西方公司的股票投资。理性投资者希望冒尽可能小的风险获得尽可能高的收益或报酬。

4. 计算标准差率

标准差是反映随机变量离散程度的一个指标，但它是一个绝对值而不是一个相对量，只能用来比较期望报酬率相同的资产的风险程度，无法比较期望报酬率不同的资产的风险程度。要对比期望报酬率不同的各个证券的风险程度，应该用标准差率。标准差率又称变异系数（variation coefficient，CV），是期望报酬率的标准差同期望报酬率的比值，其计算公式为

$$CV = \frac{\sigma}{\overline{K}} \times 100\% \tag{2-19}$$

式中：CV——标准差率；

$\overline{K}$——期望报酬（收益）率。

可见标准差率是单位期望报酬率的标准离差。

上例中东方公司的标准差是31.62%，西方公司的标准差是12.65%，假设东方公司期望报酬率为40%，西方公司期望报酬率为15%，则东方公司标准差率=31.62%/40%=79.05%，西方公司标准差率=12.65%/15%=84.33%，此时投资者会选择投资报酬率高，风险相对较小的东方公司。

2.2.3 证券组合风险的分类

证券组合报酬或收益是组合中单项资产收益的加权平均数。证券组合风险通常并非组合内部单项资产标准差的加权平均数，它反映证券组合报酬率的离散程度大小。事实上，股票风险中通过投资组合能够被消除的部分称为可分散风险，而不能够被消除的部分则称为不可分散风险，有时叫作系统风险或市场风险。

1. 可分散风险

可分散风险又叫非系统风险，是由某些随机事件导致的，如个别公司遭受火灾，公司

在市场竞争中失败等。这种风险，可以通过证券持有的多样化来抵消，即多买几家公司的股票，其中某些公司的股票收益上升，某一些公司的股票收益下降，从而将风险抵消。如果组合中股票数量足够多，则任意单只股票的可分散风险都能够被消除。

表2-4列示了完全负相关的两只股票W和M的风险报酬数据，以及对两只股票各投资50%时构成的证券组合的相关数据。图2-8中的三张图描述了W股票、M股票以及WM组合的报酬率随时间变化的情况，从图中可以看出，两只股票在单独持有时都具有相当的风险，但构成投资组合WM时却不再具有风险。

表2-4　W股票和M股票以及WM组合的报酬率和标准离差

年份	W股票 K_W	M股票 K_M	WM的组合 K_P
2015	40%	-10%	15%
2016	-10%	40%	15%
2017	35%	-5%	15%
2018	-5%	35%	15%
2019	15%	15%	15%
平均报酬率（K）	15%	15%	15%
标准离差（σ）	22.6%	22.6%	0

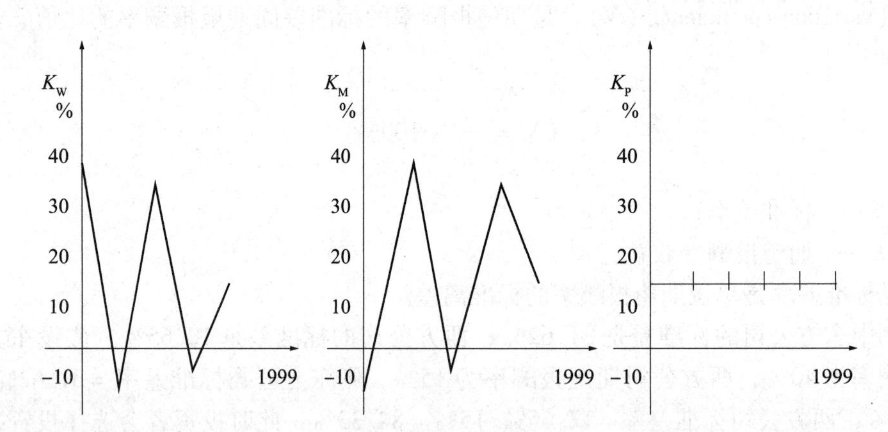

图2-8　W股票、M股票以及WM组合报酬率

2. 不可分散风险

不可分散风险又称系统风险或市场风险，是指某些因素给市场上所有证券带来经济损失的可能性。由于这些因素会对大多数股票产生负面影响，因此无法通过分散化投资消除市场风险。通常用β系数衡量不可分散的系统风险。单项资产的β系数反映证券收益对于系统风险反映程度。作为度量一种证券对于市场组合变动的反映程度的指标，β系数计算过程复杂，一般由投资服务机构定期计算并向投资者公告。表2-5列示了美国几家公司2016年度的β系数，表2-6列示了中国几家上市公司2016年度的β系数。

表2-5 美国几家公司2016年度的β系数

公司名称	β系数	公司名称	β系数
通用汽车公司	1.88	国际商用机器公司	1.65
微软公司	0.79	美国电话电报公司	0.62
雅虎公司	0.72	杜邦公司	1.33
摩托罗拉公司	1.35		

资料来源：Yahoo Finance（http：//finance. yahoo. com）。

表2-6 中国几家公司2016年度的β系数

股票代码	公司名称	β系数	股票代码	公司名称	β系数
000037	深南电A	1.20	600637	广电信息	1.49
000039	中集集团	0.56	600641	万业企业	0.40
000045	深纺织A	0.86	600644	乐山电力	1.53
000060	中金岭南	2.34	600650	锦江投资	1.00

资料来源：Yahoo Finance（http：//cn. finance. yahoo. com）。

作为整体的证券市场的β系数为1，如果某只股票的风险程度与整个证券市场的风险程度相同，则这只股票的β系数也等于1；如果某只股票的β系数大于1，说明这只股票的风险大于整个证券市场的风险；如果某只股票的β系数小于1，说明这只股票的风险小于整个证券市场的风险。

证券组合的两类风险包括可分散风险和不可分散风险，可用图2-9描述。

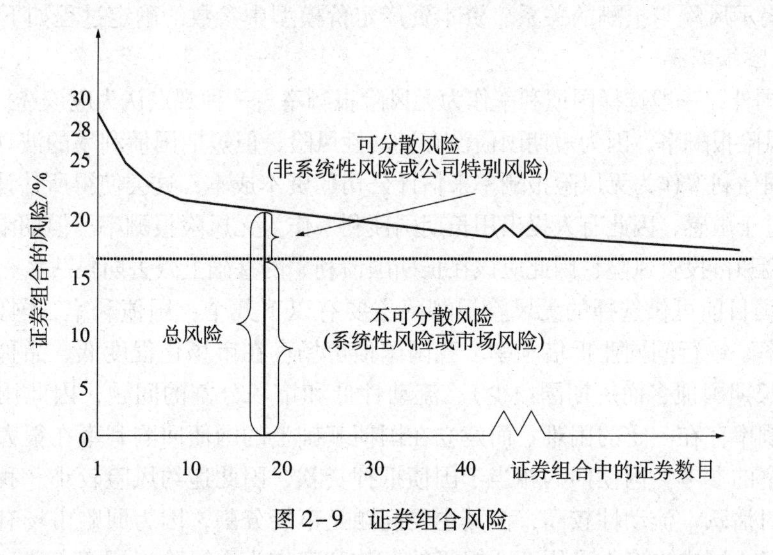

图2-9 证券组合风险

2.2.4 资本资产定价模型

1. 基本假设

1964—1965年William F. Sharpe等在H. Markowitz提出的最优组合理论的基础上提出

资本资产定价模型（capital asset pricing model，CAPM），其基本假设如下。

（1）投资者都讨厌风险，他们要在风险与收益中做出选择，使财富达到最大化。

（2）投资者都是价格的接受者，他们对同种资产的收益具有相同的预期。资产收益服从正态分布。

（3）存在一种无风险资产，投资者可以无限制地借贷。

（4）资产是可以无限划分的。

（5）无交易成本和所得税因素。

2. 基本模型

$$K = R_F + \beta(R_M - R_F) \tag{2-20}$$

式中：K——投资必要报酬率；

R_F——无风险报酬率（或利率），即考虑通货膨胀贴水的货币时间价值，通常采用国债利率；

R_M——证券市场平均报酬率；

β——贝塔系数，一种风险指数，用来衡量个别股票或股票基金相对于整个股市的价格波动情况。

假设无风险报酬率为6%，证券市场平均报酬率为10%，计算其投资必要报酬率。

当$\beta=0$时，$K = 6\% + 0 \times (10\% - 6\%) = 6\%$

当$\beta=0.5$时，$K = 6\% + 0.5 \times (10\% - 6\%) = 8\%$

当$\beta=1$时，$K = 6\% + 1 \times (10\% - 6\%) = 10\%$

当$\beta=2$时，$K = 6\% + 2 \times (10\% - 6\%) = 14\%$

此模型揭示风险与报酬的关系。资本资产定价模型中参数的确定过程如下。

1）无风险报酬率

（1）在国外，一般选择国债利率作为无风险报酬率。一种观点认为应该选择短期国债的利率作为无风险报酬率，因为短期国债没有流动性风险，但短期国债利率的波动性很高，如果选择短期国债利率作为无风险报酬率来估计公司的资本成本，这会使得所估计的结果对短期国债利率过于敏感，因此有人提出用长期国债利率作为无风险报酬率。但期限较长，意味着流动性风险和再投资风险，因此应该在长期国债利率的基础上减去期限贴水。

（2）我国目前可供选择的无风险报酬率主要有以下几个：国债利率、国债回购利率、银行存款利率、银行间同业拆借利率。我国国债市场存在市场化程度低、品种少、期限结构不合理（长期国债多而短期国债少）、流动性低和市场分割的问题，因此用国债利率作为无风险报酬率存在一定的困难。而建立在国债基础上的国债回购利率在很大程度上可以作为市场利率的参考。国债回购相当于国债抵押贷款，因此违约风险较小。我国国债回购市场交易相对活跃，流动性较高，但其主要问题是市场分割，因为回购市场有银行间和交易所两个市场。国内也有人采用商业银行的存款利率作为无风险报酬率。这一考虑主要基于我国的银行体系以国有商业银行为主，违约风险较小。但是采用银行存款利率的问题在于它不是市场化的，而且流动性很差，尤其是定期存款。银行间同业拆借利率能够较好地反映资金的供求状况，但市场参与者仅限于具备一定资格的金融机构，而且它更多的是反映短期流动性的供求关系，波动性较大。

2）证券市场平均报酬率

首先，我们需要找到一种市场组合的替代品；其次，我们需要确定抽样的期间；最后，我们要在抽样期间计算报酬率的平均值，而报酬率平均值的计算又有几何平均法和算术平均法。我国目前交易所提供的指数主要有两类：一类是上证综合指数和深证综合指数，以所有上市公司为样本并以总股本为权重；另一类是两市的成分指数，包括上证180指数、上证50指数、深证成分指数和沪深300指数。非交易所提供的指数主要有中信指数、中华指数、新华指数、中经指数等。其中中信指数的影响相对较大。我国在股权分置改革前，大部分股票不可流通，因此以总股本为权重的综合指数失真情况比较严重；几个成分指数由于受成分股选择的影响，有时不能代表所有股票的变化。非交易所指数的影响力要小于交易所指数。

计算市场风险溢价，需要把若干个样本数据作平均，而平均的方法有几何平均法和算术平均法。用几何平均法算出的数据要小于算术平均法算出的；报酬率的波动性越大，两者的差别就会越大。样本数据时间跨度越短，用算术平均法算出的数就会越大，例如，按月计算的算术平均值要比按年计算的算术平均值大，而几何平均法不受样本数据时间跨度长短的影响。

3）β系数

估算β系数时需要考虑以下问题。

（1）市场证券组合的替代品选择问题。一般用指数作为市场证券组合的替代，在大多数情况下，指数的选取对β值的影响并不显著，但必须要保证指数应该是一个充分分散化的投资组合，因此，用成分指数作为市场证券组合的替代，效果会稍差一些。

（2）样本数据跨度期间的选择。用作回归分析的数据可以是日数据，也可以是周数据和月数据，样本数据期间跨度长短的选择会对β值产生影响。如果选择日数据，由于受个别因素的影响会使计算的β值较小；而选择较长的数据期间，所要求的样本数量就会增加。一般选择周数据和月数据。

（3）样本数据时间跨度长短的确定。样本数据时间跨度不能太短，一般不低于两年，例如美林公司用5年的数据来估算β值。但是，根据研究，β值有向目标值1回复的趋势，即β值大于1的公司，其β值会逐渐减小，而β值小于1的公司，其β值会逐渐增大。如果样本数据时间跨度太长，这期间β值的变化会使估计误差加大。

（4）基于历史数据估算的β值的调整。基于历史数据估算的β值，一般对其进行调整后作为未来β值的估计值。一方面是对β值均值回复规律的调整，另一方面还需要针对行业因素和公司财务因素对β值进行调整。如行业风险大，β值要向上调整；公司财务风险大，β值也要向上调整。

2.2.5 证券组合的风险报酬率

投资者在进行证券投资时，一般并不把所有资金投资于一种证券，而是同时持有多种证券。这种同时投资于多种证券的方式，称为证券的投资组合，简称证券组合或投资组合。由多种证券构成的投资组合，会减少风险，报酬率高的证券会抵消报酬率低的证券带来的负面影响。因此，绝大多数法人投资者如工商企业、投资信托公司、投资基金等都同时投资于多种证券，即使是个人投资者，一般也是持有证券的投资组合而不只是投资于某一个公司的股票或债券。所以，了解证券投资组合的风险报酬率对于公司财务人员进行投资决策来说非常重要。

投资者进行证券组合投资与进行单项投资一样，都要求对承担的风险进行补偿，股票的风险越大，要求的报酬越高。但是，与单项投资不同，证券组合投资要求补偿的风险只是市场风险，而不要求对可分散风险进行补偿。如果可分散风险的补偿存在，善于科学地进行投资组合的投资者将会购买这部分股票，并抬高其价格，其最后的报酬率只反映市场风险即系统风险。因此，证券组合的风险报酬是投资者因承担不可分散风险而要求的超过时间价值的那部分额外收益即风险溢价，可用下列公式计算

$$K_p = \beta_p(R_M - R_F) \tag{2-21}$$

式中：K_p——证券组合的风险报酬率；

R_M——证券市场平均报酬率，也就是由市场上所有股票组成的证券组合的报酬率。

β_p——证券组合的 β 系数，由下式给出

$$\beta_P = \sum_{i=1}^{n} x_i \beta_i \tag{2-22}$$

式中：x_i——证券组合中第 i 只股票所占的比重；

β_i——第 i 只股票的 β 系数；

n——证券组合中包含的股票数目。

证券市场线 SML，英文为 security market line，描述证券组合的风险报酬与不可分散系统风险 β 系数之间的关系，如图 2-10 所示。

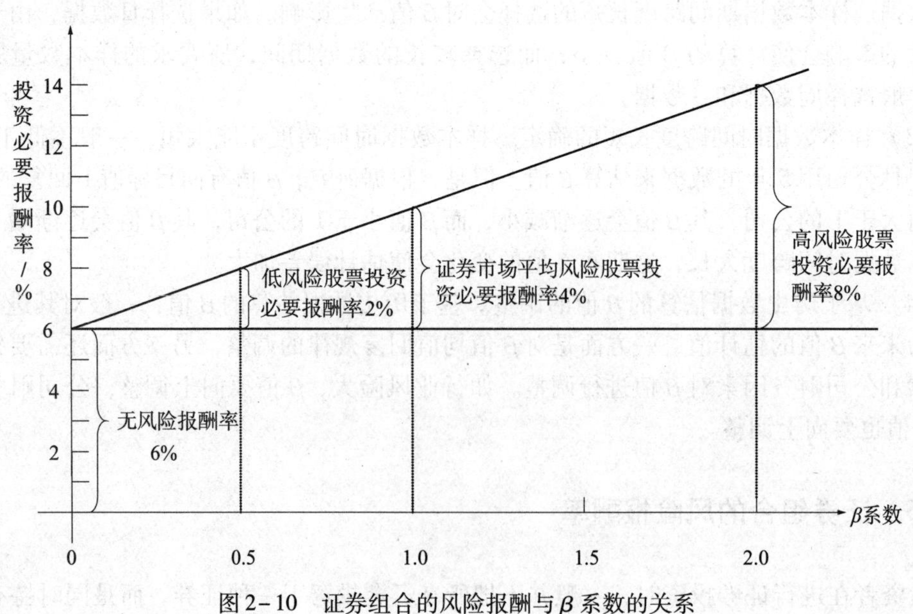

图 2-10　证券组合的风险报酬与 β 系数的关系

由图 2-10 可见，无风险报酬率为 6%，β 系数不同的股票有不同的风险报酬率。当 $\beta<1$ 时，风险报酬率为 2%；当 $\beta=1$ 时，风险报酬率为 4%；当 $\beta>1$ 时，风险报酬率为

8%。也就是说，β 值越高，要求的风险回报越高，在无风险报酬率不变的情况下，投资必要报酬率也就越高。β 系数反映了股票投资报酬对于系统性风险的反应程度。

从投资者的角度来看，无风险报酬率是其投资的收益率，但从筹资者的角度来看，则是其支出的无风险成本，或称无风险利息率。现在市场上的无风险报酬率由两方面构成：一是无通货膨胀的收益率，这是真正的时间价值部分；二是通货膨胀贴水，它等于预期的通货膨胀率。这样，在图2-10中无风险报酬率为6%，假设包括3%的真实报酬率和3%的通货膨胀贴水，如果预期通货膨胀率上升2%，这将使无风险报酬率由6%上升至8%，从而会引起投资必要报酬率相应增加2%，低风险股票投资必要报酬率增至10%，证券市场平均风险股票投资必要报酬率增至12%，高风险股票投资必要报酬率增至16%。

证券市场线（SML）反映了投资者回避风险的程度——直线越陡峭，投资者越回避风险。也就是说，在同样的风险水平上，要求的收益更高；或者在同样的收益水平上，要求的风险更小。如果投资者不回避风险，当无风险报酬率为6%时，各种证券的报酬率也是6%，这样，证券市场线将是水平的。当风险回避增加时，风险报酬率随之增加，证券市场线的斜率也变大。当 $\beta=1$ 时，投资市场股票风险报酬率从4%上升到6%，投资必要报酬率也从10%上升到12%。

【例2-11】 目前无风险报酬率为10%，证券组合的平均报酬率为15%，市场分析家对四种股票的必要报酬率和 β 系数的预测如表2-7所示。

表2-7　预测必要报酬率和 β 系数

股票	预测必要报酬率	预测 β	股票	预测必要报酬率	预测 β
锌矿公司	17%	1.3	汽车公司	15.5%	1.1
油漆公司	14.5%	0.8	电子公司	18%	1.7

问题：（1）若市场分析家预测的 β 系数是正确的，每只股票的投资必要报酬率是多少？哪些股票的价格被高估或低估了（哪些股票值得投资）？

（2）如果对值得投资的股票等金额购买，该投资组合的 β 系数是多少？投资组合必要报酬率是多少？

（3）若无风险报酬率突然升至12%，市场对风险的态度不变，则股票的必要报酬率是否有所改变，怎样改变？

解答：（1）锌矿公司投资必要报酬率 $=10\%+1.3\times(15\%-10\%)=16.5\%<17\%$，高估

油漆公司投资必要报酬率 $=10\%+0.8\times(15\%-10\%)=14\%<14.5\%$，高估

汽车公司投资必要报酬率 $=10\%+1.1\times(15\%-10\%)=15.5\%=15.5\%$

电子公司投资必要报酬率 $=10\%+1.7\times(15\%-10\%)=18.5\%>18\%$，低估

汽车公司和电子公司值得投资。

（2）$\beta=0.5\times(1.7+1.1)=1.4$。

汽车公司和电子公司股票投资组合必要报酬率 $=10\%+1.4\times(15\%-10\%)=17\%$

（3）有改变。

锌矿公司投资必要报酬率 $=12\%+1.3\times(15\%-12\%)=15.9\%<17\%$，高估

油漆公司投资必要报酬率 = 12% + 0.8 × (15% − 12%) = 14.4% < 14.5%，高估

汽车公司投资必要报酬率 = 12% + 1.1 × (15% − 12%) = 15.3% < 15.5%，高估

电子公司投资必要报酬率 = 12% + 1.7 × (15% − 12%) = 17.1% < 18%，高估

2.3 企业投资决策

2.3.1 企业投资决策流程

企业投资是指对现在所持有资金的一种运用，如投入经营资产或购买金融资产，或者是取得这些资产的权利，其根本目的是谋求利润，增加企业价值。企业能否实现这一目标，关键在于企业能否在风云变幻的市场环境下，抓住有利的时机，做出合理的投资决策。为此，企业在投资时必须坚持以下决策流程。

1. 投资项目的提出

产生新的有价值的创意，进而提出投资方案是非常重要的。新创意可以来自企业的各级部门。一般来说，企业的高层管理人员提出的投资项目多数是大规模的战略性投资项目，如新建一座厂房；而中层或基层人员提出的投资项目主要是战术性的投资项目，如生产部门提出更新设备。

2. 投资项目的评价

投资项目的评价主要包括以下几部分：①将提出的投资项目进行分类，为分析评价做好准备；②估计各个项目每一期的现金流量状况；③按照某一个评价指标，对各个投资项目进行分析并根据某一标准排队；④考虑资本限额等约束因素，编写评价报告，并做出相应的投资预算，报请审批。

3. 投资项目的决策

投资项目经过评价后，要由公司的决策层做出最后决策。决策一般分为以下三种情况：①接受这个投资项目；②拒绝这个投资项目，不进行投资；③发还给提出项目的部门，重新调查和修改后再做处理。

4. 投资项目的执行

一旦决定接受某一个或某一组投资项目，就要积极地执行，具体要做好以下工作：①为投资方案融入资金；②按照拟订的投资方案有计划分步骤地执行投资项目；③在项目的执行过程中，要对项目的执行进度、工程质量、施工成本等进行控制和监督，以使投资按照预算规定如期完成；④投资项目的后续分析。在项目的执行过程中，要定期进行后续分析。把实际的现金流量和收益与预期的现金流量和收益进行对比，找出差异，分析差异存在的原因，并根据不同情况做出不同的处理，这实际上就是投资过程中的选择权问题，具体内容如下。

(1) 延迟投资。若是因为投资时机不恰当，如出现了突发事件，使得当前的经济形势不适合投资此项目，但在可预见的将来该项目仍有投资价值，则可以考虑延迟投资。有时延迟投资是为了获取更多的信息，等待最佳投资时机。

（2）放弃投资。在项目的实施过程中，如果发现某项目的现金流量状况与预期的相差甚远，以至于继续投资会产生负的净现值，给公司带来巨大的投资损失，或者此时放弃投资所获得的收益大于继续执行投资所带来的收益，公司就应该及时放弃该投资项目。

（3）扩充投资与缩减投资。如果某投资项目的实际收益优于预期值，则可以考虑为该项目提供额外的发展资源。例如，某项目的实际收益高出预期值50%，那么企业应该设法提高该项目的生产能力并增加营运资金以适应其高速的增长率。

5. 投资项目的再评价

投资项目执行完成后要对其进行事后审计，依此审计结果对投资管理部门进行绩效评价。项目审计主要由企业内部审计机构完成，将投资项目的实际收益与原来的预期相对比，通过对其差额的分析可以更深入地了解某些关键性的问题。例如，发现预测技术上存在的偏差，分析原有资本预算的执行情况和预算的精确度，查找项目执行过程中存在的漏洞，找出影响投资效果的敏感因素，总结成功的经验等。并据此建立相应的激励制度，以持续提高投资管理效率。通过对比项目的实际收益和预测值，事后审计还可以把责任引进投资预测的过程。需要说明的是，某一项目的实际收益和预测值的偏差并不应该作为评价预测者能力的唯一标准，然而，如果持续地产生预测错误，则表明该分析人员的预测技术确实需要改进。

2.3.2 投资决策指标

1. 现金流量

1）概念

在投资决策中，无论是把资金投在企业内部形成各种资产，还是投向企业外部形成联营投资，都需要用特定指标对投资的可行性进行分析，这些指标的计算都是以投资项目的现金流量为基础的。因此，现金流量是评价投资方案是否可行时必须事先计算的一个基础性数据。长期投资决策中所说的现金流量是指与长期投资决策有关的现金流入和现金流出的数量。

2）构成与计算

为了正确评价项目优劣，必须按照现金流量的发生时间确定现金流量构成并进行计算。项目投资全部现金流量包括初始现金流量、营业净现金流量和终结现金流量三部分。

（1）初始现金流量。初始现金流量是指开始投资时发生的现金流量，一般包括以下内容。

① 投资前费用。投资前费用是指在正式投资之前为做好各项准备工作而花费的费用，主要包括勘察设计费、技术资料费、土地购入费和其他费用。投资前费用的总额要在综合考虑以上费用的基础上，合理加以预测。

② 设备购置费用。设备购置费用是指为购买投资项目所需各项设备而花费的费用。企业财务人员要根据所需设备的数量、规格、型号、性能、价格水平、运输费用等预测设备购置费用的多少。

③ 设备安装费用。设备安装费用是指为安装各种设备所需的费用。这部分费用主要

根据安装设备的多少、安装的难度、安装的工作量、当地安装的收费标准等因素进行预测。

④ 建筑工程费。建筑工程费是指土建工程所花费的费用。这部分费用要根据建筑类型、建筑面积的大小、建筑质量的要求、当地的建筑造价标准进行预测。

⑤ 营运资金的垫支。投资项目建成后，必须垫支一定的营运资金才能投入运营。垫支的这部分营运资金一般要到项目寿命终结时才能收回。所以，这种投资应看作是长期投资，而不属于短期投资。

⑥ 原有固定资产的变价收入扣除相关税金后的净收益。变价收入主要是指固定资产更新时变卖原有固定资产所得的现金收入。

⑦ 不可预见费。不可预见费是指在投资项目正式建设之前不能完全估计到的，但又很可能发生的一系列费用，如设备价格上涨、出现自然灾害等。这些因素也要合理预测，以便为现金流量预测留有余地。

初始现金流量计算如下。

① 不考虑投资前费用，因为它们与决策无关，发生在过去，无论企业是否进行投资，投资前支出的发生已无法改变，对设备投资决策没有影响，是沉没成本，所以计算初始现金流量时不包括沉没成本。

② 决定投资后发生的设备购置、安装、代垫流动资金等应计入初始现金流出金额。

③ 企业所得税增加初始现金流出，企业所得税减少初始现金流入，因投资而放弃其他机会获得的收益即机会成本增加初始现金流出。故初始现金流量等于决定投资后发生的固定资产和流动资金支出 + 机会成本。

（2）营业净现金流量。营业净现金流量指投资项目投入使用后，在其寿命期内由于生产经营所带来的现金流入和流出的数量。营业净现金流量，一般以年为单位进行计算，数量上等于现金流入减去现金流出的净额。这里，现金流入一般是指营业现金收入。现金流出是指营业现金支出和缴纳的税金。如果一个投资项目每年的销售收入等于营业现金收入，付现成本（指不包括折旧的成本）等于营业现金支出，那么，年营业净现金流量（ONCF）可用下列公式计算

$$
\begin{aligned}
&\text{年营业净现金流量(ONCF)}\\
&= \text{年营业收入} - \text{年付现成本} - \text{所得税} = \text{税后净利} + \text{年折旧额}\\
&= (\text{年营业收入} - \text{年付现成本} - \text{折旧}) \times (1 - \text{企业所得税税率}) + \text{年折旧额}\\
&= (\text{年营业收入} - \text{年付现成本}) \times (1 - \text{企业所得税税率}) +\\
&\quad \text{年折旧额} \times \text{企业所得税税率}
\end{aligned}
\tag{2-23}
$$

其中，

所得税 = (年营业收入 - 年付现成本 - 年折旧额) × 企业所得税税率 = 税后净利 × 企业所得税税率

年折旧额 = (固定资产原值 - 固定资产残值)/ 使用年限

（3）终结现金流量。终结现金流量指投资项目完结时所发生的现金流量，终结现金流量主要如下。

① 固定资产的残值收入或变价收入（指扣除了所需上缴的税金等支出后的净收入）；

② 原有垫支在各种流动资产上的资金的收回。

③ 停止使用的土地的变价收入等。

终结现金流量都是现金流入，其等于固定资产残值+代垫流动资金回收+变价收入。

3）原因

传统的财务会计按权责发生制计算企业的收入和成本，并以收入减去成本后的利润作为收益，用来评价企业的经济效益。在长期投资决策中则不能以这种方法计算的收入和支出作为评价项目经济效益高低的指标，而应以现金流入作为项目的收入，以现金流出作为项目的支出，以净现金流量作为项目的净收益，并在此基础上评价投资项目的经济效益。投资决策之所以要以按收付实现制计算的现金流量作为评价项目经济效益的指标，主要有以下两方面原因。

（1）采用现金流量有利于科学地考虑资金的时间价值因素。科学的投资决策必须认真考虑资金的时间价值，这就要求在决策时一定要弄清每笔预期收入款项和支出款项的具体时间，因为不同时间的资金具有不同的价值。因此，在衡量方案优劣时，应根据各投资项目寿命周期内各年的现金流量，按照资本成本，结合资金的时间价值来确定。而利润的计算并不考虑资金收付的时间，它是以权责发生制为基础的。

利润与现金流量的差异具体表现在以下几个方面。

① 购置固定资产付出大量现金时不计入成本。

② 将固定资产的价值以折旧或折耗的形式逐期计入成本时，却又不需要付出现金。

③ 计算利润时不考虑垫支的流动资产的数量和回收的时间。

④ 只要销售行为已经确定，就计算为当期的销售收入，尽管其中有一部分并未于当期收到现金。

⑤ 项目寿命终了时，以现金的形式回收的固定资产残值和垫支的流动资金在计算利润时也得不到反映。

可见，要在投资决策中考虑时间价值的因素，就不能用利润来衡量项目的优劣，而必须采用现金流量。

（2）采用现金流量才能使投资决策更符合客观实际情况。在长期投资决策中，应用现金流量能更科学、更客观地评价投资方案的优劣。而利润则明显地存在不科学、不客观的成分。原因如下。

① 利润的计算没有一个统一的标准，在一定程度上要受存货估价、费用摊配和不同折旧计提方法的影响。因而，税后净利的计算比现金流量的计算有更大的主观随意性，以此作为决策的主要依据不太可靠。

② 利润反映的是某一会计期间“应计”的现金流量，而不是实际的现金流量。若以未实际收到现金作为收益，具有较大风险，容易高估投资项目的经济效益，存在不科学、不合理的成分。

2. 非贴现现金流量指标

非贴现现金流量指标，是指不考虑资金的时间价值，而直接根据不同时期的现金流量分析项目经济效益的指标，又称静态指标。常用的指标包括投资回收期、平均报酬率。

1）投资回收期

（1）概念。投资回收期简称回收期，指以投资项目营业净现金流量抵偿初始投资总额所需要的时间。

（2）计算。一般以年为单位计算。计算公式如下。

当项目投资每年年营业净现金流量 ONCF 相等时

$$投资回收期 = 初始投资总额/ONCF \quad (2-24)$$

当项目投资每年年营业净现金流量 ONCF 不等时

$$投资回收期 = N + 第 N 年年末尚未收回的初始投资额/第 (N+1) 年的 ONCF \quad (2-25)$$

（3）决策规则。投资回收期越短，该项目承受的风险越小。在多个备选方案中，投资回收期越短的方案越好。将方案的投资回收期与基准回收期相比，只有小于或等于基准回收期的方案是可行的。考虑到建设期的影响，投资回收期还可以分为包括建设期的投资回收期和不包括建设期的投资回收期，而实务中，前者的运用更广一些。

（4）优缺点。投资回收期的概念容易理解，计算也比较简便。主要不足是既没有考虑资金的时间价值，也没有考虑回收期满后的现金流量状况。

2）平均报酬率

（1）概念。平均报酬率是投资项目寿命周期内平均的年投资报酬率。

（2）计算。平均报酬率的数学表达式如下

$$平均报酬率 = 平均年现金流量/初始投资额 \quad (2-26)$$

（3）决策规则。投资项目的平均报酬率越高越好，低于无风险投资利润率的方案为不可行方案。

（4）优缺点。平均报酬率指标计算简单明了，容易掌握。不过由于没有考虑货币的时间价值，把各年的现金流量等值视之，难以反映考虑项目建设期长短及现金流时间分布对项目的影响。

3. 贴现现金流量指标

贴现现金流量指标是指项目形成的现金流量考虑了时间价值进行换算的指标，又称动态指标。常用的指标包括净现值 NPV、现值指数 PI 和内部报酬率 IRR。

1）净现值

（1）概念。英文为 net present value，是项目各年净现金流量折现到 0 年之值的总和，以 NPV 表示。净现值 = 未来净现金流量的总现值 - 初始投资总现值

（2）计算。净现值指标的数学表达式如下

$$NPV = \left[\frac{NCF_1}{(1+k)^1} + \frac{NCF_2}{(1+k)^2} + \cdots + \frac{NCF_n}{(1+k)^n}\right] - C = \sum_{t=1}^{n} \frac{NCF_t}{(1+k)^t} - C \quad (2-27)$$

式中：n——项目有效期；

NCF_t——第 t 年的净现金流量；

k——贴现率，等于投资必要报酬率或融资的资本成本；

C——初始投资额。

（3）决策规则。在只有一个备选方案的采纳决策中，净现值大于等于0则采纳，净现值小于0，则不采纳。在有多个备选方案的互斥项目选择决策中，应选用净现值是正值且最大者。

（4）优缺点。考虑了货币的时间价值，能够反映各个投资方案的净收益，是一种较好的指标。其缺点是：净现值并不能揭示各个投资方案本身可能达到的实际报酬率。

2）现值指数

（1）概念。现值指数又称利润指数，英文为 profitability index，通常用 PI 表示，是投资项目未来报酬的总现值与初始投资额的现值之比。

（2）计算。现值指数的数学表达式如下

$$\mathrm{PI} = \left[\frac{\mathrm{NCF}_1}{(1+k)^1} + \frac{\mathrm{NCF}_2}{(1+k)^2} + \cdots + \frac{\mathrm{NCF}_n}{(1+k)^n}\right] \Big/ C = \sum_{t=1}^{n} \frac{\mathrm{NCF}_t}{(1+k)^t} \Big/ C \quad (2-28)$$

式中：n——项目有效期；

NCF_t——第 t 年的净现金流量；

k——贴现率，等于投资必要报酬率或融资的资本成本；

C——初始投资额。

（3）决策规则。在只有一个备选方案的采纳与否决策中，如果现值指数大于或等于1，则采纳；如果指数小于1，则拒绝。在有多个方案的互斥选择决策中，应采用现值指数超过1最多的投资项目。

（4）优缺点。现值指数可以看作1元的原始投资可望获得的现值净收益。相对于 NPV 指标而言，现值指数指标用相对数来表示，所以有利于在初始投资额不同的投资方案之间进行对比。但现值指数只代表获得收益的能力而不代表实际可能获得的财富，它忽略了互斥项目之间投资规模上的差异，所以在多个互斥项目的选择决策中，可能会得到错误的答案。

3）内部报酬率

（1）概念。内部报酬率又称内含报酬率，英文为 internal rate of return，通常用 IRR 表示，实际上反映了投资项目的真实报酬，目前越来越多的企业使用该项指标对投资项目进行评价。

（2）计算。内部报酬率是指使投资项目的净现值等于0的贴现率，数学表达式如下

$$\begin{aligned}\mathrm{NPV} &= \left[\frac{\mathrm{NCF}_1}{(1+k)^1} + \frac{\mathrm{NCF}_2}{(1+k)^2} + \cdots + \frac{\mathrm{NCF}_n}{(1+k)^n}\right] - C \\ &= \sum_{t=1}^{n} \frac{\mathrm{NCF}_t}{(1+k)^t} - C = 0 \qquad (2-29)\end{aligned}$$

式中：n——项目有效期；

NCF_t——第 t 年净现金流量；

k——贴现率，等于投资必要报酬率或融资的资本成本。

C——初始投资额。

由式（2-29）求出 k，它就是内部报酬率 IRR。

（3）决策规则。在只有一个备选方案的采纳与否决策中，如果计算出的内部报酬率大于或等于企业的资本成本或必要报酬率，就采纳；反之，则拒绝。在有多个备选方案的互斥选择决策中，选择内部报酬率超过资本成本或必要报酬率最多的投资项目。

（4）优缺点。内部报酬率考虑了资金的时间价值，反映了投资项目的真实报酬率，概念也易于理解。但这种方法的计算过程比较复杂，特别是对于每年 NCF 不相等的投资项目，一般要经过多次测算才能算出。

思考自测：内部报酬率与净现值和现值指数三个指标之间是什么关系？净现值和内部报酬率决策结果是否总是一致的？

2.3.3 投资决策实务

1. 单个项目投资决策

【例2-12】你的企业正在进行一条生产线的投资决策，在这之前企业已经进行了市场调研和技术分析，共花费 3 万元。并且企业根据估计，项目开始的一次性投资额为6 000万元。其中固定资产5 000万元，采用直线法折旧，项目结束后无残值；垫付流动资金1 000万元，项目结束后收回用于其他项目。项目使用闲置的厂房（售价1 500万元，账面价值1 200万元），项目期限 5 年，各年度的现金收入、成本费用状况如表 2-8 所示。企业所得税税率为 25%。请计算各阶段现金流量，在此基础上计算非贴现现金流量指标和贴现现金流量指标，依此决策。

表 2-8　生产线 5 年经营的现金收入和费用状况

年份	1	2	3	4	5
现金收入/元	10 000 万	11 000 万	12 000 万	12 000 万	10 000 万
现金费用/元	6 500 万	7 000 万	7 000 万	8 000 万	7 000 万

解答：初始现金流量构成包括固定资产购置 5 000 万元和垫付流动资金 1 000 万元以及厂房机会成本（=1 500 - 300 ×25% =1 425 万元），市场调研和技术分析共花费 3 万元，属于沉没成本，不予考虑，因此初始现金流量 = -6 000 - 1 425 = -7 425 万元。

5 年每年营业净现金流量通过表 2-8 计算如下。

每年折旧额 =5 000/5 =1 000 万元，则根据 NCF = 净利润 + 折旧可得到，如表 2-9 所示的结果。

表 2-9　生产线 5 年经营期各年营业净现金流量计算表　　单位：万元

年份	1	2	3	4	5
现金收入	10 000	11 000	12 000	12 000	10 000
现金费用	6 500	7 000	7 000	8 000	7 000
折旧	1 000	1 000	1 000	1 000	1 000
税前利润	2 500	3 000	4 000	3 000	2 000

续表

年份	1	2	3	4	5
所得税	625	750	1 000	750	500
税后利润	1 875	2 250	3 000	2 250	1 500
加：折旧	1 000	1 000	1 000	1 000	1 000
营业净现金流量	2 875	3 250	4 000	3 250	2 500

故生产线投资各年的现金流量构成如表2-10所示。

表2-10 生产线投资各年的现金流量 单位：万元

年份	0	1	2	3	4	5
现金流量	-7 425	2 875	3 250	4 000	3 250	3 500

1）非贴现现金流量指标计算

（1）平均报酬率 $=(2\ 875+3\ 250+4\ 000+3\ 250+3\ 500)/(5\times 7\ 425)=45\%$

（2）投资回收期 $=2+\dfrac{7\ 425-2\ 875-3\ 250}{4\ 000}=2.325$

2）贴现现金流量指标计算

假设企业使用40%的银行借款，利率为10%，第五年年末项目结束时归还。使用60%的股权资本，投资必要回报率为40%。计算贴现率等于资本成本k，则

$$k=40\%\times 10\%\times(1-25\%)+60\%\times 40\%=27\%$$

$$\mathrm{NPV}=\left[\frac{\mathrm{NCF}_1}{(1+k)^1}+\frac{\mathrm{NCF}_2}{(1+k)^2}+\cdots+\frac{\mathrm{NCF}_n}{(1+k)^n}\right]-C=\sum_{t=1}^{n}\frac{\mathrm{NCF}_t}{(1+k)^t}-C$$

$$=\frac{2\ 875}{(1+27\%)^1}+\frac{3\ 250}{(1+27\%)^2}+\frac{4\ 000}{(1+27\%)^3}+\frac{3\ 250}{(1+27\%)^4}+\frac{3\ 500}{(1+27\%)^5}-7\ 425$$

$$=2\ 263.7+2\ 015+1\ 852.7+1\ 249.3+1\ 059-7\ 425$$

$$=8\ 439.7-7\ 425=1\ 014.7\text{ 万元}$$

$$\mathrm{PI}=\left[\frac{\mathrm{NCF}_1}{(1+k)^1}+\frac{\mathrm{NCF}_2}{(1+k)^2}+\cdots+\frac{\mathrm{NCF}_n}{(1+k)^n}\right]\Big/C=\sum_{t=1}^{n}\frac{\mathrm{NCF}_t}{(1+k)^t}\Big/C$$

$$=\left[\frac{2\ 875}{(1+27\%)^1}+\frac{3\ 250}{(1+27\%)^2}+\frac{4\ 000}{(1+27\%)^3}+\frac{3\ 250}{(1+27\%)^4}+\frac{3\ 500}{(1+27\%)^5}\right]\Big/7\ 425$$

$$=(2\ 263.7+2\ 015+1\ 852.7+1\ 249.3+1\ 059)/7\ 425$$

$$=8\ 439.7/7\ 425=1.14$$

计算项目的内部报酬率，令

$$\mathrm{NPV}=\left[\frac{\mathrm{NCF}_1}{(1+\mathrm{IRR})^1}+\frac{\mathrm{NCF}_2}{(1+\mathrm{IRR})^2}+\cdots+\frac{\mathrm{NCF}_n}{(1+\mathrm{IRR})^n}\right]-C=\sum_{t=1}^{n}\frac{\mathrm{NCF}_t}{(1+\mathrm{IRR})^t}-C$$

$$= \frac{2\ 875}{(1+IRR)^1} + \frac{3\ 250}{(1+IRR)^2} + \frac{4\ 000}{(1+IRR)^3} + \frac{3\ 250}{(1+IRR)^4} + \frac{3\ 500}{(1+IRR)^5} - 7\ 425 = 0$$

通过 Excel 中财务函数 IRR（Values，Guess）计算得到，首先在 Excel 工作表中输入数据系列 A1 = −7 425；A2 = 2 875；A3 = 3 250；A4 = 4 000；A5 = 3 250；A6 = 3 500 如图 2−11 的左边，其次在 A7 插入财务函数 IRR，出现图 2−11 右边的界面，在 Values 中输入 A1:A6，就可以得到 IRR = 34.08% > 27%。

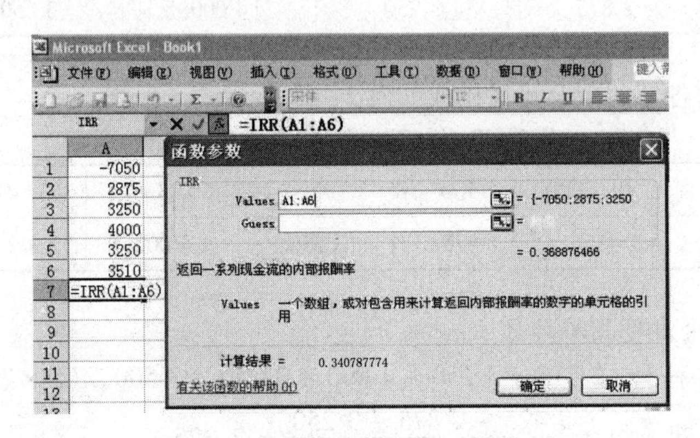

图 2−11　IRR 指标 Excel 计算界面

在单个项目投资决策时，当 NPV≥0 时 PI ≥ 1，并且 IRR≥k，接受项目，否则放弃，依据三个指标都能做出正确决策。上例中 NPV 等于 1 014.7 万元，则 PI 等于 1.14，且 IRR 等于 34.08%，大于资本成本 27%，因此投资该项生产线可行。但在两个或两个以上项目投资决策时，尤其是互斥和非常规项目选择 NPV（PI）大的还是 IRR 大的，用这三个指标得出的决策结果可能不一致。在没有资金限制的情况下，利用净现值在所有的投资评价中都能做出正确的决策，而利用内部报酬率和现值指数在互斥选择决策或非常规项目选择决策中有时会得到错误的结论。因此，在这三个评价指标中，净现值仍然是最好的评价指标。

思考：单个投资项目净现值小于 0 的情况下，企业要不要投资？

[经典教材中说 NPV 大于 0 的项目是可以投资的，NPV 小于 0 的项目是不可以投资的，但单纯看一个项目，NPV 小于 0 的投资项目也上了，其实在现实生活中这种情况很多。换句话说，为什么 NPV 大于 0 的很多项目没上，而 NPV 小于 0 的项目能上呢？比如说一个房地产企业拿到了一个比较大的地块，它通常不会把这块地一次性开发完，而是会分若干期去开发，比如分四期 1 号地、2 号地、3 号地和 4 号地开发，第一期开发时由于社区还不成熟，所以一般来说房子卖价是比较便宜的，而需要建的基础设施是比较多的，所以往往第一期开发时这个项目 NPV 是负数，但很多企业还是会继续开发，第一期开发的项目只是一个探索，带有风险性，可能未来开发可以带来很高的 NPV。现实生活中也有很多例子，20 世纪 80 年代香港中信泰富收购了吉林一家电厂，当时正逢中国电力生产能力过剩比较严重，国务院专门召开生产协调会来解决电力过剩问题，“中信泰富”竟然在这个时候买了这个电厂，为什么呢？其实并不是看好电厂当时的经营效益，当时经营效益如果按 NPV 来判断肯定是负数，没法增加企业价值，还可能会减少企业价值，但是

“中信泰富”看好中国高速发展的经济，因为这必然带来电力需求量增加。事后证明“中信泰富”这个投资决策是正确的，后来“中信泰富”在中国上了很多电力设施项目，很大程度上取决于它前期的技术积累和在中国市场上运作的经验。]

2. 互斥项目投资决策：固定资产更新决策

固定资产更新是指对技术上或经济上不宜继续使用的旧资产用新的资产更换，或用先进的技术对原有设备进行局部改造。固定资产更新决策就是对这种投资进行分析并做出决策。

（1）新旧设备尚可使用寿命相同的情况下可以依据 NPV 指标来决策。

【例 2-13】某公司考虑使用一台新的、效率更高的设备来代替旧设备，以减少成本，增加收益。旧设备原购置成本为 40 000 元，使用 5 年，估计还可使用 5 年，已提折旧 20 000 元，假定使用期满后无残值，如果现在出售可得价款 20 000 元，使用该设备每年可获收入 50 000 元，每年的付现成本为 30 000 元。该公司现准备用一台新设备来代替原有的旧设备，新设备的购置成本为 60 000 元，估计可以使用 5 年，期满残值为 10 000 元，使用新设备后，每年收入可达 80 000 元，每年付现成本为 40 000 元。假设该公司的资本成本为 10%，企业所得税税率为 40%，新旧设备均用直线折旧法计提折旧。该公司设备是否应该更新？

解答：两个互斥方案选择，第一是继续使用旧设备，第二是卖掉旧设备买新设备。

方案一：继续使用旧设备。

初始投资 = 0

尚可使用 5 年每年折旧 = (40 000 − 20 000)/5 = 4 000(元)

尚可使用 5 年每年营业净现金流量 = (50 000 − 30 000 − 4 000) × (1 − 40%) + 4 000 = 13 600(元)

旧设备残值 = 0

则 $NPV_{旧} = 13\ 600 \times PVIFA_{10\%,5} = 51\ 554.7$（元）

方案二：卖掉旧设备买新设备。

初始投资 = −60 000 + 20 000 = −40 000（元）（因为旧设备出售价格等于账面价值，因此不考虑税收影响）

5 年内每年折旧 = (购买价格 − 残值)/使用年限 = (60 000 − 10 000)/5 = 10 000(元)

5 年内每年净现金流量 = (销售收入 − 年付现成本 − 折旧) × (1 − 企业所得税税率) + 折旧 = (80 000 − 40 000 − 10 000) × (1 − 40%) + 10 000 = 28 000(元)

5 年末残值 = 10 000（元）

则 $NPV_{新} = 28\ 000 \times PVIFA_{10\%,5} + 10\ 000 \times PVIF_{10\%,5} - 40\ 000$

$= 106\ 142.03 + 6\ 209.21 - 40\ 000 = 72\ 351.24$(元)

因为，$NPV_{新} > NPV_{旧}$，所以应该更新设备。

（2）新旧设备尚可使用寿命不相同的情况下不能依据 NPV 指标来决策，而应借助年平均净现值指标。

上面的例子中，新旧设备尚可使用的寿命相同。而多数情况下，新设备的使用寿命要长于旧设备，此时的固定资产更新问题就演变成两个或两个以上寿命不同的投资项目的选择问题。对于寿命不同的项目，不能对它们的净现值进行直接比较。为了使投资项目的经济评价指标具有可比性，要设法使其在相同的寿命期内进行比较。此时可以采用的指标有年均净现值。

续例2-13，估计新设备可使用8年，期满残值为4 000元，其他条件不变，此时是否更新？

解答：方案一：继续使用旧设备。

$$NPV_{旧} = 13\ 600 \times PVIFA_{10\%,5} = 51\ 554.7\ 元$$

方案二：卖掉旧设备买新设备。

初始投资 = -40 000元

5年内每年折旧 =（购买价格 - 残值）/使用年限 =（60 000 - 4 000）/8 = 7 000元

5年内每年营业净现金流量 =（销售收入 - 付现成本 - 折旧）×（1 - 所得税税率）+ 折旧

$$=(80\ 000-40\ 000-7\ 000)\times(1-40\%)+7\ 000$$

$$=26\ 800\ 元$$

5年末残值 = 7 000元

则 $NPV_{新} = 26\ 800 \times PVIFA_{10\%,5} + 7\ 000 \times PVIF_{10\%,5} - 40\ 000$

$= 142\ 976.02 + 3\ 265.55 - 40\ 000 = 106\ 241.57$ 元

$ANPV_{旧} = NPV_{旧}/PVIFA_{10\%,5} = 13\ 600$ 元

$ANPV_{新} = NPV_{新}/PVIFA_{10\%,8} = 106\ 241.57$ 元$/5.33 = 19\ 932.75$ 元

因为新设备每年净现值大于旧设备每年净现值，所以应该更新。

3. 多阶段项目投资决策：决策树法

决策树法也是对不确定性投资项目进行分析的一种方法，可用于分析各期现金流量彼此相关的投资项目。决策树直观地表示一个多阶段项目投资决策中每一个阶段的投资决策和可能发生的结果及其发生的概率，所以决策树法可用于识别净现值分析中的系列决策过程。

决策树分析的步骤如下。

（1）把项目分成明确界定的几个阶段。

（2）基于当前可以得到的信息，列出各个阶段可能发生的结果的概率及净现金流量。

（3）根据前面阶段的结果及其对现金流量的影响，从决策树决策点出发，由前往后计算每一分支的联合概率及年营业净现值NPV。

（4）基于联合概率以及NPV计算期望NPV，依此决策第一阶段应采取的最佳行动。

【例2-14】某公司准备投资一项目，投资金额为300万元，如投资成功，可得净现金流量500万元，投资成功概率为0.75，投资失败概率为0.25，失败后净现金流量是-100万元，但无论投资成功和失败都继续投资，现金流量和发生概率可用图2-12的决策树描绘出来。要求：对公司投资该项目进行可行性分析。

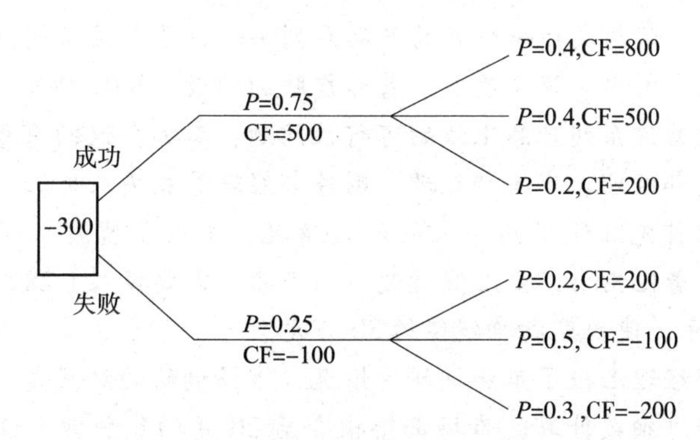

图2-12 某公司项目投资决策树

（图中方框表示决策点）

解答：计算各种结果的期望净现值及联合概率，列示于图2-13中相应的现金流量序列之后。假设资本成本等于10%，如图2-13所示。

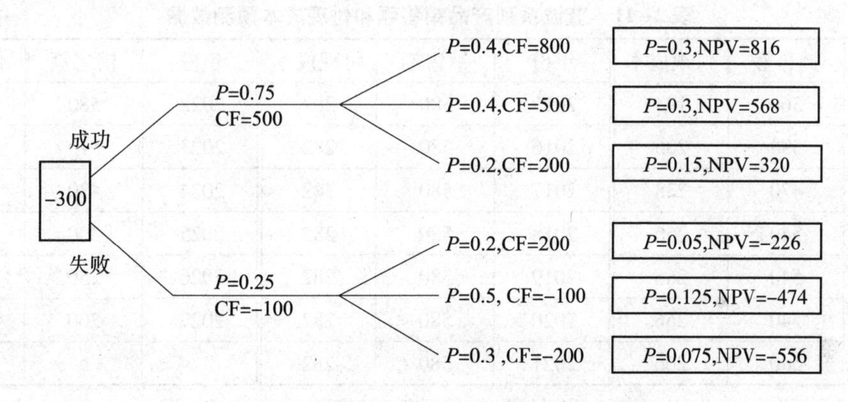

图2-13 决策树各分支的净现值及联合概率

决策树是从后向前进行决策。采用从左往右顺推的方法来确定决策树各分支的联合概率和净现金流量。比如，第一个分支联合概率 $P=0.3=0.75\times0.4$，净现金流量 $NPV=800\times PVIF_{10\%,2}+500\times PVIF_{10\%,1}-300=816$。其他分支联合密度和NPV可以类似得到。

对第一阶段做出决策。通过以上的决策树，可以计算出目前投资的期望净现值等于 $0.3\times816+0.3\times568+0.15\times320-0.05\times226-0.125\times474-0.075\times556=350.95$（万元）>0

故投资该项目可行。

案例讨论

浪涛公司新产品可行性分析

浪涛公司是生产女性护肤品的老牌企业，其主打产品浪羽的客户群主要是中老年妇女，其功效主要为抗皱、抗衰老、增强皮肤弹性。云涛的客户群主要是少女，其功效主要为去痘、增白、嫩肤。2006年年初浪涛公司开始投入大量资金进行市场调研和新产品开发，在2007年11月，试制成功一个新的产品系列——蓝波，该系列产品主要针对中青年职业女性，具有防皱、补水、消除色斑、营养皮肤的功效。2007年12月10日，浪涛公司召开高层会议，讨论蓝波系列产品上线的可行性问题：参加会议的有董事长、总经理、研究开发部经理、制造部经理、市场部经理、财务部经理等相关人员。

研究开发部经理首先陈述了两年来的研发情况，呈报了蓝波系列产品的研发费用清单，共115万元，接着他指出，要上线蓝波系列产品，需要投入1 280万元购置专用设备，设备使用年限约20年，使用期满净残值约30万元。

接下来，市场部经理汇报了市场调研的情况，市场调研的结果是：蓝波系列产品具有较好的市场前景，经过细致计算，市场部得出今后20年的销售额预测数据。然后，制造部经理阐述了今后20年新产品付现成本的预测情况。蓝波系列产品销售额和付现成本的预测数据如表2-11所示。此外，市场部经理还提到，推出蓝波系列产品后，会吸引部分原先浪羽和云涛系列产品的顾客，因而对原有产品的销售会有一定的影响。经过市场部和制造部的共同测算，得出对原有产品现金流量的影响金额，如表2-12所示。

表2-11　蓝波系列产品销售额和付现成本预测数据　　单位：万元

年份	销售额	付现成本	年份	销售额	付现成本	年份	销售额	付现成本
2008	360	194	2015	580	282	2022	580	282
2009	390	206	2016	580	282	2023	510	254
2010	470	238	2017	580	282	2024	430	222
2011	540	266	2018	580	282	2025	300	170
2012	540	266	2019	580	282	2026	250	150
2013	540	266	2020	580	282	2027	200	130
2014	540	266	2021	580	282			

表2-12　蓝波系列产品对原有产品现金流量的影响　　单位：万元

年份	净现金流量	年份	净现金流量	年份	净现金流量
2008	-20	2015	-26	2022	-26
2009	-22	2016	-26	2023	-24
2010	-22	2017	-26	2024	-20
2011	-25	2018	-26	2025	-17
2012	-25	2019	-26	2026	-14
2013	-25	2020	-26	2027	-11
2014	-25	2021	-26		

随后，财务部经理提出，在考虑蓝波系列产品的风险状况后，测算出的资本成本为11%。

在讨论过程中，财务部经理提出，新产品线的初始投资中不包含厂房投资。研究开发部经理解释说，新产品可以利用企业的闲置厂房，因此不必考虑厂房投资。但是财务部经理坚持认为应当考虑厂房投资，因为闲置厂房本可以对外出售，现行售价估计为1 600万元（其账面价值为1 300万元）。

公司总经理还问及新产品线是否需要增加营运资金，财务部经理回答说，新产品线预计会增加营运资金106万元，市场部经理认为，增加的营运资金并不是永久占用，因此不必考虑。

最后，公司董事长解释了为什么只对今后20年的情况做出预测，原因在于20年后的情况具有极大的不确定性，而且专用设备的寿命预计只有20年，20年后可以再根据当时的情况重新做出决策。

要求一：

1. 新产品115万元的研发费用，是否应当列入该项目的现金流量？为什么？

2. 新产品上市引起原有产品的净现金流量减少，这是否应在新产品的现金流量中予以反映？为什么？

3. 新产品将利用企业的闲置厂房，这是否应在投资决策中予以考虑？如果需要，应如何考虑？

4. 新产品需追加的营运资金是否应当列入项目的现金流量？为什么？

5. 假设公司对新设备采用直线法折旧，所得税税率为40%，试计算新产品各年的营业现金流量。

6. 计算新产品的净现值、现值指数和内部报酬率，做出新产品是否可行的最终判断。

要求二：小组综合讨论

假如你有一项专有技术，利用这项技术能够生产出盈利能力较高的产品，但是你缺少资金，所以你必须融入资金。融入的资金必须由股权性资金和债权性资金两部分组成，但两者比例由你来定，你要根据产品经营情况、风险情况等来定，这就是资本结构问题。结合所学的财务理论来说明你定的理由，比如，你为什么定负债和权益都是50%？第一，必须注册一家有限责任公司，公司要有一套公司治理机制，要有董事长、总经理、财务部经理。有了董事长、总经理、财务部经理，财权要有分配，谁有什么财权，必须要明确财权分割。比如，动用几万元以内的资金财务部经理就可以说了算，动用多少万元的资金总经理可以说了算，动用多少万元以上的资金必须上董事会，也就是说，在董事长主持下，经董事会表决通过才能动用这部分资金。第二，为了吸引股东投资，方便你到银行借款，你必须在广泛调查研究的基础上来预测投资总额、产品售价、销售数量、生产成本、现金流量和资本成本等各项投资指标，并利用项目的各项投资指标对项目进行评价，写出一份可行性分析报告。为了对投资者负责，你必须揭示投资项目可能的风险，同时要结合企业中普遍存在的杠杆原理，预测当业务量下降多少时，企业可能发生亏损，最后是计算公司5年内每股收益，并且结合所处的行业其他上市公司情况为公司股票估值，为公司将来上市做准备，甚至你可以选择是否上市。

[解析] 这个作业涉及财务上的知识点是最佳资本结构、公司治理（权利分割）、投资评价指标（NPV、PI、IRR）、写可行性分析报告（收集现金流量及股东要求的回报率和利息率等数据）、杠杆和企业风险之间的关系（算出来的经营杠杆比较高，但资本结构中安排负债率也很高，这种安排不正确，因为经营杠杆很高导致经营风险大，要用财务风险对冲，即要求财务风险要小；相反，算出来的经营杠杆小，可以安排负债率高一些），最后股票估值涉及股票上市相关的法律规定，包括上市条件，比如小企业创业板上市条件、要求。如果企业5年后想在创业板上市必须了解上市条件。

提示：可以通过调研了解某家公司情况来完成作业。

筹资管理

学习目标：

1. 掌握筹资决策的基本要求。
2. 掌握外部筹资需求预测的方法。
3. 掌握各种筹资方式的特征、选择的微观和宏观环境。
4. 掌握个别资本成本、综合资本成本和边际资本成本估算。
5. 掌握资本结构理论、方法以及财务杠杆原理。

3.1 筹资决策的基本要求

企业为了扩大生产经营规模或对外投资或为了偿还债务，以及企业既为生产经营或对外投资，又为偿还债务等动机需要筹集资金，为此企业要分析评价影响筹资的各种因素，讲求资金筹集的综合经济效益。具体来说，应做到以下几点。

1. 认真分析筹资环境，提高环境适应能力

筹资环境是指影响企业筹资活动的各种因素的集合，包括金融市场、金融机构和金融政策等金融环境，宏观经济政策、物价变动、经济周期等经济环境，以及相关法律法规构成的法律环境等。企业在筹资决策中，必须清楚地认识所处的各种筹资环境，正确地预见环境的发展变化。只有这样，才能有效地筹集所需资金。

2. 周密研究资金需求，努力提高筹资效果

筹资是因为需要用钱。企业是否需要资金、筹资多少等都要视用资需求而定。因此，企业在筹资之前，必须周密地研究资金投向、预测资金需求量，使资金的筹集量与需求量达到平衡，防止因筹资不足而影响资金投放，或因筹资过剩而导致资金浪费。

3. 认真选择筹资来源和方式，力求降低资本成本

不同的筹资来源和筹资方式，其筹资的难易程度、资本成本和财务风险各不相同。因此企业筹资要综合考察各种筹资来源和筹资方式，选择最适合企业的筹资来源和方式，以便降低综合资本成本。

4. 适时取得资金，保证用资需要

筹资和用资不仅在数量上要匹配，而且在时间上也要衔接。因此企业筹资要根据资金的使用时间合理安排，避免因取得资金过早而造成使用前的闲置，或因取得资金滞后而贻误用资时机。

5. 合理安排资本结构，保持收益与风险平衡

企业的资金包括权益资金和债务资金。企业的权益资金和债务资金的比例要适当，既要防止负债过多，增大企业财务风险，又要有效地利用负债经营，提高权益资金的收益水平。

3.2 外部资金需求量的预测

外部资金需求量是筹集资金的数量依据，因此必须科学合理地进行预测。企业自身资金量不能满足其扩张发展需求时需要从外部筹集资金，外部资金需求量预测有多种方法。下面介绍常用的两种方法：营业百分比法和趋势预测法。

3.2.1 营业百分比法

1. 方法基本原理

营业百分比法是根据营业收入与资产负债表和利润表项目之间的关系，预计各项目的金额，进而预测外部资金需求量的方法。

根据与营业收入的关系，可将资产负债表和利润表各项目分为敏感项目和非敏感项目。敏感项目是指在短期内与营业收入的比例关系基本上保持不变的项目，非敏感项目是指在短期内不随营业收入的变动而变动的项目。通常，在短期内与企业的主营业务密切相关的项目往往是敏感项目，而短期内与主要经营业务没有直接关系的项目是非敏感项目。利润表项目中，敏感项目一般包括营业成本、税金及附加、销售费用和管理费用、所得税费用；营业利润、利润总额和净利润这几个项目依据其他项目计算得来；其余的为非敏感项目。资产负债表中，资产项目中敏感项目一般包括货币资金、应收票据及应收账款、预付款项和存货；一些合计项目依据其他项目计算得来；其余为非敏感项目。应注意，某些非敏感项目在短期内虽然不随营业规模的变动而成比例变动，但会出现阶梯式跳跃。例如，当营业规模在一定范围内时，固定资产规模不变；但是当营业规模超过此范围时，就要考虑扩充固定资产规模，这种情况下应单独考虑，即固定资产不再是典型的敏感项目或非敏感项目。负债项目中敏感项目一般包括应付票据及应付账款、预收款项、应付职工薪酬、应交税费；一些合计项目依据其他项目计算得来；其余为非敏感项目。所有者权益项目中非敏感项目包括实收资本和资本公积，盈余公积和未分配利润合称留存收益，其每年增加额等于净利润乘以利润留存比例。当然，以上敏感项目与非敏感项目的划分并不是绝对的，有时要视企业的具体情况而定。

营业百分比法的依据是“资产 = 负债 + 所有者权益”的会计恒等式，推出需要向外部筹资的金额。具体思路如下。

（1）合理确定敏感项目和非敏感项目，以及各敏感项目与营业收入的百分比。

（2）根据估计的营业收入预计各利润表项目，进而估算出净利润。

（3）预计留存收益增加额 = 预计净利润 ×（1 − 股利分配率）。

其中，预计净利润可以通过编制预计利润表得到，也可以根据营业净利率指标计算得到。

（4）根据估计的营业收入变动额预计各资产负债表项目变动额。由于非敏感项目在短期内不发生变动，因此只需计算各敏感项目的变动额即可。敏感项目的预计变动额等于估计的营业收入变动额乘以第（1）步算出的百分比。如果存在跳跃式变动的项目，其变动额也应考虑在内。而预计留存收益的变动额在第（3）步已经得到。

（5）根据"资产 = 负债 + 所有者权益"的会计恒等式，得到：

外部资金需求 = 预计资产变动额 − 预计负债变动额 − 预计所有者权益变动额。

这种思路可以用一个简单的公式表示如下

$$\begin{aligned}\text{外部资金需求量} &= \Delta S/S(\sum R_{A} - \sum R_{L}) - \Delta R_{E} + M \\ &= \Delta S(\sum R_{A}/S - \sum R_{L}/S) - \Delta R_{E} + M \end{aligned} \tag{3-1}$$

式中：ΔS——预计营业收入变动额；

$\sum R_{A}/S$——敏感资产占营业收入的百分比之和；

$\sum R_{L}/S$——敏感负债占营业收入的百分比之和；

ΔR_{E}——预计留存收益变动额；

M——其他影响因素，比如跳跃式变动资产的变动额。

2. 方法应用举例

【例 3-1】 HY 公司 2018 年的简化资产负债表和简化利润表分别如表 3-1 和表 3-2 所示。

表 3-1　2018 年简化资产负债表　　单位：元

资产	金额	负债和所有者权益	金额
货币资金	800 000	短期借款	1 500 000
交易性金融资产	800 000	应付票据及应付账款	2 400 000
应收票据及应收账款	4500 000	应付职工薪酬	820 000
		应交税费	600 000
存货	2 800 000	其他应付款	400 000
其他流动资产	100 000	其他流动负债	180 000
长期股权投资	3 300 000	长期借款	3 300 000
固定资产	9 300 000	实收资本	7 000 000
无形资产	1 400 000	资本公积	2 600 000
		未分配利润	4 200 000
资产总计	23 000 000	负债和所有者权益总计	23 000 000

表3-2　2018年简化利润表　　单位：元

项目	金额	项目	金额
一、营业收入	40 000 000	加：其他收益	1 800 000
减：营业成本	25 000 000	二、营业利润	2 730 000
税金及附加	2 000 000	加：营业外收入	470 000
销售费用	4 600 000	三、利润总额	3 200 000
管理费用	7 200 000	减：所得税费用	800 000
财务费用	270 000	四、净利润	2 400 000

公司2019年预计营业收入为5 000万元。为扩大生产经营规模，公司决定于2019年购建价值300万元的厂房和机器设备。公司的股利分配率为60%，所得税税率为25%。试预计公司2019年的外部筹资需求量。（敏感项目占营业收入的百分比按2018年的数据确定。2019年非敏感项目的预计额等于2018年的金额。）

解答：首先，分别计算敏感资产和敏感负债占营业收入的百分比之和。

$\sum R_A/S$ =（货币资金＋应收票据及应收账款＋存货）/2018年营业收入

$=2\% + 11.25\% + 7\% = 20.25\%$

$\sum R_L/S$ =（应付票据及应付账款＋应付职工薪酬＋应交税费）/2018年营业收入

$=6\% + 2.05\% + 1.5\% = 9.55\%$

然后，编制公司2019年预计利润表，预计2019年净利润，如表3-3所示。

表3-3　2019年预计利润表　　单位：元

项目	2018年实际数	占营业收入的百分比/%	2019年预计数
（1）	（2）来自表3-2	（3）=（2）/40 000 000	（4）=（3）×50 000 000
一、营业收入	40 000 000	100	50 000 000
减：营业成本	25 000 000	62.5	31 250 000
税金及附加	2 000 000	5	2 500 000
销售费用	4 600 000	11.5	5 750 000
管理费用	7 200 000	18	9 000 000
财务费用	270 000	—	270 000
加：其他收益	1 800 000	—	1 800 000
二、营业利润	2 730 000	*	3 030 000
加：营业外收入	470 000	—	470 000
三、利润总额	3 200 000	*	3 500 000
减：所得税费用	800 000	/	875 000
四、净利润	2 400 000	*	2 625 000

注：表中“/”代表变动幅度与营业收入变动幅度不成比例的项目；“＊”代表根据其他项目推算出来的项目。

然后，计算预计留存收益变动额 ΔR_E。

$$
\begin{aligned}
\text{预计留存收益变动额} &= \text{2019 年预计净利润} - \text{分派红利或股利} \\
&= 2\,625\,000 \times (1-60\%) = 1\,050\,000 \text{ 元}
\end{aligned}
$$

最后，计算 2019 年的外部筹资需求量。

$$
\begin{aligned}
\text{外部资金需求量} &= \Delta S(\sum R_A/S - \sum R_L/S) - \Delta R_E + M \\
&= (50\,000\,000 - 40\,000\,000) \times (20.25\% - 9.55\%) - 1\,050\,000 + 3\,000\,000 \\
&= 10\,000\,000 \times 10.7\% - 1\,050\,000 + 3\,000\,000 \\
&= 3\,020\,000 \text{ 元}
\end{aligned}
$$

【例 3-2】 C 公司 2018 年年末流动资产 1 200 万元，非流动资产 1 800 万元；应付票据及应付账款 360 万元，非流动负债 640 万元，股东权益 2 000 万元。其中，敏感项目是流动资产、应付票据及应付账款。该公司 2018 年营业收入为 6 000 万元，净利润为 300 万元。2019 年预计营业收入将增加 13%，营业净利率保持不变。公司的股利分配率为 40%。试确定公司 2019 年是否需要外部筹资。如果营业收入将增加 30%，公司的股利分配率为 60%。公司 2019 年是否需要外部筹资？

解答：（1）营业收入将增加 13%，股利分配率为 40% 时。

$$
\begin{aligned}
\text{预计 2019 年留存收益变动额 } \Delta R_E &= 6\,000 \times (1+13\%) \times \frac{300}{6\,000} \times (1-40\%) \\
&= 203.4\text{（万元）}
\end{aligned}
$$

$$
\text{外部资金需求量} = (1\,200 - 360) \times 13\% - 203.4 = -94.2\text{（万元）}
$$

结论不需要筹资，因为企业留存收益可以满足企业扩张需要。

（2）营业收入增加 30%，公司的股利分配率为 60% 时。

$$
\text{预计 2019 年留存收益变动额 } \Delta R_E = 6\,000 \times (1+30\%) \times \frac{300}{6\,000} \times (1-60\%) = 156\text{（万元）}
$$

$$
\text{外部资金需求量} = (1\,200 - 360) \times 30\% - 156 = 96\text{（万元）}
$$

可见，公司扩张规模增大，投资者要求的报酬增加，此时公司自有留存收益无法满足需要，必须向外部筹资 96 万元。

3. 营业百分比法的优缺点

运用营业百分比法进行外部资金需要量的预测，具有以下优点。

（1）考虑了各个项目与营业规模的关系。

（2）考虑了资金来源与应用的平衡关系。

（3）能为财务管理提供短期预计的财务报表。

营业百分比法存在以下缺点。

（1）敏感项目与非敏感项目的划分具有一定的主观性。有些项目的金额大小与营业收入相关，但未必与营业收入成比例变动。此时如果人为地将其划分为敏感项目或非敏感项目，显然有失科学性。

（2）敏感项目占营业收入的百分比如果直接由上一个期间的数据得出，具有一定的偶然性，因为上一个期间的数据并不一定能够代表通常的状况。

（3）当相关情况发生改变时，如果仍然用原来的比例预测今后的项目金额，可能会有较大的出入，进而影响资金需求量预测的准确性。

3.2.2 趋势预测法

趋势预测法是根据资金需求量与相关因素过去的发展趋势，预测未来资金需求量的一种方法。这种方法通常是建立资金需求量和相关因素之间的数学模型，根据回归分析的原理预测未来的资金需求量，因此又叫作回归分析法。其中最为常见的相关因素是营业业务量，比如商品的产销量。

1. 趋势预测法的基本步骤

（1）建立反映资金需求量与相关因素之间关系的数学模型。所选择的相关因素通常是营业业务量，如产品的产销量。

（2）利用历史数据进行回归分析，确定数学模型中的参数。

（3）根据相关因素如产销量的预测值，预测未来的资金需求量。

【例3-3】 HY公司2014—2018年的商品产销量和资金需求量如表3-4所示。预计公司2019年的产销量为15.8万件。试预测公司2019年的资金需求量。

表3-4 HY公司2014—2018年商品产销量和资金需求量

年份	产销量 x/万件	资金需求量 y/万元	年份	产销量 x/万件	资金需求量 y/万元
2014	11	917	2017	13	976
2015	10	893	2018	14.5	1 010
2016	12.5	952			

（1）假设资金需求量 y 与产销量 x 存在线性关系，并建立如下线性方程：

$$y = a + bx \tag{3-2}$$

式中：a——固定资金需求量；

b——单位产销量的变动资金需求量。

固定资金需求量是指在一定营业规模内不随产销量变动的资金需求量，如固定资产占用资金、存货保险储备占用资金等。变动资金需求量是随着产销量变动而成比例变动的资金需求量，如应收账款占用资金、保险储备之外的存货占用资金等。

（2）由表3-4中的数据加工得到表3-5的数据。

表3-5 由表3-4中数据加工得到的数据

年份	产销量 x/万件	资金需求量 y/万元	xy	x^2
2014	11	917	10 087	121
2015	10	893	8 930	100
2016	12.5	952	11 900	156.25
2017	13	976	12 688	169
2018	14.5	1 010	14 645	210.25
$n=5$	$\sum_x=61$	$\sum_y=4\,748$	$\sum_{xy}=58\,250$	$\sum_{x^2}=756.5$

由线性方程 $y = a + bx$ 得到如下方程组

$$\sum y = na + b\sum x$$
$$\sum xy = a\sum x + b\sum x^2 \tag{3-3}$$

将表 3-5 中的数据代入方程组

$$4\ 748 = 5a + 61b$$

$$58\ 250 = 61a + 756.5b$$

解得

$$a = 627.89$$

$$b = 26.37$$

（3）将预测的商品产销量 15.8 万件代入上述线性方程（3-2），得到 2018 年的资金需求量为 $627.89 + 15.8 \times 26.37 = 1\ 044.54$ 万元。

2. 趋势预测法的优缺点

用趋势预测法进行资金需求量预测简便易行，具有如下优点。

（1）简便易行。

（2）利用多个期间的数据寻找出平均的趋势，可以有效降低个别特殊期间对预测的影响。

趋势预测法具有如下缺点。

（1）资金需求量与营业业务量之间未必符合线性关系的假定。

（2）完全用历史数据去预测未来，没有充分考虑价格等因素的变动。

3.3 筹资来源和方式的选择

3.3.1 长期筹资来源和方式

1. 筹资来源是指企业筹集资金的源泉

我国企业长期筹资来源主要包括：政府资金、银行资金、非银行金融机构资金、其他法人资金、个人资金、企业内部资金以及国外资金。

2. 筹资方式是指企业筹集资金的具体形式和工具

企业长期筹资的方式主要包括：吸收投入资本、发行股票、长期借款、发行债券、筹资租赁和留存收益。其中吸收投入资本、发行股票和留存收益属于股权性资金；长期借款、发行债券和筹资租赁属于债权性资金。

3. 筹资来源和筹资方式的关系非常密切

同一筹资来源往往可以采用不同的筹资方式取得，而同一筹资方式又往往适用于不同的筹资来源。企业在筹资时，应当注意筹资来源和筹资方式的合理配合。在我国，筹资来源与筹资方式配合情况如表3-6所示。

表3-6 筹资来源与筹资方式的配合

筹资来源＼筹资方式	吸收投入资本	发行股票	长期借款	发行债券	筹资租赁	留存收益
政府资金	√	√				
银行资金			√			
非银行金融机构资金	√	√	√	√	√	
其他法人资金	√	√		√		
个人资金	√	√		√		
企业内部资金						√
国外和我国港澳台资金	√	√	√	√	√	

3.3.2 股权性资金、债权性资金及混合性资金

企业的全部资金按其权益归属，可分为股权性资金和债权性资金。股权性资金代表了企业所有者对企业享有的权益。债权性资金则代表了企业债权人对企业享有的权益。两者的主要区别是：①债权性资金需要按期偿还，股权性资金无须偿还，属于企业的“永久性资金”；②债权性资金需按期支付利息，并且利息通常是固定的，但是债权人不参加税后利润的分配，不参与企业决策；股权性资金无须支付固定报酬，股权所有者通过参加税后利润的分配以及参与企业决策来实现权益。企业清算时，债权性资金具有优先清偿权。某些资金既具有股权性资金的某些特征，又具有债权性资金的某些特征，我们将这类资金称作混合性资金。

1. 股权性资金的筹集

股权性资金是指投资人投入或控制的资金，投资人投入资金形成实收资本或股本，以及资本公积中的一部分。投资人控制资金是在企业存续过程中从税后利润中自然形成的留存收益（等于盈余公积和未分配利润总额），其不需要专门的筹集措施。它们在资产负债表中对应股东权益（所有者权益）项目。其特点是所有权属于股东、不需还本付息、财务风险小、收益不稳定。具体形式包括吸收投入资本、发行股票和留存收益，因留存收益是自有资金，没有外部筹集的过程，以下不予讲述。

1）吸收投入资本

吸收投入资本是非股份制企业筹集股权性资金的基本方式。采取吸收投入资本这种筹资方式的企业包括独资企业、合伙企业和有限责任公司。它是指企业以协议等形式吸收国家、其他企事业单位法人、企业内部职工及社会公众和外国投资者的现金投资和实物资产及无形资产投资的一种筹资方式。

吸收投入资本筹资的优点如下。

（1）吸收投入资本属于股权性资金，与债权性资金相比，能够提高企业的资信和借款

能力。

（2）吸收投入资本不需要归还，并且没有固定的利息负担，与债权性资金相比，财务风险较低。

（3）与只能筹得现金的筹资方式相比，吸收投入资本不仅可以筹得现金，还能够直接获取所需的设备、技术等，尽快地形成生产经营能力。

吸收投入资本筹资的缺点如下。

（1）吸收投入资本的资本成本较高。首先，从筹资企业的角度来看，由于吸收投入资本的财务风险比筹集债权性资金的财务风险低，根据风险报酬原则，风险低报酬就低。而筹资行为不会直接给企业带来报酬，因此报酬低在筹资中就体现为成本高，所以，吸收投入资本的资本成本通常较高。根据风险报酬原则，投资者会要求更高的报酬率，进而决定了筹资企业必须以较高的代价才能够筹得股权性资金。其次，债务利息在税前扣除，具有抵税作用，向所有者分配利润则是税后进行，不能抵税。综合以上原因，吸收投入资本的资本成本较高。

（2）与发行普通股相比，吸收投入资本筹资没有证券作为媒介，因而产权有时不够明晰，不便于产权交易。

2）发行股票

发行股票是股份制企业筹集股权性资金的基本方式。股票是一种有价证券，是股份有限公司签发的证明股东按其所持股份享有权利和义务的书面凭证，它代表了持股人对公司的所有权。股票按股东的权利和义务分为普通股和优先股。普通股股东享有决策参与权、利润分配权、优先认股权和剩余资产分配权。优先股享有一定的优先权。首先，优先股股东先于普通股股东行使利润的分配权，并且只要可供分配股利的利润充足，就应当按事先约定的股利率支付优先股股利，而不受公司盈利高低的影响。其次，当公司清算时，优先股股东先于普通股股东行使对剩余资产的分配权。但是，优先股股东一般无表决权，因此不能参与公司决策，也就不能控制公司的经营管理。

普通股是股份的最基本形式。《中华人民共和国公司法》（以下简称《公司法》）规定，公司向发起人、国家授权投资的机构、法人发行的股票，应当为记名股票；向社会公众发行的股票，可以为记名股票，也可以为无记名股票。在境内上市的国有股和外资股分别为 A 股和 B 股；在香港、新加坡、纽约上市的股票分别为 H 股、S 股、N 股。

企业发行股票的要求：股票发行必须公开、公平、公正，每股面额相等，同股同权，同股同利；同次发行的股票，每股认购条件和价格相同；股票发行价格可以等于票面金额，也可以超过票面金额，但不得低于票面金额，也就是说，股票可以平价发行或溢价发行，但不得折价发行。

企业公开发行股票的条件：公司股本总额不少于人民币三千万元；公开发行的股份达到公司股份总数的百分之二十五以上；公司股本总额超过人民币四亿元的，公开发行股份的比例为百分之十以上；公司最近三年无重大违法行为，财务会计报告无虚假记载。

根据我国《上市公司证券发行管理办法》的规定，上市公司申请发行股票应当遵循如下程序。

（1）公司董事会依法做出决议，明确本次证券发行的方案、募集资金使用的可行性报告和前次募集资金使用的报告等事项并提请股东大会批准。

（2）公司股东大会就发行股票做出决定，明确本次发行证券的种类和数量、发行方式、发行对象及向原股东配售的安排、定价方式或价格区间、募集资金用途、决议的有效期、对董事会办理本次发行具体事宜的授权等事项。

（3）公司申请公开或者非公开发行新股，应当由保荐人保荐，并向中国证监会申报。保荐人应按中国证监会的有关规定编制和报送发行申请文件。

（4）中国证监会依照下列程序审核发行证券的申请：收到申请文件后5个工作日内决定是否受理；受理后对申请文件进行初审；发行审核委员会审核申请文件；做出核准或不予核准的决定。

（5）自中国证监会核准发行之日起，公司应在6个月内发行证券；超过6个月未发行的，核准文件失效，须重新经中国证监会核准后方可发行。公司发行证券前发生重大事项的，应暂缓发行，并及时报告中国证监会。该事件对本次发行条件构成重大影响的，发行证券的申请应重新经中国证监会核准。

（6）证券发行申请未获核准的公司，自中国证监会做出不予核准的决定之日起6个月后，可再次提出证券发行申请。

普通股筹资的优点如下。财务风险小，增强公司信誉，维持举债能力并促进公司持续经营和迅速扩张。普通股筹资的缺点如下。红利不能抵减所得税（无抵税收益），资本成本相对较高，公司的控制权比较分散。

2. 债权性资金的筹集

这里的债权性资金主要是指企业的长期债务。具体形式包括长期借款、发行债券和筹资租赁引起的长期应付款。筹资特征是利息必须固定支付，财务风险大；利息在税前支付可以抵减所得税即获得抵税收益。

1）长期借款

长期借款是指企业向银行等金融机构借入的、期限在一年以上的各种借款。

长期借款筹资的优点如下。

（1）长期借款的资本成本较低。首先，如前所述，根据风险与报酬原则，作为债权性资金的长期借款的资本成本比股权性资金的资本成本低。其次，长期借款的利息在税前扣除，具有抵税作用。再次，长期借款属于间接筹资，与发行普通股、发行债券等直接筹资相比，筹资费用极少。

（2）长期借款有利于保持股东控制权。由于贷款机构无权参与公司的管理决策，因此不会分散股东对公司的控制权。

（3）长期借款的筹资速度快。长期借款的程序较为简单，可以快速获得资金。

（4）长期借款的灵活性较大。企业在筹措长期借款时可以与贷款机构直接磋商借款的时间、金额和利率等问题。用款期间如果情况发生变化，也可以与贷款机构再行协商。

长期借款筹资的缺点如下。

（1）长期借款的财务风险较高。长期借款通常有固定的偿付期限和固定的利息负担，因此财务风险较高。

（2）长期借款的限制较多。由于借款合同通常会包含一系列限制性条款，这对企业今后筹资、投资和经营活动有一定的限制。

（3）长期借款的筹资数量有限。由于长期借款的筹资范围较窄，因此很难一次性筹得大笔资金。

2）发行债券

债券是经济主体为筹集资金而发行的用以记载和反映债权债务关系的有价证券。在我国，只有股份有限公司、国有独资公司、两个以上的国有企业或其他两个以上的国有投资主体设立的有限责任公司才有资格发行公司债券。其他企业发行的债券称为企业债券。债券可以按高于、等于或低于面值发行即溢价、平价或折价发行。

（1）发行债券筹资的优点如下。

① 发行债券的资本成本较低。与长期借款类似，根据风险与报酬原则，债权性资金的成本比股权性资金的成本低，并且债券利息在税前扣除，具有抵税作用。不过，发行债券的筹资费用高于长期借款，因此其资本成本通常比长期借款要高。

② 发行债券有利于保持股东控制权。与长期借款类似，债券投资者也无权参与公司的管理决策，因此不会分散股东对公司的控制权。

③ 发行债券的筹资范围广。由于债券通常是向整个社会公开发行，因此筹资范围很广，有利于筹集大笔资金，且能获得财务杠杆收益。

（2）发行债券筹资的缺点如下。

① 与长期借款类似，债券通常有固定的偿付期限和固定的利息负担，因此财务风险较高。

② 发行债券的限制严格。法律对发行债券这种筹资方式规定的条件较为严格，尤其是对非上市的中小企业限制更为严格，因此通过这种方式筹资的数量有限；与长期借款比较，发行公司债券筹集资金速度相对较慢。

3）筹资租赁

筹资租赁是由租赁公司按照承租企业的要求购买资产，并在契约或合同规定的较长期限内提供给承租企业使用的信用性业务。筹资租赁的期限一般在资产使用年限的一半以上，租赁期满后资产的所有权一般转移给承租企业。承租企业采用这种租赁方式的主要目的是融通资金，因此筹资租赁是承租企业筹集长期债权性资金的一种特殊方式。

通过筹资租赁方式进行筹资的优点如下。

（1）租金可在税前扣除，获得抵税收益。

（2）筹资租赁的限制条件少。

（3）筹资租赁集“筹资”与“置产”于一身，可迅速获得所需资产。

（4）筹资租赁中，承租企业可免遭资产陈旧过时的风险。

（5）租期长，可降低还款的压力。

通过筹资租赁方式进行筹资的缺点如下。

（1）筹资租赁的筹资成本较高。与其他债权性资金相比，筹资租赁资金的成本相当高，租金总额通常比资产价值高出很多。

（2）筹资租赁的财务风险较高。筹资租赁每期需要支付固定的利息，因而财务风险较高。

3. 混合性资金的筹集

1）发行可转换债券

可转换债券是指债券持有人在约定的期限内可将其转换为普通股的债券。可转换债券与普通债券没有区别，属于债权性资金，到期债券转换为普通股则变成了股权性资金。因此，可转换债券具有债权性资金和股权性资金的双重性质。在我国，只有上市公司和重点国有企业才有资格发行可转换债券。

发行可转换债券的条件：上市公司经股东大会决议可以发行可转换债券，并在公司债券募集办法中规定具体的转换办法。上市公司发行可转换债券，除了应当符合发行债券的条件外，还应当符合证券法规定的公开发行股票的条件，并报国务院证券监督管理机构核准。

可转换债券的转股如下。

（1）规定可转换债券的转股期限。转股期限是指持有人可将其转换为普通股的期限。可转换债券的转股期限是指按发行企业的规定，持有人可将其转换为普通股的期限。可转换债券转换期限的长短通常与可转换债券的期限相关。我国可转换债券的期限最短为1年，最长为6年。自发行结束之日起6个月后，持有人可以依据约定条件随时转换股份。

（2）可转换债券的转股价格。可转换债券的转股价格是指可转换债券依据约定的条件随时转换股份时采用的每股价格。转股价格由发行企业在发行可转换债券时约定。上市公司发行的可转换债券，以发行可转换债券前一个月普通股的平均价格为基准，上浮一定幅度作为转股价格。可转换债券的转股价格并不是固定不变的。由于增发新股、配股及其他原因引起公司股份发生变动的，应当及时调整转换价格并向社会公布。

（3）可转换债券的转股比率。可转换债券的转股比率是指每份债券可换得的普通股股数，它等于可转换债券的面值除以转股价格。如果出现不足以转换1股股票的余额，发行企业应当以现金偿付。

发行可转换债券是一种特殊的筹资方式，其优点如下。

（1）有利于降低资本成本。可转换债券的利率通常低于普通债券，因此转换前的资本成本低于普通债券。如果转换为普通股，由于转换价格通常高于发行可转换债券时的普通股价格，并且可节省普通股的发行费用，因而比直接发行普通股的资本成本低。

（2）有利于调整资本结构。可转换债券在转换前属于发行公司的负债，转换后属于发行公司的所有者权益，因此发行可转换债券可以通过引导持有人的转换行为来调整公司的资本结构。

发行可转换债券的缺点是存在不确定性。如果发行人发行可转换债券的本意在于变相进行普通股筹资，但普通股价格并未如期上升，债券持有人不愿转股，则发行人将被迫承受偿债压力。如果可转换债券转股时的股价大大高于转换价格，则发行人将承担溢价损失。

2）发行认股权证

认股权证是由股份有限公司发行的以其股票为标的物的买入期权。它赋予持有者在规定期限内以事先约定的价格购买发行公司一定数量股票的权利。发行认股权证时，其合约一般包括基础股票、有效期限、执行价格。长期认股权证的认股期限通常持续几年，有的甚至是永久性的。短期认股权证的认股期限比较短，一般在90天以内。

认股权证筹资的优点如下。

（1）为公司筹集额外的资金。认股权证不论是单独发行还是附带发行，大都能为发行公司筹得一笔额外资金。

（2）促进其他筹资方式的运用。单独发行的认股权证有利于将来发售股票，附带发行的认股权证可以促进其所依附证券的发行效率。而且由于认股权证具有价值，附带认股权证的债券票面利率和优先股利率通常较低。

认股权证筹资的缺点如下。

（1）认股权证的执行时间不确定。投资者何时执行认股权证是公司所不能控制的，往往会导致公司陷于既有潜在资金又无资金可用的被动局面。

（2）稀释普通股收益和控制权。当认股权证被执行时，提供给投资者的股票是新发行的股票，并非二级市场的股票。因此，普通股股份增多，每股收益下降，同时也稀释了原有股东的控制权。

3.3.3 企业筹资的法律环境

企业筹资的法律环境是指企业筹集资金所必须遵循的各种法律、法规和规章制度。比如股份有限公司、有限责任公司发行债券和股票的法律、法规；企业进行筹资活动、实施筹资管理的基本财务法规，主要包括《企业财务通则》和行业财务制度。《企业财务通则》对企业资金制度的建立、固定资产折旧、成本的开支范围、利润分配等问题做出了规定，是各类企业财务活动必须遵循的原则和规范。行业财务制度是根据不同行业的特点制定的行业财务规范。

除上述法律、法规外，与企业筹资密切相关的法律、法规还有很多，如证券法、基金法、合同法、破产法等，公司筹资决策应善于掌握法律界限，充分利用法律工具实现企业筹资的目标。

3.3.4 金融环境

金融环境是企业筹资的直接屏障，包括金融市场和金融机构两大要素。所有的金融机构和企业都在不同程度上参与金融市场。金融市场上存在着多种方便而又灵活的筹资工具，企业需要资金时，可以在这里寻找合适的工具筹集所需资金。当公司有了剩余资金时，也可在这里选择投资方式，为其资金寻找出路。在这里，公司通过证券买卖、票据承兑和贴现等金融工具实现长、短期资金的转换，以满足公司资金需要。在这里，公司通过远期合约、期货合约和互换合约等各种套利、投机和套期保值的手段，化解、降低、抵消可能面临的利率风险、汇率风险、价格风险等风险。金融市场还为企业财务决策提供有意义的信息。金融市场的利率变动反映资金的供求状况，有价证券市场的行情反映投资人对企业经营状况和盈利水平的评价。没有发达的金融市场，经济就会遇到困难；不了解金融市场，企业就无法做出最优的投筹资决策。

1. 金融市场

金融市场按交易对象分为资金市场、外汇市场和黄金市场。资金市场是进行资金借贷的市场，包括筹资期限在一年以内的货币市场和筹资期限在一年以上的资本市场。外汇市场是进行外汇买卖的交易场所或交易网络，主要设置在各国主要的金融中心，如荷兰的阿姆斯特丹、英国的伦敦、美国的纽约、日本的东京、中国的香港等都是著名的国际金融中心。黄金市场是专门经营黄金买卖的金融市场，包括现货交易市场和期货交易市场，市场的参与者主要是各国的官方机构、金融机构、经纪商、企业和个人。

金融市场按筹资期限分为货币市场和资本市场。货币市场是筹资期限不超过一年的资金交易市场，是调剂短期资金余缺的场所，交易内容较为广泛，主要包括短期存贷款市场、银行间同业拆借市场、商业票据市场、可转让大额存单市场、短期债券市场等。资本市场是筹资期限在一年以上的长期资金交易市场，主要包括长期存贷款市场、长期债券和股票市场，是企业取得大额资金的场所。企业以投资者和筹资者的双重身份活跃在这个市场上。

金融市场按交易的性质分为发行市场和流通市场。发行市场是发行证券的市场，也称为一级市场。流通市场是从事已发行证券交易的市场，又称为二级市场。资金在一级市场上从投资者手中流入企业，二级市场则方便了投资者之间的交易，增加了投资者资产的流动性，提供了公司股票价值的信号，间接地促进了一级市场的发展。

金融市场还可以按交割时间分为现货市场和期货市场，按地理区域分为国内金融市场和国际金融市场等。图3-1描述了金融市场的结构。

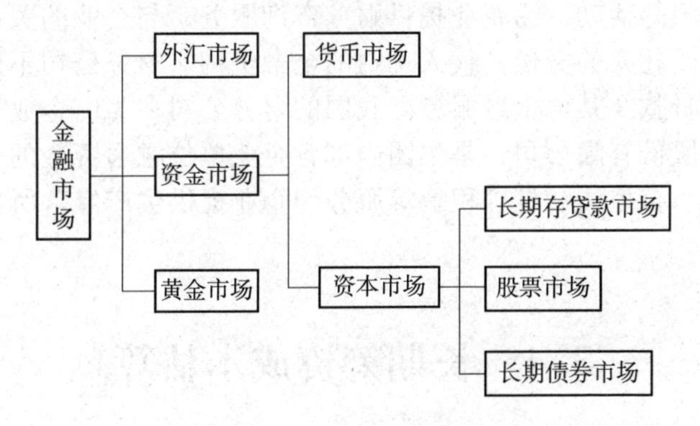

图3-1 金融市场的结构

2. 金融机构

金融机构是金融市场上联结资金需求者与资金供给者的一个中介机构，在金融市场上发挥着十分重要的作用。通常人们将金融机构分为银行和非银行金融机构两类。

1）银行金融机构

银行金融机构按照其职能，可以进一步分为中央银行、商业银行、专业银行。中央银行的职能是制定和执行国家的金融政策。中国人民银行是中国的中央银行，它代表政府管理全国金融机构，经理国库。其主要职责是：制定和实施货币政策，保持货币币值稳定；依法对金融机构进行监督管理，维护金融业的稳定；维护支付和清算系统的正常运行；保管、经营国家外汇储备和黄金储备；代理国库和其他与政府有关的金融业务；代表政府从事有关的国际金融活动等。

商业银行是主要经营存贷款业务、以营利为经营目标的金融企业。随着金融市场的发展，商业银行的业务范围已大大扩展。不论是证券市场发达还是不发达的国家，商业银行都是金融市场的主要参与者。在我国，中国工商银行、中国农业银行、中国建设银行、中国银行、交通银行、光大银行、招商银行、中信实业银行、华夏银行、平安银行、上海浦东发展银行、福建兴业银行等都属于商业银行。

专业银行是指经营指定范围金融业务和提供专门的金融服务的银行，主要有开发银行、储蓄银行等。如美国的互助储蓄银行，仅靠接受存款筹措资金，业务也仅限于发放抵押贷款。

此外，银行金融机构还包括政策性银行。政策性银行一般不以营利为目的，其基本任务是为特定的部门或产业提供资金，执行国家的产业政策和经济政策。如我国的国家开发银行、中国进出口银行就是政策性银行。政策性银行虽然不以营利为目的，但政策性银行的资金并非财政资金，也必须有偿使用，对贷款也要严格审查，并要求还本付息。

2）非银行金融机构

非银行金融机构的构成和业务范围都极为庞杂，与企业筹资密切相关的有：保险公司、投资银行、证券公司、信托投资公司、财务公司、金融租赁公司等。保险公司从事财产保险、人寿保险等各项保险业务，不仅为企业提供防损减损的保障，而且其聚集起来的大量资金还是公司及金融体系中长期资本的重要来源。投资银行主要从事证券买卖、承销，我国习惯上称为证券公司。证券公司为企业代办、发行或包销股票和债券，参与企业兼并、收购、重组等活动，为企业提供财务咨询服务，与企业的关系十分密切。信托投资公司是一种以受托人的身份，代人理财的金融机构。财务公司不能吸收存款，但可以提供类似银行的贷款及其他金融服务。我国的财务公司多为由企业集团内部各成员单位入股设立的金融股份有限公司，是集团内部各企业单位融通资金的重要机构。金融租赁公司则通过出租、转租赁、杠杆租赁等服务为企业提供生产经营所需的各种动产和不动产。

3.4 长期筹资成本估算

长期筹资成本是企业筹集资金所付出的代价，或投资人投入资金要求的必要报酬率。资本成本是评价投资项目优劣的依据，是选择筹资方式、进行资本结构决策、确定筹资方案的依据。通常资本成本采用相对数表示，是企业的用资费用与有效筹资额之间的比率。所谓有效筹资额是指筹资金额扣除筹资费用后的净额。其基本计算公式为

$$K = \frac{D}{P - F} = \frac{D}{P(1 - f)} \tag{3-4}$$

式中：K——资本成本；

D——每个期间的用资费用；

P——筹资金额；

F——筹资费用；

f——筹资费率（筹资费用与筹资金额之比）。

3.4.1 长期债权性资本成本估算

由于长期债权性资本中长期借款和长期债券的利息是从税前利润中扣除的，从而具有抵

减企业所得税的作用，因此长期借款和长期债券每期的用资费用应该是考虑抵税因素后的利息。

1. 长期借款资本成本估算

计算公式如下

$$K_t = \frac{I_t(1-T)}{L(1-f_t)} = \frac{L \times R_t(1-T)}{L(1-f_t)} = \frac{R_t(1-T)}{1-f_t} \quad (3-5)$$

式中：K_t——长期借款资本成本；

I_t——长期借款年利息额；

T——企业所得税税率；

L——长期借款本金；

R_t——长期借款年利率；

f_t——长期借款筹资费率。

相对而言，长期借款的筹资费用很低，有时可以忽略不计。因此长期借款资本成本的计算公式也可简化为

$$K_t = R_t(1-T) \quad (3-6)$$

【例3-4】 HY公司从银行取得3年期长期借款500万元，长期借款筹资费率为0.1%，年利率为8%，每年结息一次，到期一次还本。公司所得税税率为40%。计算该笔长期借款的资本成本。

（1）用式（3-5）计算长期借款的资本成本为

$$K_t = \frac{500 \times 8\% \times (1-40\%)}{500 \times (1-0.1\%)} = \frac{8\% \times (1-40\%)}{1-0.1\%} = 4.80\%$$

（2）如果忽略长期借款筹资费率，则用式（3-6）计算的结果为

$$K_t = 8\% \times (1-40\%) = 4.80\%$$

2. 长期债券资本成本估算

计算公式如下

$$K_b = \frac{S \times R_b(1-T)}{B(1-f_b)} = \frac{I_b(1-T)}{B(1-f_b)} \quad (3-7)$$

式中：K_b——长期债券资本成本；

S——长期债券面值；

R_b——长期债券票面利率；

I_b——长期债券每年利息额：

f_b——长期债券筹资费率；

T——企业所得税税率；

B——长期债券发行价格。

需要注意以下几点。首先，债券的筹资费用即发行费用，包括律师费等申请过程中发生的费用、印刷费等制作过程中发生的费用，以及证券公司手续费等销售过程中发生的费

用，这些费用一般较高，不能忽略。其次，债券的发行价格有溢价、平价、折价之分，因而筹资额不一定等于债券面值。当债券按面值发行时面值等于债券发行价格，因此长期债券资本成本的计算公式可简化为

$$K_b = \frac{R_b(1-T)}{1-f_b} \tag{3-8}$$

【例3-5】 HY公司发行面值为1 000元、期限为4年、债券票面利率为10%的债券5 000张。每年结息一次，到期一次还本。筹资费用为发行价格的4%。公司所得税税率为25%。分别计算发行价格为1 100元、1 000元和900元时，债券的资本成本。

（1）如果发行价格为1 100元，即发行价格大于面值1 000元（债券溢价发行），则长期债券的资本成本为

$$K_b = \frac{S \times R_b(1-T)}{B(1-f_b)} = \frac{I_b(1-T)}{B(1-f_b)} = \frac{1\,000 \times 10\% \times (1-25\%)}{1\,100 \times (1-4\%)} = 7.1\%$$

（2）如果发行价格为1 000元，即发行价格等于面值1 000元（债券平价发行），则长期债券的资本成本为

$$K_b = \frac{R_b(1-T)}{1-f_b} = \frac{10\% \times (1-25\%)}{(1-4\%)} = 7.81\%$$

（3）如果发行价格为900元，即发行价格小于面值1 000元（债券折价发行），则长期债券的资本成本为

$$K_b = \frac{S \times R_b(1-T)}{B(1-f_b)} = \frac{I_b(1-T)}{B(1-f_b)} = \frac{1\,000 \times 10\% \times (1-25\%)}{900 \times (1-4\%)} = 8.68\%$$

计算结果说明，溢价发行的长期债券资本成本最低，其次是平价发行的长期债券，折价发行的长期债券资本成本最高。

3.4.2 长期股权性资本成本估算

与债权性资金不同，优先股和普通股同属股权性资金，股利是从税后利润中支付的，因此没有抵税作用。

1. 优先股资本成本估算

计算公式如下

$$K_p = \frac{D_p}{P_p(1-f_p)} \tag{3-9}$$

式中：K_p——优先股资本成本；

D_p——优先股每期股利；

P_p——优先股发行价格；

f_p——优先股筹资费率。

【例3-6】 HY公司发行一批优先股，发行价格为6元，筹资费率为4%，每年股利为

0.6元。试计算这批优先股的资本成本。

此批优先股的资本成本计算结果如下

$$K_p=\frac{D_p}{P_p(1-f_p)}=\frac{0.6}{6\times(1-4\%)}=10.42\%$$

2. 普通股资本成本估算

1）固定股利支付政策的普通股资本成本估算

计算公式如下

$$K_c=\frac{D_c}{P_c(1-f_c)} \tag{3-10}$$

式中：K_c——普通股资本成本；

D_c——普通股每期股利；

P_c——优先股发行价格；

f_c——优先股筹资费率。

2）股利固定增长的普通股资本成本估算

计算公式如下

$$K_c=\frac{D_1}{P_c(1-f_c)}+g=\frac{DR_1}{(1-f_c)}+g \tag{3-11}$$

式中：K_c——普通股资本成本；

D_1——普通股第一年股利；

P_c——普通股发行价格；

DR_1——普通股第一年股利支付率；

f_c——普通股筹资费率；

g——股利增长比率。

【例3-7】 HY公司发行普通股，发行价格为8元，筹资费率为5%。公司有两套股利分派方案：一是每年分派现金股利0.8元，二是第1年分派股利0.4元或股利支付率5%，以后每年股利增长6%。计算两种方案下的普通股资本成本。

如果采用第一套方案，则普通股资本成本为

$$K_c=\frac{D}{P_c(1-f_c)}=\frac{0.8}{8\times(1-5\%)}=10.53\%$$

如果采用第二套方案，则普通股资本成本为

$$K_c=\frac{D_1}{P_c(1-f_c)}+g=\frac{0.4}{8\times(1-5\%)}+6\%=11.26\%$$

或

$$K_c=\frac{DR_1}{(1-f_c)}+g=\frac{5\%}{1-5\%}+6\%=11.26\%$$

3）普通股资本成本从投资角度分析就是投资者要求的投资必要报酬（收益）率，衡量投资必要报酬率公式

$$K_c = R_F + \beta (R_M - R_F) \quad (3-12)$$

式中：β——衡量系统风险指标；

R_M——整个资本市场加权平均报酬率；

R_F——无风险报酬率。

【例3-8】HY公司股票的β系数为1.2，无风险报酬率为4%，市场加权平均报酬率为12%，则该股票的资本成本为

$$K_c = 4\% + 1.2 \times (12\% - 4\%) = 13.6\%$$

其实，上述资本资产定价模型可以简单描述是股票资本成本等于债券投资报酬率加股票投资额外风险报酬率。一般而言，普通股投资的风险高于债券投资，因此普通股投资的必要报酬率通常高于债券投资的必要报酬率。于是，普通股投资的必要报酬率可以在债券投资必要报酬率的基础上加上普通股投资高于债券投资的额外风险报酬率。相应地，普通股资本成本就等于债券资本成本加上普通股额外风险报酬率。这种方法的不足之处是比较主观，但计算简便。

【例3-9】HY公司已发行债券的资本成本为7.5%。现增发一批普通股。经分析，该批普通股投资高于债券投资的额外风险报酬率为4%。试计算该批普通股的资本成本。

该批普通股的资本成本为

$$K = 7.5\% + 4\% = 11.5\%$$

3. 留存收益资本成本估算

留存收益与优先股和普通股一样属于股权性资金，是企业税后利润扣除普通股和优先股股利后剩余的资金，包括盈余公积和未分配利润。该资金的获取从理论上看并不需要企业花费专门的代价。但是实际上，留存收益最终归属于普通股股东，可以理解为普通股股东对企业的再投资。因此，普通股股东要求留存收益应该与普通股具有相同的报酬率。于是，留存收益的资本成本与普通股基本相同，唯一不同的是不存在筹资费用。用其筹资的资本成本估算公式是$f_c = 0$时的公式（3-10）和公式（3-11）。

【例3-10】HY公司普通股市场价格为8元，第1年分派股利0.4元，以后每年增长6%。试计算公司留存收益的资本成本。

留存收益的资本成本为

$$K_c = \frac{D_1}{P_c} + g = \frac{0.4}{8} + 6\% = 11\%$$

3.4.3 综合资本成本估算

企业通过不同的方式从不同的来源取得的资金，其成本各不相同。要进行正确的筹资和投资决策，不仅需要计算债权和股权个别资本成本，还需要确定全部长期资金的综合资

本成本。综合资本成本又称加权平均资本成本，它是以各种长期资金所占的比例为权重，对个别资本成本进行加权平均计算得来的。其计算公式如下

$$K_W = \sum_{j=1}^{n} K_j W_j \tag{3-13}$$

式中：K_W——综合资本成本；

K_j——第 j 种个别资本的成本；

W_j——第 j 种个别资本在所有长期资本中所占比例。

$$\sum_{j=1}^{n} W_j = 1 \tag{3-14}$$

由综合资本成本的计算公式可知，综合资本成本由两个因素决定：一是各种长期资金的个别资本成本；二是各种长期资金所占所有长期资金比例，即权数。各种长期资金的个别资本成本的计算方法前面已经详细阐述。至于各种长期资金权数的确定，则需要选择一定的价值基础。常见的价值基础主要有如下三种。

（1）按账面价值确定资本比例。企业财务会计所提供的资料主要是以账面价值为基础的。财务会计通过资产负债表可以提供以账面价值为基础的资本结构资料，这也是企业筹资管理的一个依据。使用账面价值确定各种资本比例的优点是易于从资产负债表中取得这些资料，容易计算。其主要缺陷是资本的账面价值可能不符合市场价值，如果资本的市场价值已经脱离账面价值许多，采用资本的账面价值作基础确定资本比例就有失客观性，从而不利于综合资本成本率的测算和筹资管理的决策。

（2）按市场价值确定资本比例。按市场价值确定资本比例是指债券和股票等以现行资本市场价值为基础确定其资本比例，从而测算综合资本成本率。

（3）按目标价值确定资本比例。按目标价值确定资本比例是指债券和股票等以公司预计的未来目标市场价值确定资本比例，从而测算综合资本成本率。从公司筹资管理决策的角度来看，对综合资本成本率的一个基本要求是，它应适用于公司未来的目标资本结构。

【例3-11】 HY公司各种长期资金的账面价值、市场价值和目标价值以及个别资本成本率如表3-7所示。分别按账面价值基础、市场价值基础和目标价值基础计算HY公司的综合资本成本。

表3-7　HY公司各种长期资金的账面价值、市场价值和目标价值以及个别资本成本表

资金种类	账面价值/万元	市场价值/万元	目标价值/万元	个别资本成本/%
长期借款	800	800	2 000	5.0
长期债券	1 500	2 000	4 000	6.5
优先股	500	750	1 000	10.0
普通股	2 000	4 000	4 000	12.0
留存收益	1 800	3 600*	4 000	11.5
合计	6 600	11 150	15 000	—

注：* 留存收益的市场价值与账面价值之比等于普通股的市场价值与账面价值之比。

（1）按账面价值基础计算的综合资本成本为

$$K_W = 5.0\% \times \frac{800}{6\ 600} + 6.5\% \times \frac{1\ 500}{6\ 600} + 10\% \times \frac{500}{6\ 600} + 12\% \times \frac{2\ 000}{6\ 600} + 11.5\% \times \frac{1\ 800}{6\ 600}$$

$$= 5.0\% \times 12.12\% + 6.5\% \times 22.73\% + 10.0\% \times 7.58\% + 12.0\% \times 30.3\% + 11.5\% \times 27.27\%$$

$$= 0.606\% + 1.477\% + 0.758\% + 3.636\% + 3.136\% = 9.61\%$$

（2）按市场价值基础计算的综合资本成本为

$$K_W = 5.0\% \times \frac{800}{11\ 150} + 6.5\% \times \frac{2\ 000}{11\ 150} + 10\% \times \frac{750}{11\ 150} + 12\% \times \frac{4\ 000}{11\ 150} + 11.5\% \times \frac{3\ 600}{11\ 150}$$

$$= 5.0\% \times 7.17\% + 6.5\% \times 17.94\% + 10.0\% \times 6.73\% + 12.0\% \times 35.87\% + 11.5\% \times 32.29\%$$

$$= 0.359\% + 1.166\% + 0.673\% + 4.304\% + 3.713\% = 10.22\%$$

（3）按目标价值基础计算的综合资本成本为

$$K_W = 5.0\% \times \frac{2\ 000}{15\ 000} + 6.5\% \times \frac{4\ 000}{15\ 000} + 10\% \times \frac{1\ 000}{15\ 000} + 12\% \times \frac{4\ 000}{15\ 000} + 11.5\% \times \frac{4\ 000}{15\ 000}$$

$$= \frac{10\% + 26\% + 10\% + 48\% + 46\%}{15}$$

$$= 9.33\%$$

3.4.4 边际资本成本估算

边际资本成本是指企业追加筹资的资本成本。一般来说，企业不可能以某一固定的资本成本来筹措无限的资金，当筹集的资金超过一定限度时，资本成本将会有所变化。因此，企业在未来追加筹资时，应当更多地关注新筹措资金的成本，即边际资本成本。

企业追加筹资有可能只采取某一种筹资方式。在这种情况下，边际资本成本的确定与前述个别资本成本的确定方法相同。

在筹资数额较大或目标资本结构既定的情况下，追加筹资往往需要通过多种筹资方式的组合来实现。这时的边际资本成本是新筹措的各种资金的加权平均成本，各种资金的权数应以市场价值为基础来确定。

当企业追加筹资的金额未定时，需要测算不同筹资范围内的边际资本成本，我们称之为边际资本成本规划。下面举例说明边际资本成本规划的具体步骤。

【例 3－12】 HY 公司为了适应追加投资的需要，准备筹措新资。追加筹资的边际资本成本规划可按如下步骤进行。

（1）确定各种资金的目标比例。公司经过分析认为，各种资金的目标比例为：长期借款 20%，长期债券 30%，普通股 50%。

（2）测算各种资金的个别资本成本。公司在对资金市场状况和自身筹资能力进行研究之后，测算出在不同筹资范围内各种资金的个别资本成本，如表 3－8 所示。

表 3-8 HY 公司在不同筹资范围内各种资金的个别资本成本

资金种类	追加筹资范围	个别资本成本
长期借款	≤10 万元	6%
占总资金比重 20%	> 10 万元	8%
长期债券	≤60 万元	11%
占总资金比重 30%	>60 万元	13%
普通股	≤80 万元	15%
占总资金比重 50%	>80 万元	16%

（3）测算筹资总额分界点。所谓筹资总额分界点是指各种资金的个别资本成本发生跳跃的分界点所对应的筹资总额的分界点。其测算公式为

$$BP_{ji} = \frac{TF_{ji}}{W_j} \tag{3-15}$$

式中：BP_{ji}——第 j 种资金的第 i 个分界点对应的筹资总额分界点；

TF_{ji}——第 j 种资金的第 i 个资本成本分界点；

W_j——第 j 种资金的目标比例。

此例中，各个筹资总额分界点计算如下。

① 长期借款的个别资本成本分界点 10 万元对应的筹资总额分界点为

$$10/20\% = 50（万元）$$

② 长期债券的个别资本成本分界点 60 万元对应的筹资总额分界点为

$$60/30\% = 200（万元）$$

③ 普通股的个别资本成本分界点 80 万元对应的筹资总额分界点为

$$80/50\% = 160（万元）$$

以上三个筹资总额分界点将追加筹资的范围分为四段：50 万元及以内；50 万元~160 万元；160 万元~200 万元；200 万元以上。

（4）测算各个筹资范围内的边际资本成本。在各个筹资范围内，根据各种资金对应的个别资本成本和资金比例计算加权平均资本成本，即得到该范围内的边际资本成本。测算过程如表 3-9 所示。

表 3-9 HY 公司各个筹资范围内的边际资本成本

筹资总额范围	资金种类	资金比例	个别资本成本	边际资本成本
50 万元及以内	长期借款 长期债券 普通股	20% 30% 50%	6% 11% 15%	20% × 6% + 30% × 11% + 50% × 15% = 12%

续表

筹资总额范围	资金种类	资金比例	个别资本成本	边际资本成本
50 万元 ~ 160 万元	长期借款 长期债券 普通股	20% 30% 50%	8% 11% 15%	20% × 8% + 30% × 11% + 50% × 15% = 12.4%
160 万元 ~ 200 万元	长期借款 长期债券 普通股	20% 30% 50%	8% 11% 16%	20% × 8% + 30% × 11% + 50% × 16% = 12.9%
200 万元以上	长期借款 长期债券 普通股	20% 30% 50%	8% 13% 16%	20% × 8% + 30% × 13% + 50% × 16% = 13.5%

由表 3-9 可见，公司的边际资本成本随着追加筹资金额的增加而逐渐上升。一般而言，边际投资报酬率则会随着投资规模的上升而逐渐下降。只有当边际资本成本低于边际投资报酬率时，筹资才是合理的，投资也才是有利的。因此，公司可以将不同筹资范围内的边际资本成本与不同投资规模内的边际投资报酬率相比较，以选择有利的投资机会和合理的筹资金额。

3.5 资本结构与财务杠杆

3.5.1 资本结构概述

资本结构是指企业各种资金的构成及其比例关系，它有广义和狭义之分。广义的资本结构包括企业长短期全部资金的构成及其比例关系。狭义的资本结构仅指企业长期资金的构成及其比例关系。通常资本结构的概念是指狭义的资本结构，尤其是债权性资金和股权性资金的关系。

企业的资本结构问题，主要是确定债权性资本的比例安排问题。在企业的资本结构决策中，合理地利用债权筹资，科学地安排债权性资本的比例，是企业筹资管理的一个核心问题，它对企业具有重要的意义。

1. 合理安排债权性资本比例可以降低企业的综合资本成本

由于债务利率通常低于股票股利率，而且债务利息在税前利润中扣除，企业可享有递减所得税收益，从而债权性资本成本明显低于股权性资本成本。因此，在一定限度内合理地提高债权性资本的比例，可以降低企业的综合资本成本。

2. 合理安排债权性资本比例可以获得财务杠杆利益

由于债务利息通常是固定不变的，当息税前利润增大时，每 1 元利润所负担的固定利息会相应降低，从而可分配给权益所有者的税后利润会相应增加。因此，在一定的限度内合理地利用债权性资本，可以发挥财务杠杆的作用，给企业所有者带来财务杠杆利益。

3. 合理安排债权性资本比例可以增加公司的市场价值

一般而言，一个公司的价值（V）等于其债权性资本的市场价值（B）与股权性资本的市场价值（S）之和，即 $V=B+S$。

该式清楚地表达了按市场价值计量反映的资金权属结构与公司总价值的内在关系。公司的价值与公司的资本结构是紧密联系的，资本结构对公司的债权性资本市场价值和股权性资本市场价值，进而对公司总的市场价值都具有重要的影响。因此，合理安排资本结构有利于增加公司的市场价值。

3.5.2 资本结构理论

资本结构理论是公司财务理论的核心内容之一，也是资本结构决策的重要理论基础。它是关于公司资本结构（公司债权性资本的比例）、公司综合资本成本与公司价值三者之间关系的理论。资本结构理论主要包括 MM 理论和在此基础上发展形成的新的资本结构理论。在现实中，资本结构是否影响企业价值这一问题一直存有争议，故称为“资本结构之谜”。

1. MM 理论

MM 理论是莫迪利安尼（Modigliani）和米勒（Miller）两位财务学者所建立的资本结构理论的简称。1958 年，美国的莫迪利亚尼和米勒两位教授合作发表《资本成本、公司价值与投资理论》一文。该文深入探讨了公司资本结构与公司价值的关系，创立了 MM 理论，并开创了现代资本结构理论的研究，这两位作者也因此荣获诺贝尔经济学奖。自 MM 理论创立以来，迄今为止，几乎所有的资本结构理论研究都是围绕它来进行的。

MM 理论的基本结论可以简要地归纳为：在符合该理论的假设前提之下，公司的价值与其资本结构无关。公司的价值取决于其实际资产，而非各类债权和股权性资本的市场价值。

MM 理论的假设主要有如下九项：公司在无税收的环境中经营；公司营业风险的高低由息税前利润标准差来衡量，公司营业风险决定其风险等级；投资者对所有公司未来盈利及风险的预期相同；投资者不支付证券交易成本，所有债券利率相同；公司为零增长公司，即年平均盈利额不变；个人和公司均可发行无风险债券，并有无风险利率；公司无破产成本；公司的股利政策与公司价值无关，公司发行新债时不会影响已有债券的市场价值；存在高度完善和均衡的资本市场。这意味着资本可以自由流通，充分竞争，预期报酬率相同的证券价格相同，有充分信息，利率一致。

MM 理论在上述假定之下得出两个重要命题。

命题 I 无论公司有无债权性资本，其价值（普通股股权性资本与长期债权性资本的市场价值之和）等于公司总资产的预期收益额按适合该公司风险等级的必要报酬率予以折现。其中，公司资产的预期收益额相当于公司扣除利息、税收之前的预期盈利，即息税前利润，与公司风险等级相适应的必要报酬率相当于公司的综合资本成本。因此，命题Ⅰ的基本含义是：①公司的价值不会受资本结构的影响；②有债务公司的综合资本成本等同于与它风险等级相同但无债务公司的股权资本成本；③公司的股权资本成本或综合资本成本视公司的营业风险而定。

命题Ⅱ 利用财务杠杆的公司，其股权性资本成本随筹资额的增加而提高。因此，公司的市场价值不会随债权性资金比例的上升而增加，因为便宜的债务给公司带来的财务杠杆利益会被股权性资本成本的上升抵消，最后使有债务公司的综合资本成本等于无债务公司的综合资本成本，所以公司的价值与其资本结构无关。

因此，在上述 MM 基本理论的假设前提下得出在无企业所得税环境中公司价值与资本结构无关，如图 3-2 所示。

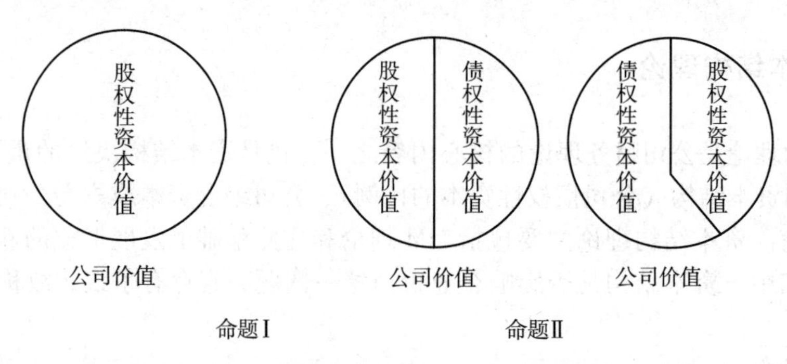

图 3-2 无税收资本结构与公司价值关系

1963 年，莫迪利亚尼和米勒合作发表了另一篇论文《公司所得税和资本成本：一项修正》。该文取消了公司无所得税的假设，认为若考虑公司所得税的因素，公司的价值会随财务杠杆系数的提高而增加，从而得出公司资本结构与公司价值相关的结论。修正的 MM 理论同样提出两个命题。

命题Ⅰ 举债公司的价值等于有相同风险但无举债公司的价值加上债务利息的抵税收益。根据该命题，当公司举债后，债务利息计入财务费用，形成节税收益，由此可以增加公司的净收益，从而提高公司的价值。随着公司债务比例的提高，公司的价值也会提高。

有债务公司的权益资本成本率等于无债务公司的权益资本成本率加上风险报酬率，风险报酬率的高低则视公司债务的比例和所得税税率而定。随着公司债务比例的提高，公司的综合资本成本率会降低，公司的价值也会提高。

按照修正的 MM 资本结构理论，公司的资本结构与公司的价值不是无关，而是大大相关，并且公司债务比例与公司价值呈正相关关系。这个结论与早期资本结构理论的净收益观点是一致的。

因此在考虑企业所得税时举债经营可以产生节税收益，如果此时不考虑财务危机成本，债权性资本会增加公司价值，如图 3-3 所示。

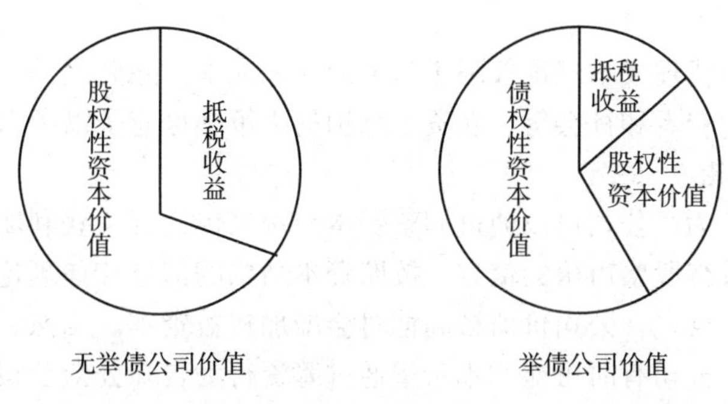

图3-3 有税收无财务危机资本结构与公司价值的关系

命题Ⅱ MM理论的权衡理论观点认为，随着公司债务比例的提高，公司的风险也会上升，因而公司陷入财务危机甚至破产的可能性也加大，由此会增加公司的额外成本，降低公司的价值。因此，公司最佳的资本结构应当是节税利益和债权性资本比例上升而带来的财务危机成本与破产成本之间的平衡点。

财务危机是指公司对债权人的承诺不能兑现，或有困难地兑现。财务危机在某些情况下会导致公司破产，因此公司的价值应当扣除财务危机成本的现值。财务危机成本取决于公司危机发生的概率和危机的严重程度。根据公司破产发生的可能性，财务危机成本可分为有破产成本的财务危机成本和无破产成本的财务危机成本。

当公司债务的面值总额大于其市场价值时，公司面临破产。这时，公司的财务危机成本是有破产成本的财务危机成本。公司的破产成本又有直接破产成本和间接破产成本两种。直接破产成本包括支付律师、注册会计师和资产评估师等的费用。这些费用实际上是由债权人所承担的，即从债权人的利息收入中扣除。因此，债权人必然要求与公司破产风险相应的较高报酬率，公司的债务价值和公司的总价值也因而降低。公司的间接破产成本包括公司破产清算损失以及公司破产后重组而增加的管理成本。公司的破产成本增加了公司的额外成本，从而会降低公司的价值。

当公司发生财务危机但还不至于破产时，也同样存在着财务危机成本并影响公司的价值。这时的财务危机成本是无破产成本的财务危机成本。这种财务危机成本对公司价值的影响是通过股东为保护其利益，在投资决策时以股票价值最大化代替公司价值最大化的目标而形成的。而当公司的经营者按此做出决策并予以执行时，会使公司的节税利益下降并降低公司价值。因此，由于债务带来的公司财务危机成本抑制了公司通过无限举债而增加公司价值的冲动，使公司的债务比例保持在适度的区间内。

2. 新的资本结构理论观点

20世纪七八十年代后又出现一些新的资本结构理论，主要有代理成本理论、信号传递理论和优选顺序理论等。

1）代理成本理论

代理成本理论是通过研究代理成本与资本结构的关系而形成的。这种理论观点指出，公司债务的违约风险是财务杠杆系数的增函数；随着公司债务资本的增加，债权人的监督成本随之提升，债权人会要求更高的利率。这种代理成本最终要由股东承担，公司资本结构中债务比率过高会导致股东价值的降低。根据代理成本理论，债务资本适度的资本结构会增加股东的价值。

上述资本结构的代理成本理论仅限于债务的代理成本。除此之外，还有一些代理成本涉及公司的雇员、消费者和社会等，在资本结构的决策中也应予以考虑。

2）信号传递理论

信号传递理论认为，公司可以通过调整资本结构来传递有关获利能力和风险方面的信息，以及公司如何看待股票市价的信息。按照资本结构的信号传递理论，公司价值被低估时会增加债务资本；反之，公司价值被高估时会增加权益资本。当然，公司的筹资选择并非完全如此。例如，公司有时可能并不希望通过筹资行为告知公众公司的价值被高估的信息，而是模仿被低估价值的公司去增加债务资本。

3）优选顺序理论

资本结构的优选顺序理论认为，公司倾向于首先采用内部筹资，比如保留盈余，因之不会传导任何可能对股价不利的信息；如果需要外部筹资，公司将先选择债务筹资，再选择其他外部股权筹资，这种筹资顺序的选择也不会传递对公司股价产生不利影响的信息。按照优选顺序理论，不存在明显的目标资本结构，因为虽然保留盈余和增发新股均属于股权筹资，但前者最先选用，后者最后选用。获利能力较强的公司之所以安排较低的债务比率，并不是由于已确立较低的目标债务比率，而是由于不需要外部筹资；获利能力较差的公司选用债务筹资是由于没有足够的保留盈余，而且在外部筹资选择中债务筹资为首选。

综上所述，在考虑企业所得税单个因素，以及税收、破产、代理成本等综合影响因素时，债权性资本在资本结构中的比例对公司资本成本的影响如图 3-4 所示。

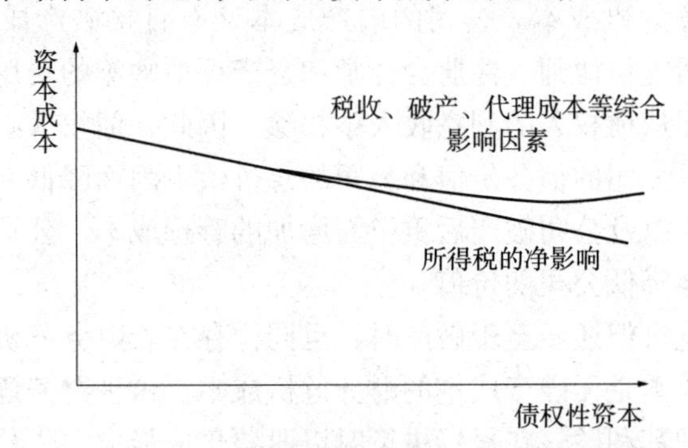

图 3-4　债权性资本对资本成本的影响

3.5.3　最佳资本结构决策

最优资本结构是使综合资本成本最低、企业价值最大的资本结构。最优资本结构决策是筹资管理中至关重要的问题。各种长期资金尤其是债权性资本的比例安排恰当，有利于企业获得财务杠杆利益、降低综合资本成本并增加企业价值。常见的决策方法有资本成本比较法、企业价值比较法、每股利润比较法和每股利润或每股盈余无差别点法。

1. 资本成本比较法

资本成本比较法是指在适度财务风险的条件下，测算可供选择的不同资本结构或筹资组合方案的综合资本成本，并以此为标准相互比较确定最优资本结构的方法。

企业筹资分为创立初期筹资和存续过程中的追加筹资。相应地，企业的资本结构决策也可分为初始筹资的资本结构决策和追加筹资的资本结构决策。

1）初始筹资的资本结构决策

企业初始筹资时，对拟定的筹资总额可以采用多种筹资方式来筹集，每种筹资方式的筹资额也可有不同的安排，由此形成若干预选资本结构或筹资组合方案。在适度风险的前提下，可以通过比较综合资本成本来做出选择。

【例3-13】 HY公司初始时需筹集资金4 000万元，有如下三种筹资方案可供选择，相关资料如表3-10所示。计算各筹资方案下的综合资本成本。

表3-10 HY公司筹资方案 金额单位：万元

筹资方式	筹资方案A 筹资额	筹资方案A 资本成本	筹资方案B 筹资额	筹资方案B 资本成本	筹资方案C 筹资额	筹资方案C 资本成本
长期借款	400	5%	600	5.5%	800	6%
长期债券	600	6%	1 400	8%	700	6.5%
普通股	3 000	12%	2 000	12%	2 500	12%
合计	4 000	—	4 000	—	4 000	—

解答： 方案A的综合资本成本为

$$5\% \times 400/4\ 000 + 6\% \times 600/4\ 000 + 12\% \times 3\ 000/4\ 000 = 10.40\%$$

方案B的综合资本成本为

$$5.5\% \times 600/4\ 000 + 8\% \times 1\ 400/4\ 000 + 12\% \times 2\ 000/4\ 000 = 9.63\%$$

方案C的综合资本成本为

$$6\% \times 800/4\ 000 + 6.5\% \times 700/4\ 000 + 12\% \times 2\ 500/4\ 000 = 9.84\%$$

由于筹资方案B的综合资本成本最低，因此，在财务风险适度的情况下应选择筹资方案B。

2）追加筹资的资本结构决策

企业存续期间追加筹资时，可能有多个备选的追加筹资方案。在适度风险的前提下，企业可以通过两种思路来选择最优追加筹资方案：一是直接计算追加筹资的各备选方案的综合资本成本，选择资本成本低的追加筹资方案；二是将各备选方案与原有资本结构汇总得到各个汇总资本结构，然后计算各个汇总资本结构下的综合资本成本，选择使汇总资本结构下的综合资本成本最低的追加筹资方案。

【例3-14】 HY公司原有资本结构如例3-13中的方案B所示。公司打算追加筹资1 000万元，相关资料如表3-11所示。

表 3-11　HY 公司追加筹资方案　　金额单位：万元

筹资方式	筹资方案Ⅰ筹资额	筹资方案Ⅰ资本成本	筹资方案Ⅱ筹资额	筹资方案Ⅱ资本成本
长期借款	500	7%	300	6.5%
优先股	200	11%	300	11%
普通股	300	13%	400	13%
合计	1 000	—	1 000	—

解答：（1）用追加筹资方案的综合资本成本比较来选择筹资方案。计算两个方案的综合资本成本。

方案Ⅰ：7% ×500/1 000 +11% ×200/1 000 +13% ×300/1 000 =9.60%

方案Ⅱ：6.5% ×300/1 000 +11% ×300/1 000 +13% ×400/1 000 =10.45%

由于方案Ⅰ的综合资本成本低于方案Ⅱ的综合资本成本，因此，在财务风险适当的情况下，应选择方案Ⅰ作为追加筹资方案。

（2）用汇总资本结构的综合资本成本比较法来选择筹资方案。按方案Ⅰ和方案Ⅱ追加筹资后的汇总资本结构分别为汇总资本结构Ⅰ和汇总资本结构Ⅱ，如表 3-12 所示。计算两种资本结构下的综合资本成本。

表 3-12　HY 公司追加投资后的汇总资本结构表　　金额单位：万元

筹资方式	汇总资本结构Ⅰ筹资额	汇总资本结构Ⅰ资本成本	汇总资本结构Ⅱ筹资额	汇总资本结构Ⅱ资本成本
长期借款	600	5.5%	600	5.5%
长期借款	500	7%	300	6.5%
长期债券	1 400	8%	1 400	8%
优先股	200	11%	300	11%
普通股	2 300	13%	2 400	13%
合计	5 000	—	5 000	—

汇总资本结构Ⅰ的综合资本成本

5.5% ×600/5 000 +7% ×500/5 000 +8% ×1 400/5 000 +11% ×200/5 000 +13% ×2 300/5 000 =10.02%

汇总资本结构Ⅱ的综合资本成本

5.5% ×600/5 000 +6.5% ×300/5 000 +8% ×1 400/5 000 +11% ×300/5 000 +13% ×2 400/5 000 =10.19%

在上面的计算中，需要注意的是，根据股票的同股同利原则，所有的股票应按照新发行股票的资本成本计算。

由于汇总资本结构Ⅰ的综合资本成本低于汇总资本结构Ⅱ的综合资本成本，因此，在财务风险适当的情况下，应选择追加筹资方案Ⅰ。

2. 企业价值比较法

企业价值比较法是指通过对不同资本结构下的企业价值和综合资本成本进行比较分析，从而选择最佳资本结构的方法。这种方法的基本操作步骤如下。

1）测算不同资本结构下的企业价值

企业价值等于长期借款和长期债券价值与股票价值之和，即 $V = B + S$。

为简便起见，设长期借款价值等于本金，长期债券价值等于其面值，而股票价值等于未来净利润的折现值，且不考虑优先股的问题。假设未来企业每年净利润相等，且企业将持续经营下去，借用永续年金的概念，得到

$$S = (\text{EBIT} - I)(1 - T)/K_s \tag{3-16}$$

式中：K_s——普通股资本成本；

EBIT——息税前利润；

I——借款利息；

T——企业所得税税率；

S——普通股价值。

2）测算不同资本结构下的综合资本成本

企业综合资本成本等于长期债券和长期借款及股票的加权平均资本成本，即

$$K_w = K_b \times (1 - T) \times (B/V) + K_s(S/V) \tag{3-17}$$

式中：K_b——长期债券利率；

K_w——企业综合资本成本。

3）确定最佳资本结构

使得企业价值最大、综合资本成本最低的资本结构就是企业的最佳资本结构。

【例3-15】 HY公司现有长期资金均为普通股，账面价值1 000万元。公司认为这种资本结构不合理，没能发挥财务杠杆的作用，准备筹集长期债权性资金，购回部分普通股予以调整。公司预计每年息税前利润为300万元，公司所得税税率为40%。市场平均风险报酬率 R_M 为10%，无风险报酬率 R_F 为6%。经测算，在不同长期债权性资本筹资规模下，债券利率和普通股资本成本如表3-13所示。

表3-13 HY公司在不同长期债权性资本筹资规模下债券利率和普通股资本成本表

金额单位：万元

债券价值 B	债券利率 K_b	普通股 β 系数	普通股资本成本 K_s $K_s = R_F + \beta(R_M - R_F)$
0	—	1.10	10.40%
200	7%	1.25	11.00%
400	7%	1.35	11.40%
600	8%	1.60	12.40%
800	9%	1.90	13.60%
1 000	11%	2.25	15.00%

根据上述资料预算不同债权性资本筹资规模下的企业价值和综合资本成本。预算结果如表3-14所示。

表3-14　HY公司在不同债权资本筹资规模下的企业价值和综合资本成本

金额单位：万元

债券价值 B	普通股价值 $S = (EBIT - I)(1-T)/K_s$	企业价值 $V = B + S$	债券利率 K_b	普通股资本成本 K_s	综合资本成本 $K_w = K_b(1-T)(B/V) + K_s(S/V)$
0	1 731	1 731	—	10.40%	10.40%
200	1 560*	1 760	7%	11.00%	10.23%
400	1 432	1 832	7%	11.40%	9.83%
600	1 219	1 819	8%	12.40%	9.89%
800	1 006	1 806	9%	13.60%	9.97%
1 000	760	1 760	11%	15.00%	10.23%

由表3-14可见，HY公司在没有长期债券资金的情况下，企业价值等于普通股价值1 731万元，综合资本成本等于普通股资本成本10.40%。当公司利用长期债券部分替换普通股时，企业价值开始上升，同时综合资本成本开始下降。当债券价值达到400万元时，企业的价值达到最大（1 832万元），同时综合资本成本达到最低（9.83%）。当债券价值继续上升时，企业价值又逐渐下降，综合资本成本逐渐上升。因此，当债券价值达到400万元时的资本结构为HY公司的最佳资本结构。此时，公司的长期资金总额为1 832万元，其中普通股价值1 432万元，占长期资金总额的78%；债券价值400万元，占长期资金总额的22%。

3. 每股利润比较法

每股利润比较法，是通过对不同资本结构下的每股利润或每股盈余进行比较分析，从而选择最优资本结构的方法。

【例3-16】HY公司现有资本结构（采用市场价值基础）为：长期负债1 500万元，利率6%；普通股4 500万元。公司准备追加筹资1 500万元，有三种筹资方案：方案Ⅰ是发行债券，利率为8%；方案Ⅱ是发行优先股，年股利率为10%；方案Ⅲ是增发普通股。相关资料如表3-15所示。

表3-15　HY公司现有资本及追加投资后的结构表　　金额单位：万元

项目	筹资前		方案Ⅰ 发行债券		方案Ⅱ 发行优先股		方案Ⅲ 增发普通股	
资本结构	金额	比重	金额	比重	金额	比重	金额	比重
长期债券	1 500	25%	3 000	40%	1 500	20%	1 500	20%
优先股	—				1 500	20%		
普通股	4 500	75%	4 500	60%	4 500	60%	6 000	80%
债务年利息	90		210		90		90	
优先股股利	—		—		150		—	
普通股股数/万股	900		900		900		1 200	

公司所得税税率为40%，预计息税前利润为800万元。下面分别测算采用三个筹资方案追加筹资后的普通股每股利润，如表3-16所示。

表3-16 HY公司采用三种筹资方案追加筹资后的普通股每股利润表 单位：万元

项目	方案Ⅰ发行债券	方案Ⅱ发行优先股	方案Ⅲ增发普通股
息税前利润 EBIT	800	800	800
减 债务利息 I	210	90	90
税前利润	590	710	710
减 企业所得税	236	284	284
税后净利润 EAT	354	426	426
减 优先股股利		150	
普通股利润	354	276	426
除普通股股数/万股	900	900	1 200
每股利润 EPS/（元·股$^{-1}$）	0.39	0.31	0.36

由表3-16可见，在息税前利润为800万元的情况下，三种筹资方案中，如果采用方案Ⅰ即发行债券，普通股每股利润最高，为每股0.39元；采用方案Ⅱ即发行优先股，每股利润最低，为每股0.31元；采用方案Ⅲ即发行普通股，每股利润居中，为每股0.36元。因此，这种情况下的最佳筹资方案为方案Ⅰ，即发行1 500万元债券，最优资本结构为长期负债3 000万元，占所有长期资金的40%；普通股4 500万元，占所有长期资金的60%。

4. 每股利润或每股盈余无差别点法

上面的方法只有在息税前利润确定的情况下才能采用。如果未来的息税前利润不确定，则需要计算每股利润无差别点，以帮助判别不同资本结构的优劣。所谓每股利润无差别点是指使不同资本结构下的每股利润相等的息税前利润点，又叫息税前利润平衡点或筹资无差别点。每股利润无差别点的计算公式为

$$\frac{(\overline{\mathrm{EBIT}}-I_1)(1-T)-D_{\mathrm{P}_1}}{N_1}=\frac{(\overline{\mathrm{EBIT}}-I_2)(1-T)-D_{\mathrm{P}_2}}{N_2} \qquad (3-18)$$

式中：$\overline{\mathrm{EBIT}}$——两种资本结构的每股利润无差别点；

I_1，I_2——两种资本结构下的债务年利息；

D_1，D_2——两种资本结构下的优先股年股利；

N_1，N_2——两种资本结构下的普通股股数。

【例3-17】 续例3-16。计算：采用三种筹资方案追加筹资后的每股利润无差别点。

$$\frac{(\overline{\mathrm{EBIT}}-210)(1-40\%)}{900}=\frac{(\overline{\mathrm{EBIT}}-90)(1-40\%)}{1\,200}$$

$$\overline{\mathrm{EBIT}}=570(\text{万元})$$

$$\frac{(\overline{\mathrm{EBIT}}-90)(1-40\%)-150}{900}=\frac{(\overline{\mathrm{EBIT}}-90)(1-40\%)}{1\,200}$$

$$\overline{\mathrm{EBIT}}=1\,090(\text{万元})$$

结果表明，当息税前利润为570万元时，发行债券和增发普通股后的每股利润相等；当息税前利润为1 090万元时，发行优先股和增发普通股后的每股利润相等。表3-17验证了上述结果。

表3-17　HY公司采用三种筹资方案追加筹资后的每股利润　单位：万元

项目	发行债券后	增发普通股后	发行优先股后	增发普通股后
息税前利润 EBIT	570	570	1 090	1 090
减　债务利息 I	210	90	90	90
税前利润	360	480	1 000	1 000
减　企业所得税	144	192	400	400
税后净利润 EAT	216	288	600	600
减　优先股股利	—	—	150	—
普通股利润	216	288	450	600
除普通股股数/万股	900	1 200	900	1 200
每股利润 EPS/（元·股$^{-1}$）	0.24	0.24	0.5	0.5

上述每股利润无差别点分析的结果如图3-5所示。

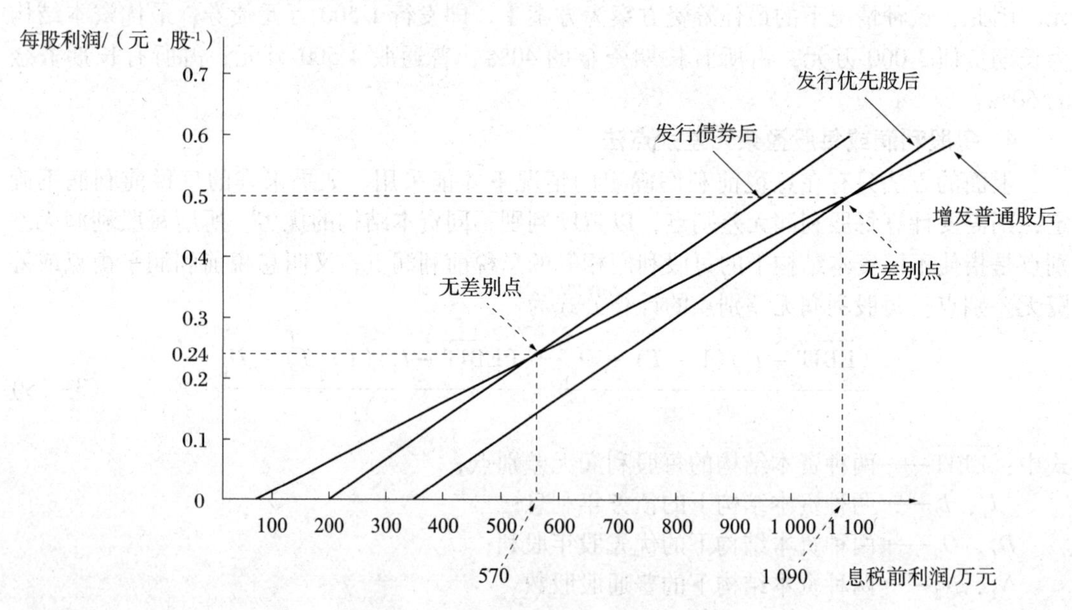

图3-5　每股利润无差别点分析图

对图3-5分析如下。

（1）发行债券和增发普通股后的每股利润线相交于息税前利润570万元这一点上，这一点就是二者的每股利润无差别点。当息税前利润等于570万元时，二者的每股利润相等，增发普通股和发行债券两种筹资方案没有差别；当息税前利润低于570万元时，增发普通股后的每股利润高于发行债券后的每股利润，增发普通股的筹资方案更优；当息税前利润高于 570 万元时，发行债券后的每股利润高于增发普通股后的每股利润，发行债券的筹资方案更优。

（2）发行优先股和增发普通股后的每股利润线相交于息税前利润 1 090 万元这一点上，这一点就是二者的每股利润无差别点。当息税前利润等于 1 090 万元时，二者的每股利润相等，增发普通股和发行优先股两种筹资方案没有差别；当息税前利润低于 1 090 万元时，增发普通股后的每股利润高于发行优先股后的每股利润，增发普通股的筹资方案更优；当息税前利润高于 1 090 万元时，发行优先股后的每股利润高于增发普通股后的每股利润，发行优先股的筹资方案更优。

（3）发行债券和发行优先股后的每股利润线平行，没有交点，说明二者没有每股利润无差别点。发行债券后的每股利润线始终在发行优先股后的每股利润线之上，说明发行债券的筹资方案优于发行优先股。

前面的表 3－16 列示了当息税前利润为 800 万元时，三种筹资方案下的每股利润。由于 800 万元高于 570 万元，因此发行债券后的每股利润 0. 39 元高于增发普通股后的每股利润 0. 36 元。而 800 万元低于 1 090 万元，因此增发普通股后的每股利润 0. 36 元高于发行优先股后的每股利润 0. 31 元。下面再看看当息税前利润低于 570 万元和高于 1 090 万元的例子。分别假设 HY 公司息税前利润为 400 万元和 1 200 万元时，对图 3－5 分析，当息税前利润为 400 万元时，增发普通股后的每股利润最高，发行债券后的每股利润次之，发行优先股后的每股利润最低。当息税前利润为 1 200 万元时，发行债券后的每股利润最高，发行优先股后的每股利润次之，增发普通股后的每股利润最低。

每股利润无差别点法以普通股的每股利润为决策标准，反映了不同资本结构下的普通股股东利益，但是未考虑各种资本结构下的财务风险，因而不能全面反映不同资本结构对企业价值的影响。

3. 5. 4 财务杠杆原理

1. 成本习性

成本习性也称为成本性态，指成本的变动与业务量之间的依存关系。这里的业务量可以是生产或销售的产品数量，也可以是反映生产工作量的直接人工小时数或机器工作小时数。

成本按习性可划分为固定成本、变动成本和混合成本三类。成本习性分析有助于进一步加强成本管理，挖掘内部潜力，并能促使企业搞好经营预测和决策，争取实现最大的经济效益。

1）固定成本

固定成本是指其总额在一定时期和一定业务量范围内不随业务量发生任何变动的那部分成本。属于固定成本的主要有按直线法计提的折旧费、保险费、管理人员工资、办公费、优先股股利、债务利息等。单位固定成本将随业务量的增加而逐渐变小。

固定成本还可进一步区分为约束性固定成本和酌量性固定成本两类。

（1）约束性固定成本，属于企业“经营能力”成本，是企业为维持一定的业务量所必须负担的最低成本，如机器设备折旧费、长期租赁费等。企业的经营能力一经形成，在短期内很难有重大改变，因而这部分成本具有很大的约束性。

（2）酌量性固定成本，属于企业“经营方针”成本，是企业根据经营方针确定的一定时期（通常为一年）的成本，如广告费、开发费、职工培训费等。

应当指出的是，固定成本总额只是在一定时期和业务量的一定范围（通常称为相关范围）内保持不变。

2）变动成本

变动成本是指其总额随着业务量成正比例变动的那部分成本。直接材料、直接人工等都属于变动成本，但产品单位成本中的直接材料、直接人工等单位变动成本将保持不变，不会随产品生产数量增加而增加。与固定成本相同，变动成本也存在相关范围。

3）混合成本

有些成本虽然也随业务量的变动而变动，但不成同比例变动，这类成本称为混合成本。混合成本按其与业务量的关系又可分为半变动成本和半固定成本。

（1）半变动成本。它通常有一个初始量，类似于固定成本，在这个初始量的基础上随产量的增长而增长，又类似于变动成本。

（2）半固定成本。这类成本随产量的变化而呈阶梯形增长，产量在一定限度内，这种成本不变，当产量增长到一定限度后，这种成本就跳跃到一个新水平。

4）成本习性模型

成本习性模型的数学表达式为

$$y = F + vx \tag{3-19}$$

式中：y——总成本；

F——固定成本；

v——单位变动成本；

x——业务量。

2. 财务杠杆基本概念

由于固定财务费用（如固定利息）和优先股股利的存在，使普通股每股盈余的变动幅度大于息税前利润的变动幅度的现象，叫财务杠杆。图3-6形象地描述了财务杠杆，普通股每股盈余变动率为60%，大于息税前利润变动率20%。

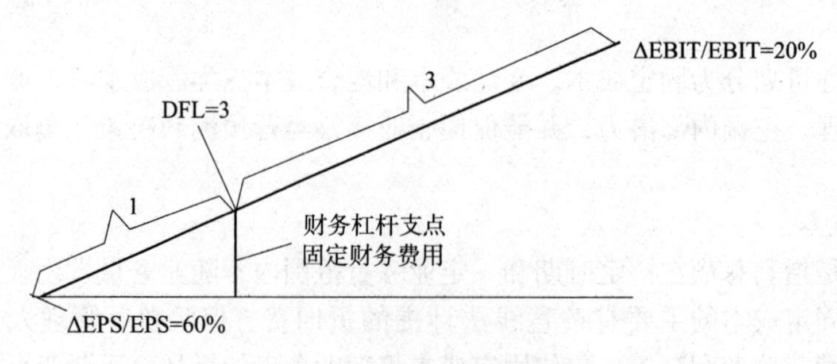

图3-6 财务杠杆的示意

3. 财务杠杆的度量

用什么公式度量财务杠杆？当然第一个公式是根据定义来的。普通股每股盈余变动率远远大于息税前利润变动率，这种现象叫财务杠杆，所以用普通股每股盈余变动率比息税前利润变动率，可以得到度量财务杠杆的第一个表达式如下

$$DFL=\frac{\Delta EPS/EPS}{\Delta EBIT/EBIT} \tag{3-20}$$

式中：DFL——财务杠杆系数；

EPS——基期普通股每股盈余；

EBIT——基期息税前利润；

ΔEBIT——息税前利润变动额；

ΔEPS——普通股每股盈余变动额。

但仅仅有式（3-20）还不够，因为公式中看不到固定财务费用和优先股股利，所以要对公式（3-20）进行推导。

设 I 为利息费用，D 为优先股股利，T 为企业所得税税率，N 为发行普通股股数，则 $EPS=[(EBIT-I)\times(1-T)-D]/N$，由于利息费用和优先股股利固定不变，不会随销售量而变化，所以 $\Delta EPS=\Delta EBIT\ (1-T)\ N$

则

$$\begin{aligned}DFL&=\frac{\Delta EPS/EPS}{\Delta EBIT/EBIT}\\&=\frac{\Delta EBIT\ (1-T)}{(EBIT-I)\ (1-T)\ -D}\times\frac{EBIT}{\Delta EBIT}\\&=\frac{EBIT}{EBIT-I-\dfrac{D}{1-T}}\end{aligned}$$

故得到度量财务杠杆的第二个公式如下

$$DFL=\frac{EBIT}{EBIT-I-\dfrac{D}{1-T}} \tag{3-21}$$

$$财务杠杆系数=\frac{基期息税前利润}{基期息税前利润-利息-\dfrac{优先股股利}{1-企业所得税税率}}$$

从式（3-21）就可以看出固定财务费用（优先股股利）在财务杠杆中的作用，当固定财务费用和优先股股利等于0时，财务杠杆系数DFL就等于1，此时没有财务杠杆。只要 I 和 D 不等于0就有财务杠杆，利息 I 和优先股股利 D 相对息税前利润EBIT而言越大，则杠杆作用越大。

4. 财务杠杆与财务风险/财务收益

财务风险是指企业为取得财务杠杆利益而利用负债资金时，增加了破产机会或普通股盈余大幅度变动的机会所带来的风险。企业为取得财务杠杆利益，就要增加负债，一旦企业息税前利润下降，不足以补偿固定利息支出，企业的每股利润下降得更快，甚至会引起企业破产。财务杠杆系数越高，财务风险越大。相反，一旦企业息税前利润上升，足以补偿固定利息支出，企业的每股利润上升得更快，财务杠杆系数越高，财务收益越大。

【例3-18】 某房地产开发公司注册资本100万元，由甲、乙、丙、丁四位股东各出资

25 万元。在公司经营中，甲主管销售，乙主管财务，丙主管生产和技术，丁主管人事和日常事务。经过 3 年的经营，到 2017 年年末，公司留存收益为 60 万元，权益金额增加为 160 万元。随着建筑行业市场前景看好，公司决定扩大经营规模。扩大经营规模需要投入资金，于是四人召开会议，讨论增加资金事宜。甲首先汇报了销售预测情况。如果扩大经营规模，来年销售的收入将达到 50 万元，以后每年还将以 10% 的速度增长。丙提出，扩大经营规模需要增加一条生产线。增加生产线后，变动经营成本占销售收入的比率不变，仍然为 50%，每年的固定经营成本将由 7 万元增加到 10 万元。丁提出，增加生产线后，需要增加生产和销售人员。四人根据上述情况，进行了简单的资金测算，测算出公司大约需要增加资金 40 万元。

甲建议四人各增资 10 万元，出资比例保持不变。丙和丁提出出资有困难建议吸纳新股东，新股东出资 40 万元，权益总额变为 200 万元，五人各占 1/5 的权益份额。乙提出可以考虑向银行借款，他曾与开户行协商过，借款利率大约为 6%。甲和丙认为借款有风险，而且需要向银行支付利息，从而会损失一部分收益。

分析问题：假设你是乙，你决定通过财务杠杆原理和每股利润无差别点法说服甲、丙和丁通过向银行借款来增加资金。

（1）假设公司所得税税率为 40%，试利用 2018 年和 2019 年的预测数据测算 2019 年的财务杠杆系数。说明长期借款的财务杠杆带来的财务收益。

（2）根据对公司扩大经营规模后 2018 年相关数据的预测，测算吸收新股东和向银行借款两种筹资方式下，平均每个股东所能获得的净利润，以此判断长期借款筹资方式更优。（假设将每个股东的出资视为 1 股）

解答：

（1）财务杠杆系数计算。

发行普通股 2019 年财务杠杆系数 = 1，无财务杠杆，借款和发行优先股都存在财务杠杆，且财务杠杆系数大于 1。

长期借款 2019 年财务杠杆系数计算

$$EBIT_{2018} = 50 \times (1 - 50\%) - 10 = 15(\text{万元})$$

$$EBIT_{2019} = 50 \times (1 + 10\%) \times (1 - 50\%) - 10 = 17.5(\text{万元})$$

因为无优先股发行和普通股发行，因此 EPS 等于 EAT（税后净利润）

$$EAT_{2018} = (15 - 2.4) \times (1 - 40\%) = 7.56(\text{万元})$$

$$EAT_{2019} = (17.5 - 2.4) \times (1 - 40\%) = 9.06(\text{万元})$$

$$\text{利息 } I_{2018} = 40 \times 6\% = 2.4\ (\text{万元})$$

$$DFL_{2019} = (\Delta EAT / EAT_{2018}) / (\Delta EBIT / EBIT_{2018}) = EBIT_{2018} / (EBIT_{2018} - I_{2018}) = 1.19 > 1$$

借款财务杠杆系数大于 1，说明 EBIT 增加使得 EAT 增加更大，因此带来财务杠杆的收益效应，故应选长期借款筹资。普通股筹资不存在财务杠杆，因此没有财务杠杆的收益。

（2）每股利润无差别点法。

根据以下恒等式

$$(\overline{EBIT}-2.4)/4=\overline{EBIT}/5$$

计算得到每股利润无差别点 $\overline{EBIT}=12$（万元）

如果预计息税前利润低于12万元，则选择吸收新股东；如果预计息税前利润高于12万元，则选择向银行借款。由于预计2018年息税前利润为15万元，今后每年还会按10%增长，因此应当选择向银行借款。

综合财务杠杆和每股利润无差别点法得出同样结论，追加40万元选择长期借款最优。

案例讨论

万科多元化筹资

万科股份有限公司（000002）是目前中国最大的专业住宅开发企业，1988年进入住宅行业，1991年在深圳上市筹资，随后万科的经营范围迅猛布局全国。当前，万科的房地产项目遍布全国二十多个城市和地区。其创立的“四季花城”“城市花园”“金色家园”等品牌得到广大业主认可。除此之外，万科公司还开创性地研发了中国住宅行业第一个专利产品的“情景花园洋房”；作为与业主密切联系的万客会和良好的公司物业服务为万科产品的推广和宣传起到了至关重要的作用。2011年，在住宅价格大幅上涨、国家着力调控房地产市场的情况下，万科的发展力求由规模速度型向质量效益型转变。

从2003年国家对于房地产行业的调控加剧和银行贷款难度加大以来，万科转变了一般企业以银行贷款为主的筹资方式，采取以资本市场主导的筹资策略。2006年7月万科定向增发7亿股A股募集资金42亿元，2007年8月万科A股以31.53元增发3.17亿股股票，股权筹资100亿元。作为最早进入资本市场的房地产企业，万科已经开辟了多样化筹资，例如，企业合作开发、海外筹资、房地产信托基金、配股筹资和银行贷款等方式。1991年万科首次成功上市筹资，成为第一批上市的房地产开发企业；2002年万科发行可转换债券筹集资金15亿元。2004年万科再次发行可转换债券募集资金19.9亿元；2008年9月，万科发行59亿公司债券筹资，与此同时，2004年万科也充分利用银行借贷筹资，帮助企业实现了快速发展，2004年11月，万科获得农行有史以来最大的一笔综合授信额度46.9亿元。同年12月，深圳国际信托投资公司签署期限2年，总额1.5亿元的信托贷款协议用于深圳万科云项目。2005年7月，北国投·北京万科西山项目集合资金信托1.5亿元，2006年获中国银行不超过50亿元授信额度。

不过万科也充分认识到负债筹资给企业带来的财务风险，因此不断通过其他方式来调整负债筹资即债权性资金的比例。从2003年至今，万科多次进行信托筹资，用于不同项目的开发；2003年6月万科向新华信托投资股份有限公司申请1.999 5亿元，期限2年，利率为4%的信托筹资，用于深圳十七英里项目开发；同年12月与新华信托达成总额2.602亿元，期限2年，年利率为4.3%的信托贷款协议，用于深圳大梅沙万科东海岸项目开发。2009年4月两笔各为9亿元的信托筹资，两年期固定利率为5.45%；9月15日万科通过A股公开增发方式募集资金净额不超过人民币112亿元的方案，但最终计划流产；同年12月，完成10亿元两年期固定利率为5.45%的信托筹资。2010年1月26日、2

月8日万科各有一笔10亿元的信托借款，利率均为5.85%，9月28日10亿元的信托借款的利率飙升至10.2%；9月两笔委托贷款各10亿元。2011年12月，向华润深国投信托有限公司申请信托借款人民币10亿元，用于上海五街坊项目，借款期限2年，固定借款利率为11.2%。

2012年3月5日，向华润信托申请金额为10亿元和20亿元的两笔信托借款，借款期限均为2年，利率分别为10.6%和10.5%。2004年7月，与德国银行合作，获得3 500万美元不超过42个月的贷款，开启了万科海外筹资的大门；2005年12月，与新加坡政府产业投资有限公司的附属公司RecoZiyang Pte Ltd（RZP）股权合作5 000万美元。2006年万科在企业合作开发上取得了新的突破，受让北京市朝阳区国资委持有的北京市朝万房地产开发中心60%股权，从而获得了16万平方米开发土地，此举也为万科更多参与国有企业改制积累了经验。伴随着企业不断发展成熟，规模不断扩大，以及企业发展战略的调整，万科也在一步步地通过筹资活动，调整着企业的资本结构，保证企业开发资金的同时也促进着企业的不断进步。

2012年7月成功在香港上市。万科与中信资本投资有限公司共同成立“中信·万科中国房地产开发基金”，筹资1.8亿元。

2015年万科发行了50亿元的债券和30亿元的中期票据、利润分别为3.5%和3.78%。截至2015年12月31日在所有的有息债券中，低成本债券所占比例为25.18%，比2014年略有提高。同时，万科信用评级也受到国际认可，资本市场信用较好。

要求：（1）万科通过哪些筹资来源和方式调整举债水平，优化资本结构，避免一定的财务风险，使其更为灵活地发展？

（2）万科负债结构控制在什么范围，财务杠杆才能得到更充分的利用？（借助2008年至2015年资产负债率、息税前利润率和净资产报酬率数据）

营运资金管理

学习目标：

1. 掌握营运资金管理的有关概念。
2. 掌握营运资金的管理策略，包括营运资金持有政策和营运资金融资政策。
3. 掌握各种流动资产管理的方法。
4. 掌握各种流动负债管理的方法。

4.1 概　　述

在市场经济条件下，资金是企业的血液。企业要生存，要发展，就必须筹集、拥有和支配一定数量的资金，其中非常重要的一部分就是营运资金。

4.1.1 营运资金的概念和特点

1. 营运资金的概念

营运资金本质上包括流动资产和流动负债的各个项目，体现了对企业短期性财务活动的概括。在数量上，营运资金又常称为营运资金净额或净营运资金，即企业流动资产减去流动负债的差额。营运资金在衡量企业的资产流动性、流动资产变现能力的短期偿债能力方面有着重要意义。

2. 营运资金的特点

为了有效管理企业的营运资金，必须研究营运资金的特点，以便有针对性地进行管理。营运资金一般具有以下特点。

1）周转快

流动资产和流动负债在一个正常运转经营的企业中，其周转循环的时间一般较短，如果营运资金周转很慢，那么企业的日常经营很可能已经出现了问题。

2）易变现

现金和银行存款项目一般情况下可以随时供企业支配，不存在变现的问题。其他的非现金形态的营运资金，如存货、应收账款、短期有价证券等，相对固定资产等非流动资产来说也比较容易变现，这一点对于企业应付临时性、突发性的资金需求有着重要的意义。

3）易波动

流动资产或流动负债项目容易受到企业内外条件的影响，数量的波动往往很大，企业必须能够有效地预测和控制这种波动，防止其影响正常的生产经营活动。

4）多样化

营运资金的来源渠道多种多样，营运资金的需求问题既可通过长期筹资方式解决，也可通过短期筹资方式解决，仅短期筹资就有短期银行借款、商业信用等多种方式。

4.1.2 营运资金管理策略

1. 营运资金持有政策

营运资金持有量的确定实际上就是对收益和风险两者之间的关系进行权衡与选择。具体而言，就是要确定一个既能维持企业正常生产经营活动，又能在减少或不增加风险的前提下，给企业带来尽可能多的利润的营运资金水平。

营运资金持有量往往表示成实现一定数量的销售额所要求的流动资产数量，不同的流动资产数量体现了不一样的风险与收益关系。根据流动资产和销售额之间的数量关系，企业的营运资金持有政策可以划分为以下三种（见图4-1）。

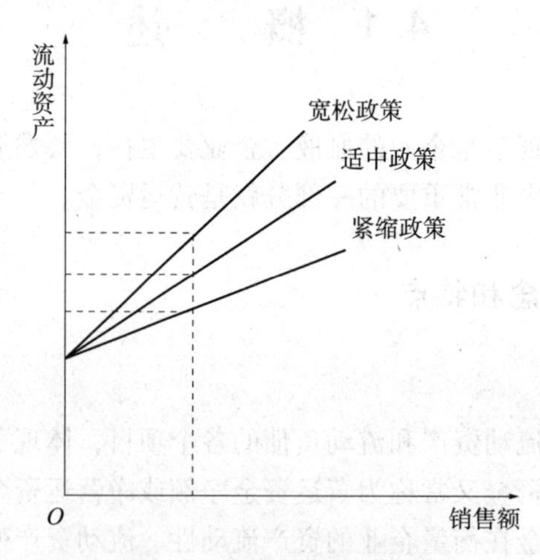

图4-1　营运资金持有政策

（1）宽松的营运资金持有政策。宽松的营运资金持有政策要求企业在一定的销售水平上保持较多的流动资产，这种政策的特点是收益低，风险小。该政策下企业拥有较多的现金、短期有价证券和存货，能按期支付到期债务，并且为应付不确定情况保留了大量资金，使风险大大降低。但由于现金、短期有价证券的投资收益较低，存货占用也使得资金的运营效率较低，从而降低了企业的盈利水平。

（2）适中的营运资金持有政策。适中的营运资金持有政策要求企业在一定的销售水平上保持适中的流动资产，既不过高又不过低，流入的现金恰好满足支付的需要，存货也恰好满足生产和销售所用。这种政策的特点是收益和风险平衡。在企业能够比较准确地预测未来的各种经济情况时，可采用该政策。

（3）紧缩的营运资金持有政策。紧缩的营运资金持有政策要求企业在一定的销售水平上保持较低的流动资产。这种政策的特点是收益高，风险大。此时企业的现金、短期有价证券、存货和应收账款等流动资产降到最低限度，可降低资金占用成本，增加企业收益。但同时也可能会由于资金不足造成拖欠货款或不能偿还到期债务等不良情况，加剧企业风险。在外部环境相对稳定、企业能非常准确地预测未来的情况下，可采用该政策。

从理论上讲，如果企业面对的所有内外情况都是一定的，比如销售额、订货时间、付款时间等，那么企业只需持有能够满足需要的最低数量的流动资产。超过这个最低数量的流动资产不会增加企业利润，反而还会降低资金的使用效率，产生不必要的筹资费用；低于这个最低数量的流动资产会使企业出现存货短缺、支付困难或者必须制定过于严格的应收账款管理政策等。

但是，实际经济生活中往往存在许多难以预计的不确定性。营运资金的占用水平是由企业的内外条件等多种因素共同作用形成的，这些因素都是不断变化的，因此很难恰当地对适中政策的营运资金持有量加以量化。在财务管理的实际工作中，企业应当根据自身的具体情况和环境条件，以适中的营运资金政策原则作指导，对未来进行合理预测，将流动资产与流动负债尽量相匹配，确定一个对企业来说较为适当的营运资金持有量。

2. 营运资金融资政策

1）流动资产和流动负债的分析

营运资金融资政策是营运资金政策的重要内容。在确定营运资金的融资政策之前，我们先对营运资金的两大要素——流动资产和流动负债进行分析，然后再考虑两者之间的匹配问题。

（1）流动资产的划分。流动资产按用途可分为临时性流动资产和永久性流动资产。临时性流动资产是指受季节性或周期性影响的流动资产，如季节性存货、销售高峰期增加的应收账款等；永久性流动资产是指为了满足企业长期稳定的资金需要，即使处于经营低谷时也必须保留的流动资产。

（2）流动负债的划分。流动负债可划分为临时性流动负债和自发性流动负债。临时性流动负债是因为临时的资金需求而发生的负债，如为满足季节性销售时存货的大量增加而举借的临时债务等；而自发性流动负债则产生于企业正常的持续经营活动中，如商业信用、应付职工薪酬、应交税费等，自发性流动负债虽然是短期负债，但由于其数额一般比较稳定，因此成为企业的一项较稳定的资金来源。

2）营运资金融资政策

企业的营运资金融资政策是指如何对临时性流动资产和永久性流动资产以及固定资产的资金来源进行管理。有三种可供企业选择的融资政策。

（1）配合型融资政策。配合型融资政策是指企业的负债结构与企业资产的寿命周期相对应，其特点是临时性流动资产所需资金用临时性流动负债筹集，永久性流动资产和固定资产所需资金用自发性流动负债、长期负债和权益资本筹集（见图4－2）。这一政策可用以下两个公式来表示

临时性流动资产＝临时性流动负债　　(4-1)

永久性流动资产＋固定资产＝自发性流动负债＋长期负债＋权益资本　　(4-2)

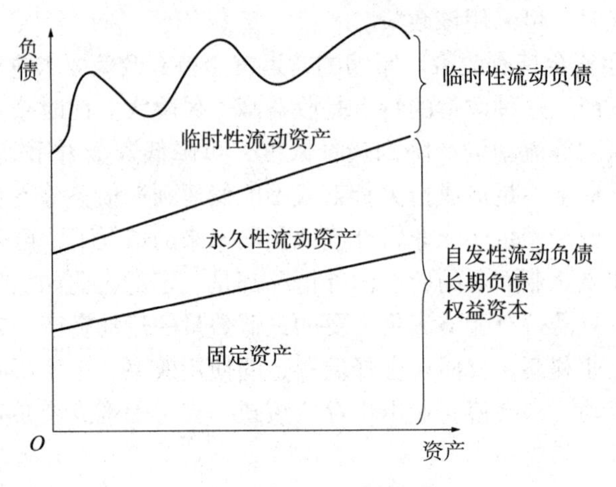

图4-2　配合型融资政策

在这种政策下，只要企业的短期融资计划严密，现金流动与预期安排一致，则在经营低谷时，企业除自发性流动负债外再没有其他流动负债，只有在经营高峰期，企业才会举借临时性流动负债。

但是在企业的经济活动中，由于现金流动和各类资产使用寿命的不确定性，往往做不到资产与负债的完全配合。配合型融资政策是一种理想的融资模式，在实际生活中较难实现。

(2) 激进型融资政策。激进型融资政策的特点是临时性流动负债不但要满足临时性流动资产的需要，还要满足一部分永久性流动资产的需要，有时甚至固定资产都要由临时性流动负债支持（见图4-3）。可以用以下两个公式来表示

临时性流动资产＋部分永久性流动资产＝临时性流动负债　　(4-3)

永久性流动资产－靠临时性流动负债筹得的部分＋固定资产＝自发性流动负债＋长期负债＋权益资本　　(4-4)

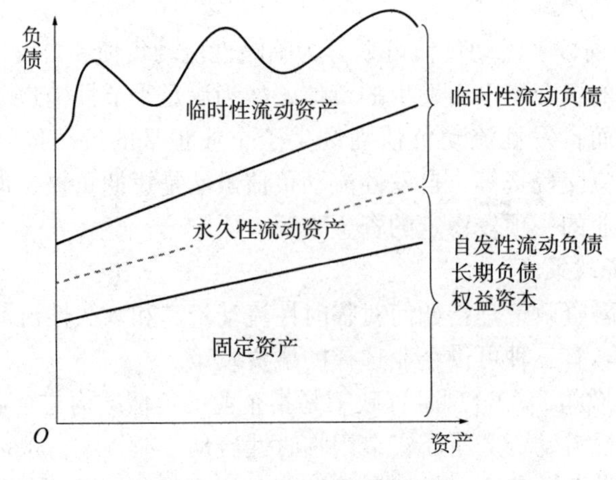

图4-3　激进型融资政策

由于临时性流动负债的资本成本相对于长期负债和权益资本来说一般较低，而激进型融资政策下临时性流动负债所占比例较大，所以该政策下企业的资本成本低于配合型融资政策。但是，企业为了满足永久性流动资产的长期、稳定的资金需要，必然要在临时性流动负债到期后重新举债或申请债务展期，即需要不断地举债和还债，加大了筹资和还债的风险，因此激进型政策是一种收益高、风险大的营运资金筹集政策。

（3）稳健型融资政策。稳健型融资政策的特点是临时性流动负债只满足部分临时性流动资产的需要，其他流动资产和长期资产用自发性流动负债、长期负债和权益资本来满足（见图4-4）。可用以下两个公式来表示

$$\text{部分临时性流动资产} = \text{临时性流动负债} \tag{4-5}$$

$$\begin{matrix}\text{永久性}\\\text{流动资产}\end{matrix} + \begin{matrix}\text{靠临时性流动负债未}\\\text{筹足的临时性流动资产}\end{matrix} + \begin{matrix}\text{固定}\\\text{资产}\end{matrix} = \begin{matrix}\text{自发性}\\\text{流动负债}\end{matrix} + \begin{matrix}\text{长期}\\\text{负债}\end{matrix} + \begin{matrix}\text{权益}\\\text{资本}\end{matrix} \tag{4-6}$$

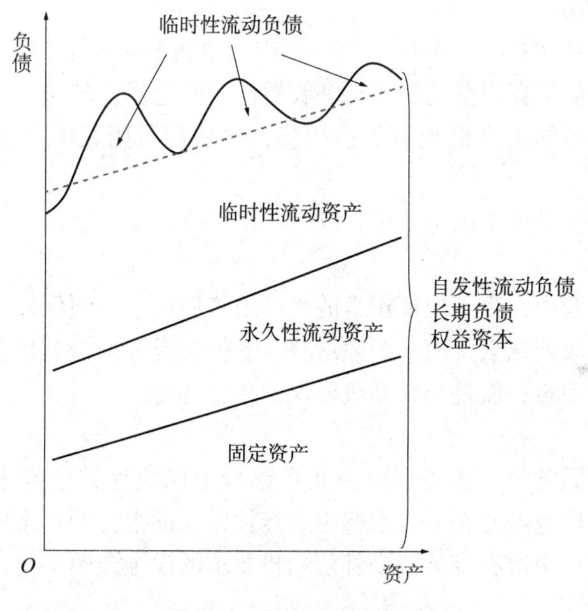

图4-4 稳健型融资政策

在这种政策下，临时性流动负债在企业的全部资金来源中所占比例较小，企业保留了较多的营运资金，可降低企业无法偿还到期债务的风险，同时也降低了短期利率变动损失的风险。但降低风险的同时也降低了企业的收益，因为，长期负债和权益资本在企业的资金来源中比重较大，并且两者的资本成本高于临时性流动负债的资本成本，而且在生产经营淡季，企业仍要负担长期债务的利息，即使将过剩的长期资金投资于短期有价证券，其投资收益一般也会低于长期负债的利息。所以稳健型融资政策是一种风险低、收益低的融资政策。

一般来说，如果企业对营运资金的使用能够达到游刃有余的程度，则最有利的融资政策就是采用收益和风险相匹配的配合型融资政策。

4.2 流动资产管理

4.2.1 现金管理

现金是比较特殊的一项资产，一方面，其流动性最强，代表着企业直接的支付能力和应变能力；另一方面，其收益性最弱。现金管理的过程就是管理人员在现金的流动性与收益性之间进行权衡选择的过程，既要维护适度的流动性，又要尽可能地提高其收益性。

1. 持有现金的动机

现金是指企业占用在各种货币形态上的资产，包括库存现金、银行存款及其他货币。现金管理的目标在于如何在现金的流动性和收益性之间进行合理选择，即在保证正常业务经营需要的同时，尽可能地降低现金的占用量，并从暂时闲置的现金中获得最大的投资收益。

企业持有现金往往是出于以下考虑。

1）交易动机

在企业的日常经营中，为了保证正常的生产销售周转，必须保持一定的现金余额。销售产品往往不能马上收到现金，而采购原材料、支付工资等则需要现金支持，所以基于企业产、销行为需要的现金，就是交易动机要求的现金持有。

2）补偿动机

银行为企业提供服务时，往往需要企业在银行中保留存款余额来补偿服务费用。同时，银行贷给企业款项也需要企业在银行中有存款以保证银行的资金安全。这种出于银行要求而在企业银行账户中留有存款就是补偿动机要求的现金余额。

3）谨慎动机

现金的流入和流出经常是不确定的，这种不确定性取决于企业所处的外部环境和自身经营条件的好坏。为了应付一些突发事件和偶然情况，企业必须持有一定的现金余额来保证生产经营的安全顺利进行，这就是谨慎动机要求的现金持有量。

4）投资动机

企业在保证生产经营正常进行的基础上，还希望有一些可用现金以抓住回报率较高的投资机会，这就是投资动机对现金的需求。

2. 现金成本

现金成本包括持有成本、转换成本和短缺成本。

1）持有成本

现金的持有成本是指企业因保留一定的现金余额而增加的管理费用及丧失的投资收益。这种投资收益是企业用该现金进行其他投资所获得的收益，实质上是一种机会成本，属于变动成本，它与现金持有量成正比例关系。

2）转换成本

现金转换成本是指企业用现金购入有价证券等以及转让有价证券换取现金时付出的交易费用，即现金同有价证券之间相互转换的成本。转换成本中既有依据成交额计算的费用，也有基于证券转换次数计算的费用。

3）短缺成本

现金短缺成本是指现金持有量不足且又无法及时将其他资产变现而给企业造成的损失，包括直接损失和间接损失。现金的短缺成本与现金持有量成反比例变动关系。

3. 现金预算管理

现金预算管理是现金管理的核心环节和方法。

1）现金预算的概念

现金预算就是在企业的长期发展战略基础上，以现金管理的目标为指导，充分调查和分析各种现金收支影响因素，运用一定的方法合理估测企业未来一定时期的现金收支状况，并对预期差异采取相应对策的活动。

2）现金预算的制定步骤

现金预算的制定大体分四个步骤：销售预测；估计现金流入量；估计现金流出量；估计月末现金和贷款余额。由于现金流入量与流出量的估计都以销售预测为依据，因此现金预算的准确性在很大程度上依赖于销售预测的准确程度。而管理和市场变化等种种原因，常常使得销售预测出现某种偏差，所以应该以企业经营目标为指导，根据环境变化随时对销售预测进行必要的修正。

现金预算可按月、周或日为基础进行编制，也可覆盖几个月甚至一年。这主要根据企业的生产经营特点与管理要求而定。

3）现金预算的编制方法

现金预算的编制方法主要有两种：收支预算法和调整净收益法。

（1）收支预算法。收支预算法就是将预算期内可能发生的一切现金收支项目分类列入现金预算表内，以确定收支差异，采取适当财务对策的方法。这是目前最流行也是应用最广泛的一种编制现金预算的方法。它具有直观、简便、便于控制等特点。

在收支预算法下。现金预算主要包括四部分内容：预算期内现金收入、预算期内现金支出、对现金不足或多余的确定、现金融通。

通过对企业的现金收入及现金支出总额的预测，推算出预算期末现金结余情况。若现金不足，则提前安排筹资（如向银行借款等）；若现金多余，则归还贷款或进行有价证券的投资，以增加收益。

（2）调整净收益法。调整净收益法是指运用一定的方式，将企业按权责发生制计算的净收益调整为按收付实现制计算的净收益，在此基础上加减有关现金收支项目，使净收益与现金流量相互关联，从而确定预算期现金余缺，并做出财务安排的方法。

采用此方法编制现金预算，首先应编制预计利润表，求出预算期的净收益，其次逐笔处理影响损益及现金收支的各会计事项。最后计算出预算期现金余额。这个计算过程类似于从净利润入手编制现金流量表。

调整净收益法将权责发生制基础上计算的净收益与收付实现制基础上计算的净收益统一起来，克服了收益额与现金流量不平衡的缺点，但是现金余额增加额不能直观、详细地反映出生产过程，这在一定程度上影响了对现金预算执行情况的分析和控制。

4. 最佳现金持有量的确定

确定最佳现金持有量是现金管理的主要事宜，在现金预算的编制中也是一个重要的环节。企业出于各种动机而持有一定的货币，但出于成本和收益关系的考虑，必须确定最佳现金持有量。

确定最佳现金持有量的模型主要有以下几种。

1）成本分析模型

成本分析模型是根据现金的有关成本，分析预测其总成本最低时现金持有量的一种方法。运用成本分析模型确定最佳现金持有量时，只考虑因持有一定量的现金而产生的机会成本及短缺成本，而不考虑管理费用和转换成本。

机会成本是因持有现金而丧失的再投资收益，与现金持有量成正比例变动关系。

$$\text{机会成本} = \text{现金持有量} \times \text{有价证券利率} \tag{4-7}$$

短缺成本与现金持有量成反比例关系。

因此，成本分析模型中的最佳现金持有量可以解释为机会成本和短缺成本为最小值时的现金持有量。

成本分析模型的计算步骤如下。

（1）根据不同现金持有量测算各备选方案的有关成本数值。

（2）按照不同现金持有量及有关部门成本资料计算各方案的机会成本和短缺成本之和，即总成本，并编制最佳现金持有量测算表。

（3）在测算表中找出相关总成本最低时的现金持有量，即最佳现金持有量。

【例4-1】ABC公司现有A，B，C，D四种现金持有方案，有关成本资料如表4-1所示。

表4-1 ABC公司的备选现金持有方案 金额单位：万元

项目	A	B	C	D
现金持有量	100	200	300	400
机会成本率	15%	15%	15%	15%
短缺成本	50	30	10	0

根据表4-1计算的最佳现金持有量测算表如表4-2所示。

表4-2 ABC公司最佳现金持有量测算表 单位：万元

方案	现金持有量	机会成本	短缺成本	相关总成本
A	100	100×15%=15	50	15+50=65
B	200	200×15%=30	30	30+30=60
C	300	300×15%=45	10	45+10=55
D	400	400×15%=60	0	60+0=60

根据分析，应该选择成本最低的C方案。

2）存货模型

存货模型是将存货经济订货量（economic order quantity，EOQ）模型[①]原理用于确定最佳现金持有量，其着眼点也是现金相关总成本最低。这一模型最早由美国学者鲍莫尔（W. J. Baumol）于1952年提出，故又称鲍莫尔模型。在此模型下，只考虑持有现金的机会成本与转换的管理成本，由于二者与现金持有量的关系不同，因此存在一个最佳现金持有量，使得二者之和最低。其计算公式为

$$\mathrm{TC} = \frac{Q}{2} \times K + \frac{T}{Q} \times F \tag{4-8}$$

式中：TC——现金管理相关总成本；

Q——期初最佳现金持有量（理想的现金持有数量）；

F——每次现金转换的管理成本；

T——一个周期内现金总需求量；

K——单位现金持有的机会成本（等于放弃的有价证券的收益率或从银行借款的利率）。

根据这一公式可以得到期初最佳现金持有量的计算公式如下

$$Q = \sqrt{\frac{2TF}{K}} \tag{4-9}$$

式中：Q——期初最佳现金持有量；

T——一个周期内现金总需求量；

F——每次现金转换的管理成本；

K——单位现金持有的机会成本。

最低现金管理相关总成本的计算公式如下

$$\mathrm{TC} = \sqrt{2TFK} \tag{4-10}$$

【例4-2】ABC公司现金收支状况比较稳定，预计全年（按360天计算）需要现金100万元，每次现金与有价证券的转换成本为3 000元，有价证券的年利率为15%，则该公司期初最佳现金持有量是多少？最低现金管理相关总成本是多少？

解答：（1）该公司期初最佳现金持有量计算如下：

$$Q = \sqrt{\frac{2TF}{K}} = \sqrt{\frac{2 \times 1\,000\,000 \times 3\,000}{15\%}} = 200\,000(元)$$

（2）该公司的最低现金管理相关总成本计算如下：

$$\mathrm{TC} = \sqrt{2TFK} = \sqrt{2 \times 1\,000\,000 \times 3\,000 \times 15\%} = 30\,000(元)$$

3）米勒－奥尔（Miller－Orr）模型

此模型是在假定企业无法确切地预知每日的现金实际收支状况，现金流量由外界决

① 关于存货经济订货量模型，将在本章存货管理部分阐述。

定，且现金与证券之间互换方便的前提下，决定现金最佳持有量的一种方法。模型中只是规定现金余额的上下限，并据此判定企业在现金和投资之间转换的时间和数量。这一模型假定每日现金流量为正态分布，由此确定了现金余额的均衡点 Z^* 为

$$Z^* = L + \left(\frac{0.75b\sigma^2}{r}\right)^{\frac{1}{3}} \tag{4-11}$$

式中：L——现金下限；

b——证券交易的成本；

σ——每日现金余额变化的标准差；

r——投资日收益率。

下限的确定要受企业每日的最低现金需要、管理人员的风险承受倾向等因素影响，最低可确定为零；而上限 U^* 为

$$U^* = L + 3 \times \left(\frac{0.75b\sigma^2}{r}\right)^{\frac{1}{3}} \tag{4-12}$$

这个模型根据每日现金余额变化幅度大小、投资日收益率的高低和投资与现金相互转换的交易成本来确定现金余额的均衡值和上下限的范围。

【例4-3】 ABC公司日现金余额变化的标准差为150元，每次证券交易的成本为100元，现金的日收益率为0.05%，公司每日最低现金需要为零，则该公司的最佳现金持有量和现金持有量的最高上限各是多少?

解答：（1）该公司的最佳现金持有量为

$$Z^* = L + \left(\frac{0.75b\sigma^2}{r}\right)^{\frac{1}{3}} = 0 + \left(\frac{0.75 \times 100 \times 150^2}{0.0005}\right)^{\frac{1}{3}} = 1\,500(元)$$

（2）该公司的现金持有量最高上限为

$$U^* = L + 3 \times \left(\frac{0.75b\sigma^2}{r}\right)^{\frac{1}{3}} = 0 + 3 \times 1\,500 = 4\,500(元)$$

4.2.2 短期投资管理

短期投资管理与现金管理是密不可分的，短期投资因具有易变现的特征而成为现金的替代品。

1. 持有短期投资的理由

短期投资是指能够随时变现并且持有时间不准备超过一年（含一年）的投资，包括股票、债券、基金等。

企业持有的短期投资主要是基于以下两个理由。

(1) 以短期投资作为现金的替代品。短期投资虽然不能直接使用，但是与其他流动资产相比，也具有较高的流动性和较强的变现能力，用不同形式的短期投资代替现金，可以丰富企业的现金持有形式。

（2）以短期投资取得一定的收益。单纯的现金（现钞和银行存款）项目没有收益或者收益很低，将一部分现金投资于短期证券，可以在保持较高流动性的同时得到比现金高的收益，所以将持有的部分现金用作短期投资是很多企业的做法。

2. 短期投资管理的原则

短期投资管理是流动资产管理的一个重要方面，短期投资管理应遵循的原则如下。

（1）安全性、流动性与盈利性均衡。短期投资的目的主要是使企业的现金持有形式多样化，在保证安全性、流动性的基础上争取相当多的盈利，三个方面需要综合考虑，做到平衡处理，争取达到一个最佳平衡点。

（2）分散投资。短期投资虽然持有的期限短，而且比较容易变现，但是为了充分减少风险，还是应该遵循多样化的分散投资原则，把风险控制在可接受范围内。

3. 短期投资工具

短期投资工具主要包括银行提供的短期投资工具和其他企业提供的短期投资工具。

1）银行提供的短期投资工具

银行提供的短期投资工具主要是大额可转让定期存单（certificate of deposit，CD）。大额可转让定期存单产生于1961年的城市银行（CityBank，即后来的花旗银行（CitiBank）），它是一种固定面额、固定期限、可以转让的大额存款凭证。这种存单一般都对提前支取规定了收费措施，通常是收取三个月的利息作为企业提前支取资金的代价。大额可转让定期存单的发行对象既可以是个人，也可以是企事业单位。大额可转让定期存单无论单位或个人购买均使用相同式样的存单，分为记名和不记名两种。两类存单的面额均为100元、500元、1 000元、5 000元、10 000元、50 000元、100 000元、500 000元八种版面。存单期限共分为3个月、6个月、9个月、12个月四种期限。

浮动利率大额可转让存单（floating rate certificate of deposit，FRCD）和证券化资产（securitized assets）越来越受到企业的青睐。浮动利率大额可转让存单是大额可转让定期存单的一种变化形式。其特征是票面利率经常性地重新确定。证券化资产与资产证券化是同一事物的两面。资产证券化的具体流程是，首先由发起人把若干资产汇集形成一个资产池，然后把资产池内的资产出售给一个特设的信托机构（special purpose vehicle，SPV），由信托机构以资产池内的资产作为担保，发行资产支持证券。在发行之前SPV还将聘请证券评级机构对资产支持证券进行信用增级，最后再由证券承销商把有资产支持的证券销售给投资者。

2）其他企业提供的短期投资工具

其他企业提供的短期投资工具是企业短期投资的重要选择之一，主要有以下几种工具。

（1）商业票据（commercial paper）。商业票据是一种较为常见的企业短期融资形式，是大型工商企业或金融企业为筹措短期资金而发行的无担保短期本票。这种融资从另一个角度来看就是其他企业的投资。也就是说，商业票据既是一种融资工具又是一种投资工具。

（2）可调整收益率的优先股（adjustable - rate preferred stock）。可调整收益率优先股的收益率每个季度都将在某一固定范围内进行调整，不同的可调整收益率的优先股的调整范围各异。穆迪投资公司（Moddy）和标准普尔公司（Standard&Pool）等机构提供了可调整收益率的优先股的资信等级分类。因此，企业的短期投资管理者在比较这种投资工具是否比其他投资工具具有更高的信用度时就有了一个判断依据。

（3）竞标收益率的优先股（auction - rate preferred stock）。竞标收益率的优先股与可调整收益率的优先股的相似之处在于，两者都具有浮动的股利率，并且都可以让投资企业享受到股利收入的税收减免待遇。两者的区别主要在于股利率的决定方式不同。竞标收益率的优先股的股利率不是由发行者决定的，而是通过一种“拍卖”的过程由市场来决定的。每一个投标者（即已持有股份并愿意继续持有股份者或新购股份者）向拍卖代理人报出要求的股份数及股利率水平。投标者报出的最低股利率即售出的可发行股份的股利率。

4.2.3 存货管理

1. 存货的概念和成本

存货是指企业在日常生产经营过程中持有以备出售，或仍然处在生产过程，或在生产或提供劳务过程中将消耗的材料或物料等，包括各类材料、商品、在产品、半成品、产成品等，可以分为三大类：原材料存货、在产品存货和产成品存货。

存货管理的方法就是对存货投资进行管理与控制的方法。围绕着存货管理的目标，各种有效的管理制度和方法得以建立和应用，如归口分级管理、经济订货量、ABC 控制、定额管理等都是我国传统财务管理中富有成效的内容。在市场经济条件下，企业应当根据变化的经营环境和条件重新组合以上方法，以发挥其作用。

要想持有一定数量的存货，必然会有一定的成本支出。存货的成本主要有储存成本、订货成本和缺货成本。

1）储存成本

储存成本指企业为持有存货而发生的全部成本，包括仓储费、搬运费、保险费和占用资金支付的利息费等。它一般会随着平均存货量的增加而增加。

2）订货成本

订货成本指企业为订购材料、商品而发生的成本，包括采购人员的差旅费、手续费、运输费等。订货成本一般与订货的数量无关，而与订货的次数有关。

3）缺货成本

缺货成本指企业在存货短缺的时候引起的生产中断、销售不畅等间接成本。

2. 经济订货量

1）基本模型

经济订货量是指在不考虑缺货成本的情况下，能够使一定时期存货的总成本达到最低点的进货数量（如图 4-5 中点 A 的订货量）。存货经济订货量控制是一种理想情况下的模型，在实际应用中受到一定的限制。

根据图 4-5 可知

$$\text{存货总成本(TIC)} = \text{储存成本(TCC)} + \text{订货成本(TOC)}$$

$$\mathrm{TIC} = H \times \frac{Q}{2} + \frac{FS}{Q} \tag{4-13}$$

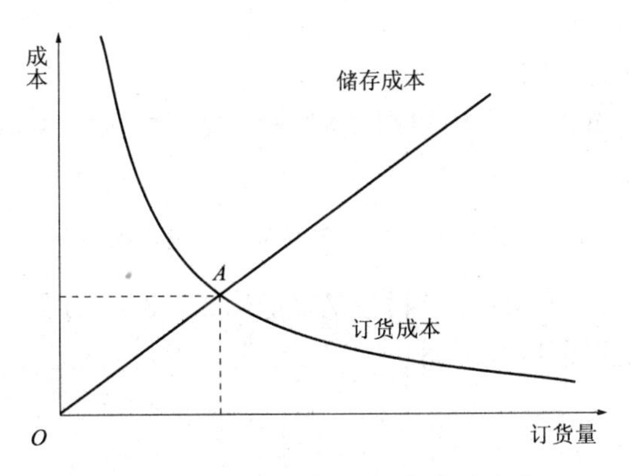

图4-5　经济订货量下的存货总成本

$$Q = \sqrt{\frac{2FS}{H}} \tag{4-14}$$

式中：Q——经济订货量；

F——每次订货的固定成本；

S——年需要量；

H——单位存货的年保管费用。

【例4-4】 ABC公司每年需要某种原材料50万kg，每次订货的固定成本为2 000元，每千克材料年储存保管费用为5元，计算ABC公司的经济订货量如下：

$$Q = \sqrt{\frac{2FS}{H}} = \sqrt{\frac{2 \times 2\ 000 \times 500\ 000}{5}} = 20\ 000(\text{kg})$$

也就是说，ABC公司每次订货20 000kg可使成本最低。

2）再订货点

明确了经济订货量以后，还需要知道什么时候发出订货指令，也就是确定再订货点。

（1）原料使用率。原料使用率是指每天消耗的原料数量，等于年需要量与生产周期的比值，公式为

$$R = S/T \tag{4-15}$$

式中：R——原料使用率；

S——年需要量；

T——生产周期。

【例4-5】 ABC公司生产周期为一年，则计算该公司的原料使用率如下：

$$R = S/T = 500\ 000/360 = 1\ 389(\text{kg})$$

（2）再订货点。发出订货指令时尚存的原料数量叫再订货点，再订货点的计算公式如下：

$$\text{RP} = R \times \text{DT} \tag{4-16}$$

式中：RP——再订货点；

R——原料使用率；

DT——原料的在途时间。

【例 4-6】 ABC 公司订购原料的在途时间一般为两天，则该公司的再订货点计算如下：

$$\mathrm{RP}=R\times \mathrm{DT}=1\ 389\times 2=2\ 778(\mathrm{kg})$$

也就是说，当 ABC 公司的库存原料数量降低到 2 778 kg 时，就需要发出订购指令了。再订货点操作可以用图 4-6 说明。

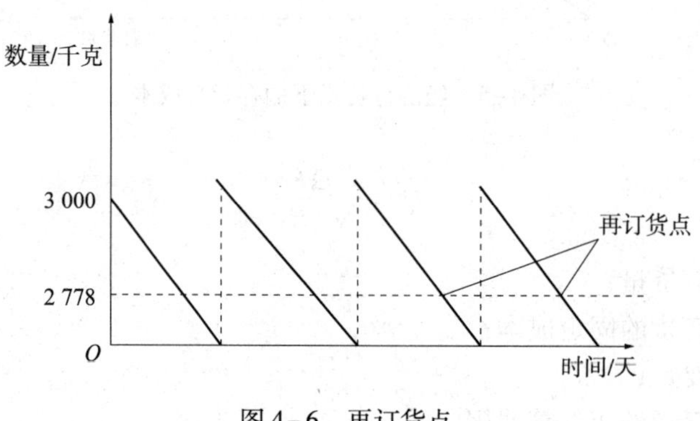

图 4-6　再订货点

从图 4-6 可以看出，当原料库存降低到 2 778 kg 时，发出订货指令；当库存降低到 0 时，所订原料到达，刚好形成一个完整的生产过程。

3） 安全储备

企业在实际生产经营过程中要面对很多不确定的情况，也就很难做到图 4-6 中均匀的原料使用和各订货批次之间的完美衔接。为了保证企业正常的生产经营，一般企业都不会允许库存原料降低为 0，而会保留一个库存储备，这个库存就叫安全储备。图 4-7 说明了安全储备的重要作用。

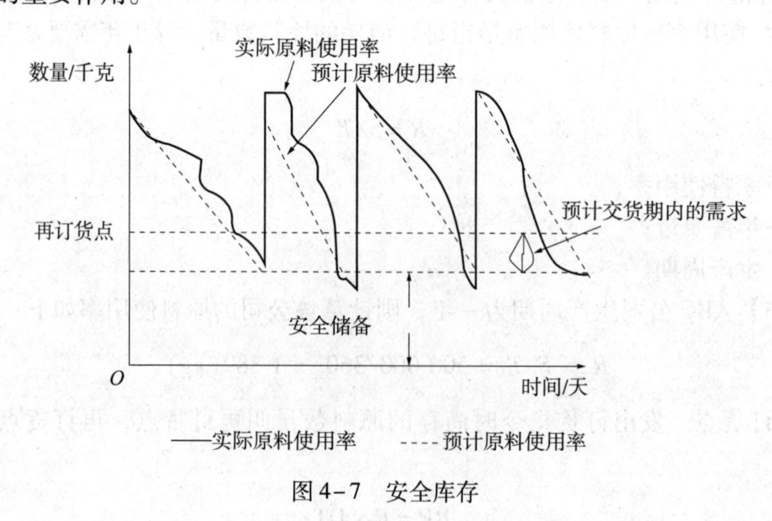

图 4-7　安全库存

图 4-7 显示了一段时期内，在安全储备和其他更为现实的条件下的企业存货水平。

企业在再订货点发出订货指令，但交货期内的实际原料使用率有可能大于预计原料使用率，而且实际交货期也可能长于预计交货期，这时如果没有安全储备，企业将不得不终止生产，由此造成的损失通常称为缺货成本。企业面临的不确定性越大，需要的安全储备量就越多。但是，从另一个方面看，安全储备虽然保证了企业在不确定条件下的正常生产，但安全储备的存在需要企业支付更多的储存成本。所以，管理人员必须在缺货成本和保持安全储备的成本之间做出权衡。

3. 考虑不确定性的存货成本

由于不确定性的存在，企业的年度存货成本除了订货成本和储存成本，还要包括缺货成本。这样，企业的年存货成本可表示为三种成本之和，即

$$年存货成本=订货成本+储存成本+缺货成本 \tag{4-17}$$

缺货成本可以根据存货中断的概率和相应的存货中断造成的损失计算，安全储备的存在虽然可以减少缺货成本，但却增加了储存成本，最优的存货政策就是要在这些成本之间权衡，选择使总成本最低的再订货点和安全储备量。

【例4-7】沿用例4-4，ABC公司每年需要某种原材料50万kg，每次订货的固定成本为2 000元，每千克原材料储存保管费为5元，已经计算得到经济订货量为20 000 kg。另外，已知交货期内的平均需求量是2 000 kg，也就是说再订货点等于安全储备量加上2 000 kg。

根据这些资料，ABC公司每年需要订货25次（500 000/20 000），每年的订货成本为5万元（2 000×25）。

ABC公司正在考虑0～3 000 kg的安全储备水平，表4-3给出了不同的安全储备量下公司预计的缺货成本。根据这些条件计算的ABC公司不同的安全储备量如表4-3所示。

表4-3　ABC公司的最优安全储备量和再订货点分析

再订货点/kg	安全储备量/kg	平均存货水平/kg	缺货成本/元	储存成本/元	订货成本/元	总成本/元
2 000	0	10 000	20 000	50 000	50 000	120 000
2 500	500	10 500	10 000	52 500	50 000	112 500
3 000	1 000	11 000	5 000	55 000	50 000	110 000
3 500	1 500	11 500	2 000	57 500	50 000	109 500
4 000	2 000	12 000	800	60 000	50 000	110 800
4 500	2 500	12 500	100	62 500	50 000	112 600
5 000	3 000	13 000	80	65 000	50 000	115 080

说明：各项目的计算过程如下。

（1）再订货点：再订货点=交货期的需求+安全储备量。

（2）安全储备量：公司设定了不同档次的安全储备量，需要在其中选择最佳安全储备量。

（3）平均存货水平：平均存货水平=经济订货量/2+安全储备量。

（4）缺货成本：公司根据各方面条件预计得出。

（5）储存成本：储存成本 = 平均存货水平 × 单位储存保管费率。

（6）订货成本：订货成本 = 单位订货成本 × 订货次数。

（7）总成本：总成本 = 缺货成本 + 储存成本 + 订货成本。

从表4-3可以看出，当安全储备量为零时，缺货成本很高，但随着安全储备量的增加缺货成本迅速变小，当增加安全储备量减少的缺货成本大于增加的储存成本时，加大安全储备是有利的，可以降低总成本。但超过一定限度后，安全储备量的增加所带来的储存成本增加要大于缺货成本的减少，此时会对总成本产生不利影响。ABC公司的最小总成本为109 500元，最佳再订货点为3 500 kg，对应的安全储备量为1 500 kg。

4. 存货控制

存货控制是指在日常生产经营过程中，按照存货计划的要求，对存货的使用和周转情况进行的组织、调节和监督。

1）存货的归口分级控制

存货的归口分级控制，是加强存货日常管理的一种重要方法。这一管理方法包括如下三项内容。

（1）在企业管理层领导下，财务部门对存货资金实行统一管理。企业必须加强对存货资金的集中、统一管理，促进供、产、销互相协调，实现资金使用的综合平衡，加速资金周转。

（2）实行资金的归口管理。根据使用资金和管理资金相结合，物资管理和资金管理相结合的原则，每项资金由哪个部门使用，就归哪个部门管理。

（3）实行资金的分级管理。各归口的管理部门要根据具体情况将资金计划指标进行分解，分配给所属单位或个人，层层落实，实行分级管理。

2）ABC分类管理

存货ABC分类管理是意大利经济学家巴雷特于19世纪首创的，是一种在实践中应用较多的方法。经过不断发展和完善，ABC法已经广泛应用于存货管理、成本管理和生产管理。

所谓ABC分类管理，就是按照一定的标准，按照重要性程度将企业存货划分为A，B，C三类，分别实行按品种重点管理、按类别一般控制和按总额灵活掌握的存货管理方法。进行存货分类的标准主要有两个：金额标准和品种数量标准，其中，金额标准是基本标准，品种数量标准仅供参考。划分时按照企业确定的标准通过列表、计算、排序等具体步骤确定各种物品所属类别。这样，通过对存货进行分类，可以使企业分清主次，采取相应的对策进行经济有效的管理、控制。

运用ABC管理方法一般有如下几个步骤。

（1）计算每一种存货在一定时间内（一般为一年）的资金占用额。

（2）计算每一种存货资金占用额占全部资金占用额的百分比，并按大小顺序排列，编成表格。

（3）根据事先测定好的标准，把最重要的存货划为A类，把一般存货划为B类，把不重要的存货划为C类，并画图表示出来。

（4）对A类存货进行重点规划和控制，对B类存货进行次重点管理，对C类存货只进行一般管理。

3）存货质量控制

存货质量是指存货的流动性和收益性，亦称存货的适销状况。按存货的适销状况及盘存记录可以分为畅销、平销和有问题三类。存货质量分析可以查明存货质量水平，了解存货的适销情况，找出问题，以便改善购销工作，优化库存结构，加速资金周转，提高企业经济效益。

存货质量控制主要有以下几项措施。

（1）权衡利弊，灵活进行削价处理。存货虽然是企业的资产，但如果出现了滞销、变质等问题，这项资产的价值就受到了毁损。所以，当存货出现非正常状态时，管理人员就要做出决策，采取适当的削价处理措施，最大限度地减少企业的损失。

（2）建立存货减值准备制度。很多存货的状态易变，比如食品等，企业需要对类似的存货建立减值准备制度，以避免意外损失带来的重大影响。

（3）完善责任控制措施。企业的存货有自然损毁，但更多的可能是人为造成的损失，对这种损失必须建立责任控制程序，利用奖励和惩罚相结合的措施鼓励和约束存货管理人员以及其他相关人员树立责任心，尽量避免不必要的损失。

4）适时制（JIT）管理

适时制起源于20世纪20年代美国底特律福特汽车公司所推行的集成化生产装配线。后来适时制在日本制造业得到有效的应用，随后又重新在美国推广开来。

适时制的基本原理强调，只有在使用之前才要求供应商送货，从而将存货数量减到最少；企业的物资供应、生产和销售形成连续的同步运动过程；消除企业内部存在的所有浪费；不间断地提高产品质量和生产效率等。

适时制原本是为了提高生产质量而逐步形成的，旨在将原材料的库存量减少到一个生产班次恰好需要的数量。在适时制下，库存是没有替代品的，其所生产的每一个零部件都必须是合格品。适时制在按订单生产的制造业中应用最为广泛。不过，它在零售业中也开始显露出优越性，对零售业者预测消费需求和提高运营效益有一定的作用。

4.2.4 应收账款管理

应收账款是企业流动资产的一个重要组成部分，随着市场经济的发展、商业信用的扩展，应收账款数额明显增多，在流动资产中所占的比例也越来越大。

1. 信用政策

信用政策亦即应收账款的管理政策，是指企业为对应收账款进行规划与控制而确立的基本原则与行为规范，包括信用标准、信用条件和收账政策三部分内容。信用政策会受到利润潜力、信用政策工具等因素的影响。

1）信用标准

信用标准是客户获得商业信用所应具备的最低条件，通常以预期坏账损失率来表示。信用标准的确定受多种因素影响，如信用品质、偿付能力、资本、抵押品和经济状况等。在充分考虑这些因素的情况下，可通过定性分析、定量分析或两者结合的方法来确定信用标准。如果企业的信用标准较严，只对信誉良好、坏账损失率很低的顾客赊销，则会减少坏账损失和应收账款的机会成本，但可能不利于扩大销售量，甚至会使销售量降低；反之，如果信用标准较宽松，虽然会增加销售，但会相应增加坏账损失和应收账款的机会成本。企业应根据具体情况进行权衡。

2）信用条件

信用条件是指企业接受客户信用订单时在对客户等级进行评价的基础上所提出的付款要求，主要包括信用期限、折扣期限及现金折扣。信用期限是企业为客户规定的最长付款时间，折扣期限是为客户规定的可享受的现金折扣的付款时间，现金折扣是在顾客提前付款时给予的优惠。例如，账单上的“2/10，n/30”就是一项信用条件，即在 10 天之内付款可享受 2% 的折扣，而在 10 天之后、30 天之内付款则没有折扣。提供比较优惠的信用条件能增加销售量，但也会带来额外的负担，如增加应收账款机会成本、现金折扣成本等。

3）收账政策

收账政策亦称收账方针，是指客户违反信用条件，拖欠甚至拒付账款时企业所采取的收账策略与措施。企业如果采用较为积极的收账政策，则可能会减少应收账款投资，减少坏账损失，但会增加收账成本；如果采用较为消极的收账政策，则可能会增加应收账款投资，增加坏账损失，但会减少收账费用。在实际工作中，可参照测算信用标准、信用条件的方法来制定收账政策。

一般而言，收账费用支出越多，坏账损失越少，但这两者并不一定存在线性关系。通常的情况是：开始时支出一些收账费用，应收账款和坏账损失有小部分降低；随着收账费用增加，应收账款和坏账损失明显减少；收账费用达到某一限度以后，应收账款和坏账损失的减少就不再明显了，这个限度称为饱和点，如图 4-8 中的点 F 所示。在制定信用政策时，应权衡增加收账费用与减少应收账款机会成本和坏账损失之间的得失。

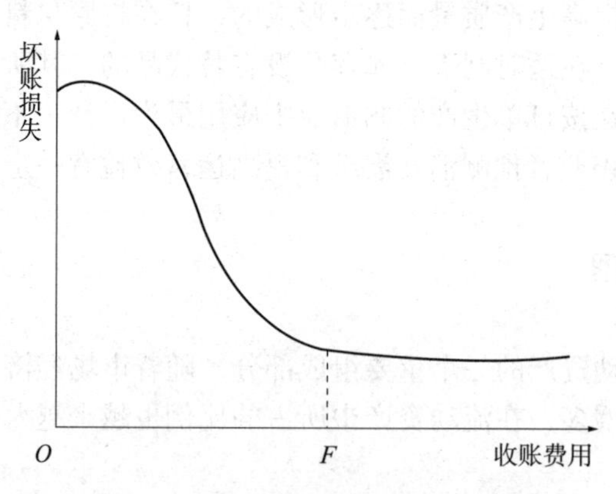

图 4-8　收款费用和坏账损失关系

2. 应收账款管理

1）调查企业信用

应收账款管理的首要依据是对企业的信用状况进行调查，包括企业的付款历史、产品的生产状况、企业的经营情况、财务实力的估算数据、企业主要所有者及管理者的背景等。

信用调查的方法大体上可以分为两类。

（1）直接调查。直接调查是指调查人员直接与被调查单位接触，通过当面采访、询问、观看、记录等方式获取信用资料的一种方法。直接调查能保证收集资料的准确性和及时性，但若不能得到被调查单位的合作则会使调查资料不完整。

（2）间接调查。间接调查是指以被调查单位及其他单位保存的有关原始记录和核算资料为基础，通过加工整理获得被调查单位信用资料的一种方法。这些资料主要来自财务报表、信用评估机构、银行和其他部门。

2）评估企业信用

收集好信用资料后，要对这些资料进行分析，并对顾客信用状况进行评估。信用评估的方法有很多，这里介绍两种常见的方法：5C评估法和信用评估法。

（1）5C评估法。所谓5C评估法，是指重点分析影响信用的五个方面的一种方法。这五个方面的第一个英文字母都是C，故称为5C评估法。这五个方面是品德（character）、能力（capacity）、资本（capital）、抵押品（collateral）和情况（condition），以其为核心确定出顾客的信用等级，以供企业制定信用标准时作为主要参考依据。品德是指顾客愿意履行其付款义务的可能性；能力是指顾客偿还货款的能力；资本是指一个企业的财务状况；抵押品是指顾客能否为获取商业信用提供担保资产；情况是指一般的经济情况对企业的影响，或某一地区的一些特殊情况对顾客偿还能力的影响。

（2）信用评分法。信用评分法是指对一系列财务比率和信用情况指标进行评分，然后进行加权平均，得出顾客综合的信用分数，并据此进行信用评估的一种方法。

进行信用评分的基本公式如下

$$Y=\beta_1X_1+\beta_2X_2+\cdots+\beta_nX_n \tag{4-18}$$

式中：Y——某企业的信用评分；

β_i——事先拟定的对第i种财务比率和信用品质进行加权的权数；

X_i——第i种财务比率和信用品质的评分。

企业可以根据自身所处的行业环境、经营情况等因素确定不同的财务比率和信用品质的重要程度，选择需要纳入公式的财务比率和信用品质。然后，根据历史经验和未来发展对各财务比率和信用品质赋予相应的权数。将客户企业的具体资料代入公式后，最终计算得出客户企业的信用评分。

3）监控应收账款

在任何情况下，有关应收账款恶化的提早警告，都可以促使企业采取行动阻止其进一步恶化。相反，有关应收账款质量提高的提早暗示，则可能激励企业在应收账款政策上更富有进取性。因此，对应收账款的密切监控是十分重要的。

企业监控应收账款主要通过账龄分析、观察应收账款平均账龄来实现。

（1）账龄分析表。账龄分析表是在把所有的应收账款按账龄分为几类后，列示每一类的总额和所占比例的表格。它描述了没有收回的应收账款的质量，可以使企业了解应收账款的回收情况，及时采取相应措施。这种表格通常分别列示按账龄划分的0～30天、30～60天、60～90天和90天以上的应收账款（见表4-4）。

表 4-4 ABC 公司的账龄分析表

账龄	金额/元	百分比
0~30 天	50 000	62.5%
30~60 天	20 000	25%
60~90 天	10 000	12.5%
90 天以上	0	0
合计	80 000	100%

（2）应收账款平均账龄。除了账龄分析表，财务经理还经常计算应收账款平均账龄，即该企业所有没有得到清偿的账款的平均账龄。对应收账款平均账龄的计算有两种普遍采用的方法：一种方法是计算所有个别的没有清偿的账款的加权平均账龄，使用的权数是这些账款各自占应收账款总额的比例；另一种简化的方法是利用账龄分析表。这里，账龄在 0~30 天的所有应收账款其账龄被假设为 15 天（0 天和 30 天的中点），账龄为 30~60 天的应收账款其账龄被假定为 45 天，账龄为 60~90 天的应收账款其账龄被假定为 75 天。于是，通过采用 15 天、45 天和 75 天的加权平均数，平均的账龄就被计算出来。权数是账龄为0~30 天、30~60 天、60~90 天的应收账款各自所占的比例。

4）催收拖欠款项

企业对不同过期账款的收款方式，包括准备为此付出的代价，构成其收账政策，这是信用管理中一个重要的方面。一般的方式是对过期较短的客户，不予过多打扰，以免以后失去市场；对过期稍长的客户，可写信催款；对过期很长的顾客，应频繁催款，且措辞严厉。

由于收取账款的各个步骤都要发生费用，因而收账政策还要在收账费用和所减少的坏账损失之间做出权衡，这一点在很大程度上依靠企业管理人员的经验，也可根据应收账款总成本最小化的原理，通过各收账方案成本大小的比较，确定收账方式。

企业在收账过程中所遵循的一系列特定步骤，取决于账款过期多久、账款金额的大小和其他因素。典型的收款过程可包括以下步骤：信件、电话、个人拜访、求助于收款机构，乃至进入诉讼程序。

4.3 流动负债管理

4.3.1 短期银行借款

短期银行借款是指企业根据合同向商业银行借入的期限在一年以内的借款。

1. 短期银行借款的信用条件

按照国际惯例，短期银行借款往往附加一些信用条件，主要有信用额度、周转授信和补偿性余额等。

1）信用额度

信用额度是借款人与银行之间的非正式协议中关于借款人最高借款额度的规定。按照这种规定，借款人可以在规定的期限内向银行借入不高于这个额度的资金。例如，在某年的12月31日，银行同意如果某公司的经营状况良好，则下一年银行可为该公司贷款80 000元。如果在下一年的1月20日，该公司已经借入15 000元的短期贷款，则表明其信用额度减少15 000元，公司可在该年的任何时间，向银行申请信用额度范围内的剩余借款。但在非正式协议下，银行并不承担最高借款额度保证借款的法律义务。

2）周转授信协议

这是银行和借款人之间的一种正式协定。在这种协定中，规定了在未来规定的期限内银行最多可以贷给借款人的资金。这种做法与信用额度不同的是，借款人必须向银行支付一笔承诺费（一般为尚未借款额度的一定比例），以保证履行借入规定额度资金的义务。例如，借款人与银行签订了借款10亿元的周转授信协议，承诺费率为公司尚未借用的信用额度的0.25%。那么，如果公司在规定的期限内不能如数借入这笔资金，则需要支付250万元（10亿元×0.25%）的承诺费；如果借入4亿元，则需要支付150万元的承诺费。

周转授信协议一般用于有大额贷款发生的场合，这样做的目的是保证银行不致因借款人不履约而导致资金闲置、利息损失。

周转授信协议和信用额度有类似之处，但两者的不同在于，周转授信协议是一种正式的协议，银行有保证贷款的法定义务，并要向借款人收取承诺费，而信用额度是非正式的协议，银行既不存在保证贷款的法定义务，也不用收取承诺费。

3）补偿性余额

西方国家的银行发放贷款时，一般要求借款人将贷款中10%～20%留存于银行，作为补偿性余额。这样做的目的主要是降低银行贷款的风险，提高贷款的有效利率，以补偿银行的损失。由于有补偿余额，借款人实际负担的成本要比名义成本高。例如，某公司需借入8万元以清偿债务，银行要求必须保留贷款额的20%作为补偿性余额。为此公司必须借入10万元才能满足资金需求。如果名义利率为8%，那么对公司来说，需要负担的利率就是10%。

2. 短期银行借款的成本

银行借款成本用借款利率来表示，按照国际惯例，短期银行借款的利率会因借款企业的类型、借款金额及时间的不同而不同。例如，银行向信用好、贷款风险低的企业只收取较低的利率；反之，则收取较高的利率。此外，银行贷款利率有单利、复利、贴现利率和附加利率等种类。因此，企业应根据不同的情况确定短期借款的成本，以便做出选择。

1）单利

单利计息是指将贷款金额乘以贷款期限与利率计算利息的方法。银行通常按单利计算收取短期贷款利息，企业通常亦按单利比较不同银行的借款成本。在单利情况下，短期借款成本取决于设定利率和银行收取利息的方法。若利息在借款到期日随本金一并支付，则设定利率就是实际利率。

2）复利

以复利计息，意味着存在对利息计息的情况。按照复利计算利息，借款人实际负担的利率——有效利率要高于名义利率。在贷款到期以前定期计息的次数越多，有效利率高出名义利率的部分越大。

3）贴现利率

在贴现利率下，银行会在发放贷款的同时先扣除贷款的贴现利息，而以贷款面值与贴现利息的差额贷给企业。因此，借款人拿到的金额低于借款面值，当然，贷款到期时也免去了利息。在以贴现的方式贷款时，借款人的借款成本还会高于名义利率，并且高出的程度远远大于复利贷款方式。

【例 4-8】嘉定星海公司以贴现方式借入 1 年期贷款 20 000 元，名义利率为 12%，这时，其实际拿到的资金是 17 600 元，利息是 2 400 元，因此，贷款的有效利率为

贴现贷款的有效利率 = ［利息/（贷款金额 - 利息）］×100% = 13.64%

则有效利率比名义利率高出 1.64 个百分点。

4）附加利率

附加利率是指即使是分期偿还贷款，银行通常亦按贷款总额和名义利率来计算利息。在附加利率方式下，虽然借款公司可以利用的借款逐期减少，但利息并不减少，故实际负担的利息费用高。

【例 4-9】星海公司以分期付款方式借入 20 000 元，名义利率为 12%，付款方式为 12 个月等额还款。

解答：全年平均拥有的借款额为 10 000 元（20 000/2）。按照 2 400 元的利息，有效利率：

有效利率 = ［利息/（借款人收到的贷款金额/2）］×100% = 24%

这样借款的成本是相当高的。

3. 对贷款银行的选择

企业在短期银行借款筹资过程中，有一项重要工作就是选择银行。在金融市场越来越完善的情况下，选择合适的银行，对企业生产经营业务长期稳定发展具有特别重要的意义。企业应该注意银行间存在重大区别，这些区别主要表现在以下几个方面。

（1）银行对待风险的基本政策。不同的银行对待风险的政策是不同的，一些银行偏好比较保守的信贷政策，而另一些银行则喜欢开展一些所谓的“创新性业务”，这类政策多少反映了银行管理者的个性和银行贷款的特征。业务范围大、分支机构多的银行能够很好地分散风险，而一些专业化的小银行能承受的信用风险要小得多。

（2）银行所能提供的咨询服务。一些银行在提供咨询服务和在公司初创时期向公司发放大量贷款方面比较积极。某些银行甚至没有专门机构向客户提供建议和咨询。

（3）银行对待客户的忠诚度。财务管理学中所指的银行忠诚度是指在企业困难时期，银行支持借款人的行为。不同的银行，其对客户的忠诚度是不同的，一些银行要求，无论企业遭遇何种困难，也要千方百计地支持那些与自己有着多年业务关系的企业，帮助这些企业获得更有利的发展条件。

（4）银行贷款的专业化程度。银行在贷款专业化方面有着极大的差异，大银行有专门的部门负责不同类型的针对行业特征的专业化贷款，小银行则比较注重企业生产经营所处

的经济环境。借款者可以从十分熟悉经营业务并且经验丰富的银行那里获得更为主动的支持和更富创造性的合作。因此，企业应该慎重选择银行。

4. 短期银行借款优缺点

1）短期银行借款的优点

与其他短期筹资方式和长期借款方式相比，短期银行借款方式具有一定的优点。

（1）银行资金充足、实力雄厚，能随时为企业提供较多的短期贷款。对于季节性和临时性的资金需求，采用短期银行借款尤为方便。而那些规模大、信誉好的大公司，更可以较低的利率借入资金。

（2）企业取得借款的条件和手续较简便，筹资效率较高。

（3）借款数额及借款时间弹性较大，可在资金需要增加时借入，在资金需要减少时还款，便于企业灵活安排资金。

2）短期银行借款的缺点

（1）资本成本较高。采用短期银行借款成本比较高，不仅不能与商业信用相比，与短期融资券相比成本也高出许多。而抵押借款因需要支付管理和服务费，成本更高。

（2）限制较多。向银行借款，银行要对企业的经营和财务状况进行调查以后才能决定是否贷款，有些银行还要对企业有一定的控制权，要求企业把流动比率、负债比率维持在一定的范围之内，这些都会构成对企业的限制。

（3）筹资风险大，实际利率高，在存在补偿性余额和附加利率的情况下更是如此。在我国，短期银行借款是绝大多数企业短期资金的主要来源。企业应该根据自身的情况并结合短期银行借款的优缺点进行融资分析和决策。

4.3.2　商业信用

1. 概念

商业信用是指商品交易中以延期付款或预收货款的方式进行购销活动而形成的企业之间的借贷关系。它是企业之间因商品和货币在时间上和空间上的分离而形成的直接信用行为。其表现形式有应付账款、应付票据和预收货款，其中，应付账款是典型的商业信用的表现形式。

2. 商业信用成本

在规范的商业信用行为中，债权人为了控制应收账款的期限和额度，往往向债务人提出信用条件。信用条件包括信用期限以及给买方的现金折扣与折扣期限。

在商业信用政策中给予购货折扣和折扣期限的目的，是促使客户尽早付款，以控制卖方公司的应收账款数额。至于买方是否接受折扣优惠并提前付款，需考虑放弃这笔现金折扣所形成的隐含利息成本，即考虑商业信用成本是否太高。

假定东方公司每年都从西京公司购买6 000万元的零件，西京公司给东方公司的商业信用条件是“2/10，n/30”。

东方公司扣除2%购物折扣，则平均每天的进货额为

$$6\,000\times(1-2\%)/360=16.333(万元/天)$$

如果东方公司接受折扣并在第10天付款，则平均应付款为16.33×10=163.3万元。

东方公司可以从西京公司得到163.3万元商业信用。

也就是说，放弃折扣，东方公司可以多拿326.6万元的额外信用是以放弃2%的购货折扣为代价的，这相当于放弃了120万元的价格优惠。用放弃的折扣额除以因放弃折扣换来的信用资金增加额，就可以计算出放弃折扣的成本。

放弃折扣的成本=（放弃折扣金额/由放弃折扣增加的信用额）×100%=36.74%

放弃折扣的成本若比银行贷款利率高，显然就是不合算的。至于用放弃折扣而增加的商业信用归还银行贷款，则更是不明智之举，正是这个意义上，放弃折扣的成本为商业信用的隐含利息成本。

放弃折扣的成本还可以用另一方法计算，即

放弃折扣的成本=[折扣率/(1-折扣率)]×360/(信用度-折扣期)

计算出不同信用政策情况下，企业放弃折扣时的隐含利息成本，如表4-5所示。

表4-5　不同信用政策下的隐含利息成本

信用政策	隐含利息成本	信用政策	隐含利息成本
1/10，n/20	36%	2/10，n/20	73%
1/10，n/30	18%	2/10，n/30	37%

3. 免费商业信用、有代价的商业信用和展期商业信用

商业信用按照其是否支付代价，分为免费商业信用、有代价的商业信用和展期商业信用。所谓免费商业信用，是指企业在指定的折扣期内享受折扣而获得的信用。如东方公司在10天的折扣期内可以享受163.3万元的商业信用。有代价的商业信用是指放弃折扣时企业能享受的额外商业信用，如东方公司享受约326.6万元的商业信用，这部分信用的代价就是隐含利息成本。展期商业信用是指买方企业在规定的信用期届满后推迟付款而强制获得的信用。这种做法会降低隐含利息成本。例如，东方公司是在第60天而非第30天付款，它的隐含利息成本会由36.72%将至14.69%。

企业在利用商业信用时，要视具体情况进行选择，如果企业能以更低的利率取得银行贷款，则最好只利用免费的商业信用。而享受展期商业信用虽然可以降低隐含利息成本，但也存在一定的风险，有可能导致企业信誉的恶化，因此，在两者之间要进行权衡。

4. 商业信用筹资的优缺点

1）商业信用筹资的优点

作为一种比较常用的短期筹资方式，商业信用筹资的优点主要包括以下几个方面。

（1）使用方便。因为商业信用与商品买卖同时进行，属于一种自发性筹资，不是非常正规的安排，而且不需要办理手续，一般也不附加条件，所以使用比较方便。

（2）成本低。如果没有现金折扣，或企业不放弃现金折扣，则利用商业信用筹资没有实际成本。

（3）限制少。商业信用的使用灵活且具有弹性。如果企业利用银行借款筹资，银行往往会对贷款的使用规定一些限制条件，而商业信用则限制较少。

2）商业信用筹资的缺点

当然，商业信用筹资还存在一定的不足，主要缺点是商业信用的时间一般较短，尤其是应付账款，不利于企业对资本的统筹运用，如果拖欠，则有可能导致企业信用地位和信用等级下降。另外，如果企业取得现金折扣，则付款时间会更短，而要放弃现金折扣，则企业会付出较高的资本成本。在法治不健全的情况下，若企业缺乏信誉，则容易造成企业之间的相互拖欠，影响资金运转。

4.3.3　短期融资券

短期融资券又称商业票据、短期债券，是大型工商企业或金融企业为筹借短期资金而发行的无担保短期本票。

1. 短期融资券概述

1）短期融资券的发展过程

短期融资券源于商业票据，商业票据是一种古老的商业信用工具，产生于18世纪。它最初是随商品和劳务交易而签发的一种债务凭证。例如，一笔交易不是采用现金交易，而是采用票据方式进行结算，则当货物运走后，买方按合同规定的时间、地点、金额，开出一张远期付款的票据给卖方，卖方持有票据，直至到期日再向买方收取现金。这种商业票据是随商品、劳务交易而产生的商业信用。商业票据是一种双名票据，即票据上列明收款方和付款方的名称。持有商业票据的企业如在预定的付款期之前需要现金，可以向商业银行或贴现公司贴现。贴现是指持有商业票据的企业将票据出让给银行或贴现公司，后者按票面额扣除从贴现日到票据到期日的利息后，将余额付给持票企业，当贴现的票据到期后，再持票向付款方索取票面款项。这种方式使办理贴现的银行或贴现公司得到了利息又收回了本金，是一种很好的短期投资方式。于是，有的投资人便比照这种贴现方式，从持票人手中买下商业票据，待票据到期后持票向付款方收回资金。有时，贴现票据的银行因为资金短缺，也将贴现的票据重新卖出，由新的购买人到期收取款项。

有些大公司发现了商业票据的这一特点，便凭借自己的信誉，开始脱离商品交易过程来签发商业票据，以筹借短期资金。20世纪20年代，美国汽车制造业及其他高档耐用商品行业开始兴盛，为增加销售量，企业一般都采用赊销、分期付款等方式对外销售，在应收账款上进行了大量投资，从而使企业感到资金不足，在银行贷款受到多种限制的情况下，企业开始大量发行商业票据筹集短期资金。由此，商业票据与商品、业务的交易相分离，演变成一种在货币市场上进行融资的票据，发行人与投资者成为一种单纯的债务、债权关系，而不是商品买卖或劳务供应关系。商业票据上不用再列明收款人，只需列明付款人，成为单名票据。为了与传统商业票据相区别，人们通常把这种专门用于融资的票据叫作短期融资券或短期商业债券。

2）短期融资券的特点及利用情况

（1）短期融资券的一般特点。短期融资券的期限较短，一般为2～6个月，平均期限为5个月，其面值很高，通常在10万元以上。在美国的短期融资券市场上，往往以10万美元为一个交易单位。短期融资券的利率较低，通常低于银行优惠贷款利率1～2个百分点，但又比同期国债利率高出1/4个百分点。同时，短期融资券是不是一个有效的短期融资工具，取决于短期融资券市场。

短期融资券的这些特点主要是因为发行人多为资信很好的知名大公司。一般来说，短期融资券的期限短、发行人信誉高，因而市场的流动性较强。

（2）美国短期融资券的利用情况。美国存在一个很发达的短期融资券市场，短期融资券的发行已成为各种类型企业十分重要的短期融资方式。这些企业所在的行业遍及公用事业、金融、保险、银行持股公司和加工制造业等。短期融资券以其较低的风险和一定的收益率吸引着大量的投资者，许多大机构如银行、共同基金、养老基金、保险公司等，将其作为资产组合的一个必要组成部分。

（3）我国短期融资券的利用情况。作为货币市场一部分的商业本票市场在我国处于起步阶段。公司发行短期融资券于1987年在上海开始试点，1989年在全国推行，后于20世纪90年代中期停止。2005年5月9日，中国人民银行颁布了《短期融资券管理办法》。该办法规定，融资券的期限最长不超过365天。发行融资券的企业可在上述最长期限内自主确定每期融资券的期限；融资券的发行利率和发行价格由企业和承销机构协商确定。因此，短期融资券在我国得到了迅速的发展。2010年全年我国发行短期融资券442笔，募集资金总额为6 742.35亿元。

我国实行的短期融资券筹资在解决企业流动资金的不足问题、加速资金周转、健全金融工具、优化资金投向等方面都有着十分重要的意义。在政府和企业协力开发多种融资渠道的努力下，短期融资券市场的发展及短期融资券发行规模的扩大将是一个必然趋势。

3）短期融资券的种类

按不同的标准，可对短期融资券进行不同的分类。

（1）按发行方式，可分为经纪人代销的融资券和直接销售的融资券。经纪人代销的融资券又称间接销售融资券，它是指先由发行人卖给经纪人，然后再由经纪人卖给投资者的融资券。经纪人主要有银行、投资信托公司、证券公司等。企业委托经纪人发行融资券，要先支付一定数额的手续费。

直接销售的融资券是指发行人直接销售给最终投资者的融资券。直接发行融资券的公司通常是经营金融业务的公司或自己有附属金融机构的公司，它们有自己的分支网点，有专门的金融人才，因此，有力量自己组织推销工作，从而节约了间接发行时应付给证券公司的手续费。

（2）按发行人的不同，可分为金融企业的融资券和非金融企业的融资券。金融企业的融资券主要是指由各大公司所属的财务公司、各种投资信托公司、银行控股公司等发行的融资券。这类融资券一般采用直接发行方式。

非金融企业的融资券是指那些没有设立财务公司的工商企业所发行的融资券。这类企业一般规模不大，多采用间接方式发行融资券。

（3）按融资券的发行和流通范围，可分为国内融资券和国际融资券。国内融资券是指一国发行者在其国内金融市场发行的融资券。发行这种融资券一般只要遵守本国法规和金融市场惯例即可。国际融资券是指一国发行者在其本国以外的金融市场发行的融资券。发行这种融资券，必须遵守有关国家的法律和国际金融市场的惯例。在美国货币市场和欧洲货币市场，这种国际短期融资券很多。

2. 短期融资券的成本和评级

1）短期融资券的成本

短期融资券的成本也就是利息，是在贴现的基础上支付的。短期融资券的成本（年化利率）i 的计算公式如下

$$i = \frac{r}{1 - r \times n/360} \tag{4-19}$$

式中：i——年化利率；

r——票面利率；

n——票据期限。

【例4-10】ABC公司发行了为期120天的优等短期融资券，其票面利率是12%，则该短期融资券的成本是多少？

该短期融资券的成本为

$$i = \frac{r}{1 - r \times \frac{n}{360}} = \frac{12\%}{1 - 12\% \times \frac{120}{360}} = 12.5\%$$

如果有多个短期融资券的发行方案可供选择，那么应该选择年化利率最低的方案，以使成本最低。

另外，发行短期融资券的公司一般都保持备用的信用额度，以便为出售短期融资券发生问题时提供保证。如果一家公司到期不能偿还它的短期融资券，就可以动用备用的信用额度。对于这种备用的信用额度，银行一般要按年收取0.25%～0.5%的费用，这将会增加企业的成本。

【例4-11】ABC公司以10%的票面利率发行了50亿元为期90天的优等短期融资券。ABC公司利用备用的信用额度所获得的资金的成本是0.25%，其他直接费用率为每年0.5%，则ABC公司的短期融资券的总成本是多少？

首先，计算年化利率。

$$i = \frac{r}{1 - r \times \frac{n}{360}} = \frac{10\%}{1 - 10\% \times \frac{90}{360}} = 10.26\%$$

然后，计算总成本。

$$总成本 = 10.26\% + 0.25\% + 0.5\% = 11.01\%$$

2）短期融资券的评级

短期融资券的信用质量一般由评估中介机构来评价。在美国，主要是由穆迪投资公司和标准普尔公司等机构来评价。一般而言，这些机构采用类似的评级标准。穆迪公司有两类基本的短期融资券的信用级别：“优等”和“非优等”。优等类又分成P-1（质量最好），P-2，P-3。标准普尔有四种基本的短期融资券级别分类：A，B，C和D，其中的A类和穆迪公司的“优等”这一类别相对应，又可以分为A-1^{+}（质量最好），A-1，A-2和A-3。级别最高的融资券，即P-1或A-1^{+}，借款成本最低，被中断进入市场的可能性最小。有时，级别为P-1或者A-1^{+}的融资券和级别为P-3或A-3的融资券

的收益差别可能超过2个百分点。进一步说，在市场危机时，级别低于P-1或A-1的票据很难存续。即使是在市场繁荣时期，通常级别低于P-3或A-3的融资券也没有市场。

3. 短期融资券的优缺点

1）短期融资券的优点

（1）短期融资券的筹资成本较低。在西方，短期融资券的利率加上发行成本，通常要低于银行的同期贷款利率。但在我国，目前由于短期融资券市场还不十分完善，因此有时会出现短期融资券的利率高于银行借款利率的情况。

（2）短期融资券的筹资数额比较大。一般而言，银行不会向企业发放巨额的短期借款，因此，短期银行借款常常面临数额的限制。而发行短期融资券的数额往往较大，可以筹集更多的资金。

（3）发行短期融资券可以提高企业的信誉和知名度。由于能在货币市场上发行短期融资券的都是著名的大公司，因此一个公司能发行资金的短期融资券，说明该公司有较好的信誉。同时，随着发行公司的短期融资券被广泛地了解，其威望和知名度也大大提高。

2）短期融资券的缺点

（1）发行短期融资券的风险比较大。短期融资券到期必须归还，一般不会有延期的可能。如果到期不归还，则会对企业的信誉等产生比较大的负面影响，因此风险比较大。

（2）发行短期融资券的弹性比较小。只有当企业的资金需求达到一定数量时才能使用短期融资券，如果实力较小，则会加大单位资金的筹资成本。另外，短期融资券一般不能提前偿还，即使企业资金比较充裕，也要到期才能还款。

（3）发行短期融资的条件严格。并不是任何企业都能发行短期融资券，只有信誉好、实力强、效益高的企业才能发行，而一些小企业或信誉不太好的企业则不能用融资券来筹集资金。

复习与思考：什么是短期融资券？其优缺点有哪些？

4.3.4 应付费用

应付费用是企业应付未付的费用，如应付职工薪酬，应交税费等。这些应付费用一般是形成在先，支付在后的，因此在支付前，可以为企业所利用，由于其结算期往往较固定，所以通常又称为定额负债。定额负债通常可用平均每天发生额和占用天数来确定。其计算公式为

$$\text{定额负债}=\text{平均每天发生额}\times\text{占用天数} \tag{4-21}$$

其中，

$$\text{平均每天发生额}=\frac{\text{预计发生数}}{\text{预计期天数}}$$

式（4-21）中，占用天数有两种计算方法：一种是按照平均占用天数来计算，即按两次支付间隔天数的一半来计算：另一种是按照经常占用天数来计算，即按计算期到支付期的间隔天数来计算。

【例4-12】某公司预计当年支付增值税金额为180 000元，每月上缴一次，按平均占用天数计算的资金占用额为

$$\frac{180\ 000}{360}\times\frac{30}{2}=7\ 500\text{（元）}$$

假定增值税按规定在次月5日缴纳，则按经常占用天数为四天计算的资金占用额为

$$\frac{180\ 000}{360}\times 4=2\ 000\text{（元）}$$

随着企业经营业务的扩展，这些应付费用也会自动地增长。而且通过应付费用所筹集的资金不用付出任何代价，因而是一项免费的短期资金来源。但是在使用时，必须注意加强支付期的控制，以免因拖欠给企业带来损失。

案例讨论

莲花味精公司巨额应收账款

成立于1983年的河南莲花味精股份有限公司（以下简称莲花味精公司）是国务院最早确定的520家重点企业之一，也是国家农业产业化重点龙头企业。莲花味精公司以食品安全经营为主营业务，并于1998年8月于上交所挂牌上市，2010年年末资产总额达到32.77亿元，年产销味精30万吨，长期占据中国味精市场主导地位，号称中国味精生产龙头企业。2010年4月25日，一则出人意料的消息使得这家模范企业受到了广泛的关注。河南莲花味精公司因“非正常调查发现公司涉嫌虚增会计利润、重大事项未披露等原因，涉嫌违反证券法律法规”，收到证监会正式立案通知书。

事实上，证监会做出上述调查与莲花味精公司应收账款结构以及坏账准备计提比例异常不无联系。年报表示，自2007年起公司连续几年银行借款逾期，资金链处于持续紧张的状态。莲花味精公司短期借款2007年年末为6.10亿元，2008年年末为7.29亿元，2009年年末为6.9亿元，2010年年末为8.32亿元，以上短期借款均在年末逾期并且未办理展期手续。2011年，占据莲花味精公司应收账款前几位的公司为项城科茂谷朊粉有限公司，昆明市官渡区苏明辉干菜经营部，福建省福州福成味精食品有限公司，杭州利清副食品经营部等非关联方，以上公司应收账款总计达到应收账款总额的8.02%。

让人困惑的是，尽管莲花味精公司处于资金严重紧张状态，公司的应收账款、其他账款等却居高不下。截止到2010年，莲花味精公司应收账款总额为7.36亿元，其中一年内到期的应收账款为1.80亿元，占应收账款总额的25.12%；三年期以上的应收账款达4.33亿元，占应收账款总额的61.90%。一般上市公司一年内到期应收账款占总应收账款比例均为70%左右，莲花味精公司应收账款结构与同行业竞争者相比差距很大。尽管莲花味精公司大部分应收账款账龄较长，公司却未对此部分应收账款采取与同行业竞争者相似的高比例计提坏账准备。莲花味精公司的计提方法为：账龄在一年以内的计提5%，1~2年的计提7%，2~3年的计提10%；三年以上的应收账款按50%~100%计提坏账准备。若按此计算，2010年年末莲花味精公司应至少计提坏账准备1.59亿元，是2010年度莲花味精

公司净利润（0.22 亿元）的 7 倍多。若按照常规方式处理应收账款，巨额的坏账不但会导致莲花味精公司的巨额亏损，甚至极有可能使企业面临破产危险。莲花味精公司无疑在资产运作上存在很多问题。

讨论题：

（1）莲花味精公司的应收账款管理可能出现了什么问题？

（2）你认为莲花味精公司可以从哪几个方面加强应收账款管理？

[答案要点]

（1）莲花味精公司的应收账款管理可能出现的问题有：

①没有制定合理的信用政策，在赊销时，没有实行严格的信用标准，也没有对客户的信用状况进行调查和评估，从而对一些信誉不好、坏账损失率高的客户也实行赊销，因而给公司带来巨额的坏账损失。

②没有对应收账款进行很好的监控，对逾期的应收账款没有采取有力的收账措施。

③坏账损失计提比例异常低于同业竞争者，存在虚增利润的可能性。

（2）莲花味精公司可以从以下几个方面加强应收账款的管理。

①事前：对客户进行信用调查和信用评估，制定严格的信用标准。

②事中：制定合理的信用政策，采用账龄分析表等方法对应收账款进行监控。

③事后：制定合理有效的收账政策催收拖欠款项，减少坏账损失。

④加强风险控制，有计划地提高坏账损失计提比例，保证应收账款的真实性。

利润分配管理

学习目标：

1. 掌握企业利润分配的概念及原则。
2. 掌握企业税后利润分配的程序。
3. 掌握员工参与企业利润分配的形式及各自的优缺点。
4. 掌握股利分配理论、政策和方式。

5.1 利润分配概述

按照现代企业理论，企业是不同的利益主体如股东、员工、债权人之间达成的一组契约关系，不同的利益主体将自己拥有的资源投入企业，目的就是从企业的生产经营中获得利益。因此，企业利润分配就是界定企业在生产经营过程中的经营成果如何在相关的利益主体之间进行分配的一种行为。企业利润分配包括利润分配的对象和参与利润分配的主体两个要素。

1. 企业利润分配的对象

企业利润分配的对象是指企业在生产经营中的经营成果，即企业收益。在实践中，企业的利润分配对象有广义和狭义之分。

（1）狭义的利润分配对象是指企业的税后利润，在这种口径下，企业利润分配主要探讨企业税后利润如何在股东和企业之间分配，即股利政策的制定。西方财务管理采取的就是这种狭义的概念。

（2）广义的利润分配对象是指企业在一定时期内实现的总收入在扣除必要的生产资料成本后的余额，即企业在生产经营活动中新创造的价值。从会计核算的角度来看，广义的分配对象等同于企业的薪息税前利润，即支付工薪、利息和所得税之前的利润。显然，以广义的分配对象为口径，企业利润分配主要是研究企业的薪息税前利润如何在股东、员工、政府、债权人等相关利益主体之间进行分配。

尽管企业的利润分配对象有狭义和广义之分，但从企业价值构成的角度来看，企业在一定时期内生产的新产品的价值可以表示成三个部分：一是生产资料价值的转移部分 C；二是劳动者为自己的劳动所创造的价值 V；三是劳动者为社会创造的价值 M。$C+V+M$ 构成企业产品的总价值，$V+M$ 则构成所创造的价值。一个企业要想维持正常的生产经营活动，必须把 C 部分全部补偿到生产领域中去，即补偿在上一轮生产过程中已经消耗的生产材料。因此，能够独立于生产过程进行利润分配的对象只能是企业所创造的价值，即企业薪息税前利润 $V+M$。广义的企业利润分配对象，可以使我们更加全面、深入地研究企业利润分配问题。因此，本书采用广义的利润分配对象概念。

2. 参与企业利润分配的主体

参与企业利润分配的主体是指参与企业经营活动成果分配的社会集团或个人。既然企业是由不同的利益主体为共同创造财富、分配财富而达成的一系列契约关系，那么参与企业利润分配的主体也应该为公司的生产经营活动提供相应的资源或服务。

就广义的利润分配对象而言，参与企业利润分配的主体主要包括以下几方面。

（1）货币资本提供者——股东、债权人。企业要进行生产，必须有一定的货币资本。根据货币资本提供者对风险的态度不同，企业的货币资本提供者可以分为债权人和股东两类。其中规避风险的货币资本提供者称为债权人，定期获取约定的利息，即拥有对企业的合同索取权；而敢于冒风险的货币资本提供者则称为股东，从企业净利润中通过股利的方式获取不确定的利益，即拥有剩余索取权，并通过选举董事会成员、对企业重大决策进行投票等方式拥有对企业的最终控制权。

（2）人力资本提供者——员工。员工作为人力资本这一重要生产要素的提供者，在企业财富创造中发挥着重要的作用。离开了员工的劳动，货币资本只能是一堆死东西，它本身不能创造财富。因此，员工无疑是参与分配的最重要的主体。

（3）国家。除了上述直接生产要素的提供者，参与企业收益分配的主体还应包括间接生产要素的提供者即国家。这是因为，国家作为社会经济的宏观调控者和社会行政管理者，为企业的正常生产经营活动创造了必要的条件，可以视为间接生产要素的提供者。国家作为利益主体参与企业收益分配可以更好地行使社会管理者的职能，是合乎情理的。

3. 企业利润分配的原则

任何一种实践活动都必须遵循一定的原则，企业利润分配也不例外。企业利润分配原则是企业分配活动中所必须遵循的行为规范，其目的是规范企业分配行为，协调股东、员工、债权人和政府之间的关系。

1）发展优先原则

企业利润分配应该有利于提高企业的发展能力。从长期来看，只有企业不断发展，各方面的利益才能得到最终满足。为此，在进行分配时，要防止两种错误倾向：一是积累的比例太大，有关利益各方得不到应得的收益，积极性受到伤害，影响企业的长远发展；二是分配的比例太大，积累能力弱化，不利于企业自我发展或削弱企业承担风险的能力，难以在市场竞争中获胜。这样，有关利益主体虽然在近期得到实惠，但难以为继，实际上将损害他们的长远利益。

2）注重效率原则

在规范的市场经济条件下，企业将在市场竞争中求生存、求发展，实现优胜劣汰。这就必然要求企业注重效率，视效率为生命，效率的实质就是最大限度地发挥企业的潜力，实现各种资源配置，不断提高企业竞争能力。在分配过程中体现效率原则，应处理好以下问题：一是要充分调动出资者的积极性，使其所投资本的贡献能被合理评价，并在企业利润分配中得到合理体现；二是要调动企业管理者的积极性，使其管理才能以及面临的风险能被合理评估，并在企业利润分配中得到合理体现；三是调动企业一般员工的积极性，使其劳动技能能够被合理评估，并在企业利润分配中得到合理体现。只有这样，才能有效地调动各利益主体的积极性，保证企业的长期稳定发展。

3）制度约束原则

企业利润分配涉及多个利益主体的利益，各方面的利益虽然有统一的一面，但矛盾冲突也时刻存在。这就要求在分配时必须遵循相关制度，以便合理规范各利益主体的行为。这里所说的制度是广义的制度概念，它包括三个层次：一是国家的法律，如公司法、税法等都对企业分配提出了相应的规范要求；二是政府的各种规定，如企业会计准则、企业财务通则、企业会计制度等都对企业分配提出了相应的要求；三是企业内部的各种制度或规定，如企业奖励制度等也对分配问题提出了相应的要求。有了制度的约束，才能保证分配的合理合法，才能协调各方面的矛盾，才能保证企业的长期稳定发展。

4. 企业税后利润的分配程序

按照现行公司法的相关规定，企业缴纳所得税后的净利润应遵循如下分配程序。

1）弥补以前年度亏损

按照现行制度规定，企业的法定公积金不足以弥补以前年度亏损的，可用当年利润弥补。

2）提取法定公积金

法定公积金按照净利润的10%提取，但当法定公积金达到注册资本的50%时，可不再提取。法定公积金可用于弥补亏损、扩大公司的生产经营或转增股本。

3）提取任意公积金

企业从净利润中提取法定公积金后，经股东大会决议，还可以从净利润中提取任意公积金。任意公积金的提取比例和用途由股东大会决定。

4）支付普通股股利

公司弥补亏损和提取公积金后的净利润，可按普通股股东持有的股份比例分配。

【例 5-1】 A 公司 2018 年的资料如下：

1. 当年实现净利润 8 000 000 元；
2. 当年年初的未分配利润为 600 000 元；
3. 经股东大会决定，任意公积金的提取比例为 10%；
4. 支付 5 000 000 股普通股股利，每股 1.2 元。

根据上述资料，A 公司 2018 年的利润分配程序如表 5-1 所示。

表 5-1 A 公司 2018 年的利润分配程序

项目	本年实际金额	项目	本年实际金额
一、税后净利润	8 000 000 元	三、可供投资者分配利润	7 740 000 元
加：年初未分配利润	600 000 元	减：提取任意盈余公积金	860 000 元
二、可供分配利润	8 600 000 元	支付普通股股利	6 000 000 元
减：提取法定盈余公积金	860 000 元	四、未分配利润	880 000 元

5.2 企业与员工之间的分配

员工参与企业分配的方式包括工资分配制度、奖金分配制度和利润分享制度。

5.2.1 工资分配制度

工资分配制度是员工参与企业分配的一种最基本的方式。在工资分配制度下，员工工资主要体现不同行业、不同工种以及同一工种内部的技术复杂程度、操作熟练程度和责任大小的差别，它按照事先规定的劳动报酬和报酬标准，计量每个员工的实际劳动量和应得的工资，把劳动与报酬有机地结合起来。目前企业广泛采用的工资制度包括计时工资制、计件工资制、岗位等级工资制以及职能等级工资制等形式。计时工资制是指根据员工的单位计时工资标准和工作时间来计算工资并支付给员工的一种劳动报酬形式。计件工资制是指根据员工生产的合格产品的数量或完成的作业量，按预先规定的计件单价支付给员工劳动报酬的一种工资形式。岗位等级工资制是指按照员工在生产中的工作岗位确定工资等级和工资标准的一种工资形式，主要用于一般工人。职能等级工资制是指根据员工所具备的与完成某一特定职位等级工作相适应的工作能力等级来确定工资等级的一种工资制度。

从各国工资的实际情况来看，在短期内，工资一般具有相对固定性，即工资一般与企业的业绩无关，它是由劳动力市场的供求状况和员工与企业的谈判情况来决定的。从长期来看，基本工资一般具有固定性，表现为基本工资一般呈上升趋势。

工资分配制度的优点如下。

（1）有利于企业的财务安排。固定性的基本工资可以使企业财务人员比较准确地预测现金流出，进而有利于比较准确地编制企业财务计划。

（2）可以给企业带来杠杆作用。当企业效益比较好、薪息税前利润增加时，由于支付给员工的工资是固定的，则留归企业的息税前利润会以更大的幅度增加。

（3）可以简化分配过程，便于操作，有利于企业和员工进行财务安排。

（4）可以降低员工的风险。因为不管企业的经营效益如何，员工都能获得相应的基本工资收入。

工资分配制度的缺点如下。

（1）增大了企业风险。当企业效益较差甚至亏损时，也照样支付固定工资，这大大降低了企业抵抗风险的能力。

（2）不利于充分调动员工的积极性和主动性。员工多劳不能多得，积极性必然受到影响。

（3）这种方式把企业和员工之间的关系仅仅理解为一种金钱关系，不利于企业与员工之间相互关心、结成命运共同体。

5.2.2 奖金分配制度

奖金是企业对员工超额劳动部分或劳动绩效突出部分所支付的奖励性报酬，是企业为了鼓励员工提高劳动效率和工作质量付给员工的货币奖励。奖金分配制度在中外企业分配中很普遍，奖金已经成为企业员工参与分配的一种重要形式。奖金形式多种多样，但根据奖金的发放依据，可以分为三类。

（1）与个人劳动量直接挂钩的奖金。这种奖金以员工个人劳动量的多少为分配依据，在无法计量劳动数量时，则以员工工作的努力程度为分配依据。

（2）与企业经营业绩直接相关的奖金。这种奖金以生产或工作中多项考核指标作为分配条件，其特点是对员工的劳动贡献和劳动成绩的各个主要方面进行全面评价。常见的评价指标主要包括：企业利润总额、利润增长率、股票价格、资本保值增值状况等。这种奖金与员工个人的劳动量大小没有直接关系，但企业经营业绩的好坏是全体员工共同努力的结果，因此它与员工个人劳动间接相关。实际工作中的年终奖或季度奖等都属于此种奖金制度。

（3）其他形式的奖金。除了上述两项奖金以外的奖金，都可视为其他形式的奖金。具体形式包括节约奖、安全奖、超额奖、质量奖、发明创造奖等。

奖金分配制度是贯彻按劳分配的一种劳动报酬形式。与工资分配制度相比，其特点主要表现在以下几个方面。

（1）单一性。工资反映员工在企业中的综合表现，包括工龄、技能等，而奖金则只反映员工某方面的实际劳动效果的差别。

（2）灵活性。工资一般以规范的形式制定出来，每一个提供了正常劳动的员工都可以按企业章程的规定获取报酬。奖金则不一样，它只授予提供了超额劳动或有突出业绩的员工。奖金的形式多种多样，奖励的对象、数额、获奖人数均可随生产经营的变化而变化。

（3）及时性。奖金的发放不受工资发放的限制，能及时反映劳动者向企业提供劳动量的变化情况。奖金一般在员工提供了超额劳动或者取得突出业绩后立即发放，它体现的是即时激励作用。

奖金分配制度的优点如下。

（1）能够调动员工的积极性和主动性，鼓励员工关心企业经营业绩的好坏，对企业费用的节约、收入的增长具有重要意义。

（2）奖金的分配数额不是固定不变的，企业经营好，则多发奖金；反之，则少发或不发奖金。因此，现金流出量的多少能与企业经营业绩相吻合。

奖金分配制度的缺点如下。

（1）奖金的操作过程比较复杂。

（2）奖金的分配有可能造成员工之间的攀比，并因此引发矛盾。如果没有合理的监督机智，奖金分配制度可能会产生短期行为。

（3）奖金的数额波动不定，不利于现金流量的预测和财务计划的编制，给财务计划的编制和财务安排带来一定困难。

5.2.3 利润分享制度

利润分享制度于20世纪60年代开始在西方许多公司实施，但当时仅限于公司管理层。20世纪六七十年代，普通员工参与利润分享开始流行，并在西方发达国家得到普遍推广。

所谓利润分享，是指直接从企业利润中提取一定比例的利润用于支付给员工。与奖金不同的是，利润分红直接来源于企业的经营成果及利润，与利润的多少密切挂钩。因此，利润分享制度是员工与股东共同分享企业利益的一种分配方式。

利润分享按支付方式的不同可以分为两类：①现期支付。现期支付是指以现金的方式在当期进行支付。实行现期支付计划的企业，通常将企业利润的一部分分给员工，根据员工业绩、员工工资比例进行分配，或在员工中平均分配；②延期支付。延期支付是指将员工应分享的利润保留至将来某个时点进行分配。实行延期支付计划的企业，在信托基金监督下，将企业的一部分利润存入员工特别账户，员工要等规定的时间例如退休或离开企业时才能享用。在国外，延期支付的利润分红成为解决员工退休后养老金问题的一种重要途径。因此，发达国家规定这部分收入可以享受法律规定的税收优惠，如个人所得税要延期到退休后才缴纳。

利润分享制度的特点如下。

（1）员工只参加利润的分享，而不承担企业的亏损和风险。

（2）企业根据盈利情况决定是否进行分配，没有利润时可以不分配。

利润分享制度的主要优点如下。

（1）有利于充分调动员工的积极性和主动性。利润分享一般会在事前规定员工在企业利润中所占的比例，即分享率。企业利润增多，员工的收入随之增加，企业利润减少，员工收入随之减少。在这种分配制度下，员工必然关心企业效益的好坏，并努力增加企业收入、降低成本、增加收益。因此，分享制被认为是能够调动员工积极性，改善劳资关系的一种重要分配形式。

（2）有利于降低企业风险。我们知道，固定费用的增加会提高企业的杠杆效应，增大企业的经营风险。在利润分享制下，员工分享的利润是随企业收益而不断变动的一种支出，这就会减少固定费用的数额，从而降低企业的经营风险。

利润分享制度的缺点如下。

（1）利润分享将企业经营的一部分风险转移给了员工。在实行利润分享的情况下，员工收入的一部分随企业收益的变化而变化，员工在享受企业经济效益高的好处时，也要承担企业经济效益低时的损失。

（2）利润分享的具体操作十分复杂。在推行利润分享制度时，一是要确定利润分享的分享率。利润分享的分享率一般较难确定，合理的分享率要在实践中经过多次测算和不断调整才能最后确定下来。二是要确定各类员工之间的分享比率，即将分配给所有员工的利润在不同员工之间进行合理分配。在实际工作中，由于企业的情况千差万别并不断变化，要合理确定上述参数十分困难。

（3）在推行此种分配方法时，需要政府在宏观上的一些配合，如税收制度、社会保障制度、会计制度等都要作适当的改变，这也给其推行带来了一定的困难。

以上介绍了三种典型的分配制度，实际上，还有许多介于这三者之间的分配制度，例如，津贴分配制度便是一种介于工资分配制度与奖金分配制度之间的分配制度。但不管有多少种分配制度，只有优点没有缺点的分配制度是不存在的。因此，在实践中，应该将各种分配制度结合起来使用。

5.3　企业与股东之间的分配

股东分配理论是指上市公司股利发放对公司股价或其筹资成本产生何种影响的理论，旨在回答公司应该发放多少股利即股利支付率为多高这一重要问题。

股利支付率究竟如何影响公司股票的价格或资本成本？公司究竟应该怎样确定股利支付率？以下将介绍三种重要的理论：股利无关论、“一鸟在手”理论和税收差别理论。

5.3.1　股利分配理论

1. 股利无关论

股利无关论（dividend irrelevance）由米勒（Miller）和莫迪利安尼（Modigliani）于1961年提出，又称MM理论。该理论认为，在完善的资本市场条件下，股利政策不会影响企业的股票价值或资本成本，即企业的价值是由企业投资决策所确定的获利能力和风险决定的，而不是由企业的股利分配政策决定的。因此，该理论被称为股利无关论。

股利无关论是建立在一系列的假设基础之上的。

（1）完全市场假设，即不存在公司和个人所得税，不存在任何股票的发行费用或交易费用，任何股东都不可能通过其自身交易影响或操纵股票的市场价格。

（2）信息对称假设，即企业所有的股东均能准确地掌握企业的状况，对于将来的投资机会，股东和管理者拥有相同的信息。

（3）企业的投资政策事前已经确定，不会随着股利政策的改变而改变。

（4）股东对现金股利和资本利得不存在偏好。

根据股利无关论，股利支付可有可无、可多可少，股利政策对企业的股票价格没有实质性的影响。因此，企业无须花大量时间去考虑股利政策的制定。

为了更好地说明该理论，我们用具体事例进行说明。

【例5-2】假设B公司是一家已运营10年的公司，其全部资金来源为权益资金。现任财务经理知道公司将在1年后解散。在现在即时间0，公司将会收到一笔10 000元的现金流量，在下一年度即时间1还会收到10 000元的现金流量，且该公司没有正的净现值项目可资利用。公司股票的必要报酬率为10%，公司对外发行的股票为1 000股。

假设公司现在有两个股利政策方案可供采用：（1）将现在收到的10 000元现金全部用于发放现金股利；（2）发放总额为11 000元的现金股利，其中，短缺的1 000元利用发行股票的方式筹集。两种方案下公司的股票价格各是多少？

解答：两种方案下股票的价格可计算如下。

第一种方案：股东在时间0、时间1收到现金流量均为每股10元（10 000/ 1 000）。因此，股票价格为

$$P_0 = 10 + 10/(1 + 10\%) = 19.09 \text{ 元}$$

第二种方案：老股东在时间0收到现金流量为每股11元（11 000/1 000），在时间1收到现金流量会下降。这是因为公司股票的投资报酬率为10%，因此，新股东在时间1可得到1 100元的现金流量，这样留给老股东的现金流量只有8 900元，每股股票获得的现金流量为8.9元。此时股票价格为

$$P_0 = 11 + 8.9/(1 + 10\%) = 19.09 \text{ 元}$$

计算表明，股利政策的变化，不会影响公司股票价值。因为老股东在时间0的股利增加必将导致在时间1的股利减少，所以老股东的持有价值保持不变。

股利无关论是以多种假设为前提的。在现实生活中，这些假设并不存在：股票的交易要付出交易成本；发行股票要支付发行费用；管理层通常比外部股东拥有更多的信息；政府对企业和个人征收所得税等。因此，股利无关论在现实条件下并不一定有效。但股利无关论的重要贡献在于，它将对股利政策的研究建立在严谨的数学方法基础之上，后人的研究正是在逐步放松MM理论的一系列假设基础之上完成的。

2. “一鸟在手”理论

股利无关论中的重要假设之一是股东对股利和资本利得不存在偏好。“一鸟在手”理论正是建立在对这一假设的批判基础之上的。

“一鸟在手”理论的代表人物是戈登和林特纳。该理论认为，股票投资收益包括股利和资本利得两部分。一般情况下，股利收益属于相对稳定的收入，而资本利得具有较大的不确定性。由于大部分股东都是风险厌恶型的，他们宁愿要相对可靠的股利收益而不愿要未来不确定的资本利得。因此，当企业的股利支付率降低时，股东的必要报酬率K将上升，以作为股东负担额外风险的补偿。也就是说，在股票预期投资报酬率的公式$K_1 = D_1/P_0 + g$中，由于预期收益率D_1/P_0的风险小于其股利增长率g，股东将以比未来预期资本利得更低的利率来折现未来预期的股利收入，结果使1元预期的现金股利比1元资本利得更值钱。因此，高股利支付率的股利政策会使企业的股票价格上升。

该理论认为，由于股利具有比资本利得相对更大的确定性，因此，企业在制定股利政策时应维持较高的股利支付率。

3. 税收差别理论

股利无关论中的重要假设之一是不存在企业和个人的所得税。税收差别理论正是建立在对这一假设的批判基础之上的。

税收差别理论由里森伯格和拉马斯瓦米于1979年提出。该理论指出：通常情况下，股利收益的所得税税率高于资本利得的所得税税率，这样，资本利得对于股东更为有利。

即使股利与资本利得按相同的税率征税，由于两者支付的时间不同，股利收益在收取股利的当时纳税，而资本利得纳税只有在股票出售时才发生。考虑到货币的时间价值，将来支付1元钱的价值要比现在支付1元钱的价值小，这种税收延期的特点给资本利得提供了另一个优惠。因此，高股利支付率将导致股价下跌，低股利支付率反而造成股价上涨。

依据税收差别理论，企业在制定股利政策时应采取低股利支付率的政策。

5.3.2 股利分配政策

从股利分配的相关理论可以看出，企业在制定股利政策时，究竟应该采取高股利支付率还是低股利支付率的股利政策，在理论界并没有定论。以下将从实践的角度探讨企业股利政策，以便为股利政策的制定提供有益的参考。

1. 股利政策的类型

在实践中，不同的企业往往采取不同的股利政策，而不同的股利政策也会对企业的股票价格产生不同的影响。在具体制定股利政策时，可以选择以下几种类型。

1）剩余股利政策

剩余股利政策是指在保证企业最佳资本结构的前提下，税后利润首先用来满足企业投资的需要，若有剩余才用于股利分配的股利政策。剩余股利政策是股利无关论在股利政策实务上的具体应用。依据股利无关论的观点，股利政策不会对企业的股票价格产生任何影响，企业在有较好的投资机会时，可以少分配甚至不分配股利，而将留存利润用于企业再投资。这是一种投资优先的股利政策。

采用剩余股利政策的先决条件是企业必须有良好的投资机会，而且该投资机会的预期报酬率要高于股东要求的必要报酬率，只有这样才能为股东所接受。否则，企业应将税后利润以现金股利发放给股东，让股东自己去寻找更好的投资机会。

实行剩余股利政策，一般应按照以下步骤决定股利的分配额。

（1）根据选定的最佳投资方案，确定投资所需的资金数额。

（2）按照企业的目标资本结构，确定投资需要增加的股东权益资本数额。

（3）税后利润首先用于满足投资需要增加的股东权益资本的数额。

（4）将满足投资需要后的剩余部分用于向股东分配股利。

【例5-3】假定C公司2010年的税后净利润为6 800万元，目前的资本结构为：负债资本40%，股东权益资本60%。该资本结构也是其下一年度的目标资本结构。如果2011年该公司有一个很好的投资项目，需要投资9 000万元，该公司采用剩余股利政策，该如何融资？分配的股利和股利支付率是多少？

解答：根据目标资本结构的要求，公司需要筹集5 400万元（9 000×60%）的股东权益资本和3 600万元（9 000×40%）的负债资本来满足投资的需要。公司可将净利润中的5 400万元作为留存利润，因此，公司还有1 400万元（6 800-5 400）可用于分配股利。公司的股利支付率为20.59%（1 400/6 800）。

在剩余股利政策下，企业每年发放的股利随着企业的投资机会和盈利水平的变动而变动。即使在盈利水平不变的情况下，股利也将与投资机会呈反向变动，投资机会越多，股利越少；反之，投资机会越少，股利发放越多。而在投资机会不变的情况下，股利的多少又随着每年盈余的多少而变动。在这种股利政策下，每年度股利额变动较大。因此，一般企业很少会机械地照搬剩余股利政策。由于企业的最佳资本结构是一个范围而非一个具体数字，许多企业运用这种理论帮助其建立股利的长期目标发放率，即通过预测企业5~10年的盈利情况，确定在这些年度企业的一个长期目标发放率，从而维持股利政策的相对稳定性。

2）固定股利政策或稳定增长的股利政策

在实务中，很多企业都将每年的每股股利发放额固定在某一特定水平上，然后在一段时间内维持不变，只有当企业认为未来盈利的增加足以使它能够将股利维持到一个更高的水平时企业才会提高每股股利的发放额。这种股利政策就是固定股利或稳定增长的股利政策。

固定股利或稳定增长的股利政策的一个重要的原则是，一般不降低年度每股股利发放额。实施这种股利政策的理由如下。

（1）股利政策是向股东传递有关企业经营信息的手段之一。如果企业支付的股利稳定，就说明企业的经营业绩比较稳定，经营风险较小，这样可使股东要求的必要报酬率降低，有利于股票价格的上升；如果企业的股利政策不稳定，股利忽高忽低，就会传递企业经营不稳定的信号，从而导致股东对风险的担心，使股东要求的必要报酬率提高，进而使股票价格下降。

（2）稳定的股利政策有利于股东有规律地安排股利的收入和支出，特别是那些希望每期能有固定收入的股东更喜欢这种股利政策。忽高忽低的股利政策可能会降低他们对这种股票的需求，从而使股票价格下降。

应当看到，尽管这种股利政策有股利稳定的优点，但是有时也会给企业造成较大的财务压力，尤其是在企业净利润下降或现金紧缺时，企业为了保证股利的正常支付，容易导致资金短缺。因此，这种股利政策一般适用于经营比较稳定的企业。

3）低正常股利加额外股利政策

这种股利政策每期都支付稳定但相对较低的股利额，当企业盈利较多时，再根据实际情况发放额外股利。这种股利政策具有较大的灵活性，在企业盈利较少或投资需要较多资金时，这种股利政策可以只支付较低的正常股利，这样既不会造成较大的财务压力，又能保证股东定期得到一笔固定的股利收入；在企业盈利较多并且不需要较多的投资资金时，可以向股东发放额外的股利。这种股利政策一般适用于季节性经营企业或受经济周期影响较大的企业。

4）固定股利支付率股利政策

这是一种变动的股利政策，即企业每年从净利润中按固定的股利支付率发放股利。采用这种股利政策的管理者信守的原则是，公司赚两元钱，一元分给股东，另一元留在公司。他们认为，只有维持固定的股利支持率，才算真正公平地对待每一位股东。

这种股利政策使企业股利支付与企业的盈利状况密切相关，盈利状况好，则每股股利额就增加；盈利状况不好，则每股股利额就下降。这种股利政策不会给企业造成很大的财务负担，但是，其股利变动较大，容易使股票价格产生较大波动，不利于树立良好的企业形象。

2. 制定股利分配政策时应考虑的因素

尽管有上述四种常见的股利分配政策可供选用，但在制定股利分配政策时仍应考虑如下因素，以选择合适的股利政策。

1）企业的投资机会

企业的投资机会是影响企业股利政策的一个非常重要的因素。在企业有良好的投资机会时，应当考虑少发放现金股利，增加留存利润以用于投资，这样可以加速企业的发展，增加企业未来的盈利能力。在企业没有良好的投资机会时，可以多发放现金股利。

2）企业的资本成本

资本成本是企业选择筹资方式的基本依据。留存利润是企业内部筹资的一种重要的方式，同发行新股票相比，它具有成本低的优点。因此，在制定股利政策时，应当充分考虑资本成本的影响。

3）企业的现金流量

企业在经营活动中，必须有充足的现金，否则就会发生支付困难。企业在发放现金股利时，必须考虑现金流量以及资产的流动性，过多发放现金股利会减少企业的现金持有量，影响未来的支付能力。

4）企业所处的生命周期

企业的生命周期分为初创期、快速成长期、产品成熟期、衰退期。通过分析企业的现金流量结构，有利于判断企业所处的生命周期。①当经营活动现金净流量为负数，投资活动现金流量为负数、筹资活动现金流量为正数时，表明该企业处于产品初创期。②当经营活动现金净流量为正数、投资活动现金净流量为负数、筹资活动现金净流量为正数时，表明企业处于快速成长期。③当经营活动现金净流量为正数、投资活动现金净流量为正数、筹资活动现金净流量为负数时，表明该企业处于产品成熟期。④当经营活动现金净流量为负数、投资活动现金净流量为正数、筹资活动现金净流量为负数时，表明该企业处于衰退期。企业理所当然地应该采用最符合其当前所处生命周期阶段的股利政策。一般来说，处于快速成长期的企业有较多的投资机会，通常不会发放很多股利，因为企业需要大量的现金流量来扩大企业规模，因而不愿意将大量的盈余给股东发放股利。而处于产品成熟期的企业一般会发放较多的股利。

5）企业所处的行业

不同行业的股利支付率存在系统性差异。其原因在于，投资机会在行业内是相似的，而在不同行业间存在着差异。表5-2列示了2015年美国发放较高股利和较低股利的典型公司。

表5-2 2015年美国发放较高股利的公司和发放较低股利的公司

公司名称	所处行业	股利发放率
发放较高股利的公司		
通用汽车公司	汽车制造	266.67%
南方公司	电气设备	73.04%
默克公司	制药	60.56%

续表

公司名称	所处行业	股利发放率
威瑞森公司	通信	54.18%
美国银行	银行	51.15%
发放较低股利的公司		
沃尔玛公司	零售	24.10%
万豪国际	酒店服务	15.97%
得州仪器	半导体	9.17%
戴尔	个人电脑	0
eBay	网络软件服务	0

6）企业的股权结构

股利政策必须经过股东大会决议通过才能实施，而不同的股东对现金股利和资本利得的偏好不同，因此股权结构对企业的股利政策具有重要的影响。如果企业股东中依赖于企业股利维持生活的股东或可以享受股利收入减免税的机构股东较多，则这些股东偏向于企业多发放现金股利，而反对企业留利过多；如果企业股东中边际收入税率很高的高收入阶层较多，则高收入阶层的股东为了避税往往反对企业发放过多的现金股利；如果企业股权相对集中，对企业有一定控制权的大股东出于对企业控制权可能被稀释的担心，往往倾向于企业少发放股利，多留存利润，这样就不需要进行新的股权融资来筹集资金。

7）其他因素

其他因素包括法律因素和契约性约束等。法律因素是指有关法律、法规对公司股利分配的限制，如我国的《公司法》《证券法》规定，不能用筹集的经营资本发放股利，公司只有在保证公司偿还能力的基础上才能发放股利等。契约性约束是指企业以长期借款、债权契约、优先股协议以及租赁合约的形式向企业外部筹资时，常常应对方的要求，接受一些关于股利支付的限制。这种契约性约束的目的在于促使企业把利润的一部分按有关条款的要求，以某种形式进行再投资，以保障债权人等相关利益主体的利益。

5.3.3 股利分配方式

除现金股利外，企业还可以以股票股利、股票分割、股票回购等方式回报股东。以下对这些方式进行简要介绍。

1. 股票股利

股票股利是指企业以股票的形式发放给股东的权利。与现金股利不同，股票股利分配方式不会导致企业现金的真正流出。从会计的角度看，股票股利只是资金在股东权益账户之间的转移，企业不需要付出现金。股票股利只不过是将资金从未分配利润或公积金账户转移到普通股账户上，它并未改变股东权益总额，也不会改变每位股东的持股比例。

【例 5-4】 假设 D 公司发放 10% 的股票股利前的资产负债表如表 5-3 所示。

表5-3 发放股票股利前的资产负债表 单位：万元

资产	1 000	负债	300
		股本（1 000 000 普通股，每股面额1元）	100
		资本公积	100
		未分配利润	500
		股东权益合计	700
资产总计	1 000	负债和股东权益总计	1 000

未分配利润中有100万元（100 000×10）的资金要转移到股本和资本公积账户中去。由于面额不变，因此，增发100 000股普通股后，股本账户仅增加100 000元，其余900 000元则转移到资本公积账户，而公司资产负债表中股东权益总计不变。

股票股利并没有改变股东权益总计的账面价值，但会增加市场上流通股的数量。因此，股票股利会使企业的每股利润下降，在市盈率保持不变的情况下，发放股票股利后的股票价格，应当按发放的股票股利的比例成比例下降。

对于股东而言，股票股利并没有改变股东的持股比例，只是增加了股东所拥有的股票数量。由于发放股票股利后企业的股票价格下降，因此，股东在分配前后持股总价值不变。

由此可见，发放股票股利对股东而言，并不能带来财富的增加。但如果企业在发放股票股利之后，还发放现金股利，且能维持每股现金股利不变；或者股票价格在除权日后并没有随着股票数量的增加而同比例下降，即股价能够填权，走出填权行情，则股东的财富就会增长。

就企业管理当局而言，发行股票股利可以满足如下动机：第一，可以降低股票价格，吸引更多的股东进行投资。第二，可以将更多的现金留存下来，用于再投资，以利于企业长期、稳定的发展。

股票股利的缺陷在于，由于股票股利增加了企业的股本规模，因此股票股利的发行将为企业后续现金股利的发放带来较大的财务负担。因此，国外企业一般很少发放股票股利。

2. 股票分割

股票分割是指将面额较高的股票分割为面额较低的股票的行为，如将原来的一股股票分割为两股股票。

就会计而言，股票分割对企业的股东权益账户不产生任何影响，但会使企业的股票面值降低、股票数量增加。

【例5-5】假设例5-4中的D公司决定实施将一股股票分割为两股股票，分割计划代替10%的股票股利。在实施股票分割计划后，公司的资产负债表如表5-4所示。

表 5-4 股票分割后的资产负债表 单位：万元

资产	1 000	负债	300
		股本（2 000 000 普通股，每股面额 0.5 元）	100
		资本公积	100
		未分配利润	500
		股东权益合计	700
资产总计	1 000	负债和股东权益总计	1 000

由于股票分割会导致企业的股本规模扩大，因此，如果企业的市盈率不变，则股票分割后股票的价格将会下降。

总之，除了会计处理的不同，股票分割与股票股利所产生的效果十分相近，即两者都没有增加股东的现金流量；都使流通在外的普通股股数增加；都没有改变股东权益总计。但股票股利使股东权益资金内部发生了变化，并必须以当期的未分配利润进行股利支付；而股票分割却不受此限制，即使企业当期没有未分配利润，仍然可以进行股票分割。

就企业管理当局而言，实行股票分割的主要动机如下。第一，降低股票市价。如前所述，企业的股票价格有一个合理的区间。如果股票价格过高，不利于股票交易活动。通过股票分割，可以使企业的股票更广泛地分散到股东手中，增强股票的流动性。第二，为发行新股做准备。股票价格过高会使许多潜在的股东不敢轻易对企业股票进行投资。在新股发行之前，利用股票分割降低股票价格，有利于提高股票的可转让性，促进新股票的发行。

3. 股票回购

股票回购是指企业出资回购其所发行的流通在外的股票。被回购的股票通常称为库藏股票，如果有必要，库藏股票也可重新出售。

企业如有现金，既可以采取现金股利的方式发放给股东，也可以采用股票回购的方式回报股东。如果企业进行股票回购，由于市场上流通的股票数量将减少，在企业总利润不变的情况下，企业流通在外的股票的每股利润将会有所提高，从而导致股价上涨，股东可以从股票价格的上涨中获得资本利得，因此，股票回购实际上可以看作现金股利的一种替代方式。我们通过下面的例子对股票回购和现金股利进行对比分析。

【例 5-6】假设 E 公司股利分配前的股东权益状况表如表 5-5 所示。此时，流通在外的普通股股数为 110 000 股，每股市价为 11 元。

表 5-5 股利分配前的股东权益状况 单位：元

股东权益	1 100 000
流通在外的普通股股数/股	11 000
每股市价/元	11

公司 2018 年度的税后利润为 220 000 元，其中的一半即 110 000 元计划分配给普通股股东。公司既可以将 110 000 元以现金股利的方式发放，每股股利额为 1 元，也可以每股

11 元回购 10 000 股股票。如果股票的市盈率保持不变，在这两种方案下，公司的资产负债表分别如表 5-6 和表 5-7 所示。

表 5-6 发放现金股利的股东权益状况

单位：元

股东权益	990 000
流通在外的普通股股数/股	110 000
每股市价/元	10

表 5-7 股票回购的股东权益状况

单位：元

股东权益	990 000
流通在外的普通股股数/股	100 000
每股市价/元	11

从上述分析可以看出，现金股利政策和股票回购政策对企业的影响是相同的。在这两种方式下，企业都需要支付相同数量的现金，不论是以现金股利的形式发放，还是进行股票回购，其结果都是使企业的总资产减少 110 000 元。但由于股票回购减少了企业流通在外的普通股股票，使得每股利润增加，会导致企业股票价格的上涨。

在例 5-6 中，对股东而言，要么得到每股 1 元的现金股利，要么得到每股 1 元的资本利得，因此，不管企业采取哪种方案，股东得到的税前收益都是相同的。但如果股东的现金股利所得税税率高于资本利得的所得税税率，则股票回购显然对股东更为有利。

对股东而言，与现金股利相比，股票回购不仅可以节约税金，而且具有更大的灵活性。这是因为，需要现金的股东可选择卖出股票，而不需要现金的股东可以继续持有股票。

对企业管理当局而言，采用股票回购的方式主要出于以下动机。

（1）分配企业的超额现金。如果企业的现金超过其投资机会所需要的现金，则可以采用股票回购的方式将现金分配给股东。如前所述，企业股利政策应维持相对稳定性。企业一般不会轻易提高股利。除非新的股利水平能够长期维持。由于信号影响的存在，企业一般也不愿削减股利。对于暂时的剩余现金，企业宁愿以回购的方式一次性分配给股东。因此，股票回购既可将企业临时的超额现金一次性发放给股东，又不影响企业股利政策的稳定性，所以，这种方式在实践中越来越受到管理人员的重视。

（2）改善企业的资本结构。如果企业认为其股东权益资本所占的比例过大，资本结构不合理，就可能对外举债，并用举债获得的资金进行股票回购，以实现企业资本结构的合理化。

（3）提高企业的股票价格。如果企业的股票价格较低，股票回购则是针对信息不对称的一种有效的财务管理方法。由于信息不对称和预期差异的影响，股票市场存在低估企业的股票价格的现象，在这种情形下，企业可进行股票回购，以提升股票价格。

但是，股票回购也可能会对上市公司产生消极影响，主要表现如下。

（1）股票回购需要大量资金，因此进行股票回购的企业必须有雄厚的资金。如果企业的负债率较高，再举债进行回购，会背负巨大的负债压力，影响企业正常的生产经营和发展。

（2）股票回购容易导致内幕交易。因此，各国对股票回购有严格的法律限制。

在西方，股票回购的方式主要有以下三种。

（1）公开市场购买。公开市场购买是指上市公司通过经纪人在股票公开市场上按照当前公司股票的市场价格回购自己公司的股票。这种方式很容易导致股票价格升高，从而增加回购成本。另外，交易税和交易佣金方面的成本也较高。企业通常利用这种方式在股票市场表现欠佳时小规模回购股票期权、可转换债券等执行特殊用途时所需的股票。

（2）投标出价购买。投标出价购买是指企业按某一特定价格向股东提出回购若干数量的股票的方式。投标出价通常高于当时的市场价格。投标出价的时间一般为2~3个星期。如果各股东愿意出售的股票总数多于企业原定想购买的数量，则企业可自行决定购买部分或全部股票；相反，如果投标出价不能购买到企业原定回购的数量，则企业可以通过公开市场回购不足的数量。由于在投标出价购买时须披露企业回购股票的意图，同时股东有选择依据投标出价出售或继续持有股票的权利，因此，当企业想回购大量股票时，投标出价方式比较适用。

（3）议价回购方式。议价回购方式是指企业以协议价格为基础，直接向特定股东回购股票。在这种方式下，企业同样必须披露其回购股票的目的、数量等信息，并向其他股东保证企业的购买价格是公平的，不损害其他股东的利益。

案例讨论

克莱斯勒公司股利分配

克莱斯勒公司总裁伊顿正为一事发愁，因为该公司最大的个人股东克高林（他控制了公司9%的股票）公开要求克莱斯勒公司董事会采取具体措施以提高公司正在下滑的股价。克高林认为董事会应提高股利支付率或实施回购计划。他指出，虽然在过去的12个月中，公司曾两次提高其股利支付率，但是福特公司已经将其股利支付率提高了12.5%。目前，克莱斯勒公司的股票价格仅为其每年净收益的5倍，股票收益率约为2.2%，而福特公司的股票价格为其每年净收益的7倍，股票收益率为3.6%。

克莱斯勒公司目前有66亿元的现金及现金等价物，利润也相当可观。但是公司总裁伊顿认为，公司持有的现金应至少达到75亿元，甚至最好是100亿元，以执行其雄心勃勃的汽车产品开发计划，从而度过下一轮的萧条。过去克莱斯勒公司曾几次陷入灾难性的财务危机。

克莱斯勒公司的另外几个股东支持克高林的提议。其中之一认为："有必要通过股票回购向华尔街证明克莱斯勒的力量。"另一个则认为："克莱斯勒的股利支付率应该加倍，因为'克莱斯勒是当今主要股票中被低估的最厉害的一只股票'，而且'低股利政策是导致股价被低估的原因'。"同时，在克高林的信件被公布于媒介的当日，克莱斯勒公司的股票价格就从45.875美元跃升至49美元，上涨了3.125美元即6.8%。第二日，它继续跃升了0.875美元，上涨幅度为1.8%。

《华尔街日报》写道：克高林的提议提出了一个基本问题："在繁荣阶段，像克莱斯勒这样的公司应以高额股利或股票回购形式支付多少利润给股东?”

[**案例讨论**] 结合本案例的资料，谈谈如下问题。

1. 简述主要的股利政策。

2. 当短期股票价格与公司长远发展发生矛盾时，股利分配政策应如何确定?

3. 如果你是伊顿，面对上述情况，你将采取何种对策?

[**答案要点**]

1. 股利政策类型：剩余股利政策、固定股利或稳定增长的股利政策、低正常股利加额外股利政策、固定股利支付率股利政策。

2. 可作适当调整，综合企业投资机会、资本成本、现金流量、行业等因素，适当增加股利分配，以分配超额现金并提高股票价格。

3. 可以进行股票回购或者直接提高股利支付比率，但要根据经济环境变化及时调整。

>>>第2篇　财务管理专题

财务分析

学习目标：

1. 掌握财务分析的基本概念、程序、判断指标优劣的标准。

2. 掌握财务分析的各个方面：偿债能力、获利能力、营运能力和发展能力，分析各项指标的含义及计算。

3. 掌握综合财务分析方法，包括公式分析法、杜邦分析法和计分综合分析法。

6.1 财务分析概述

财务分析是财务管理的一个重要方法，在财务分析中所确立的一些重要指标，均在财务管理中得到广泛应用。因此，在阐述具体的财务管理内容之后，再介绍有关财务分析的内容。

6.1.1 财务分析的基本分类

财务分析是通过对财务报表有关项目进行对比，以揭示企业财务状况的一种方法。财务分析所提供的信息，不仅能说明企业目前的财务状况，更重要的是能为企业未来的财务决策和财务计划提供重要依据。财务分析中的基本分类主要有以下几个。

1. 按分析主体不同

按分析主体不同，财务分析可分为内部分析与外部分析。

（1）内部分析是企业内部管理当局所进行的分析，其目的是判别企业财务状况是否良好，并为今后制定筹资、投资、盈余分配等政策提供依据。通过这种分析，可使财务主管知道企业的资金是结余还是短缺，企业资金的流动状况如何，企业的财务结构如何，这些都是财务经理制定政策时需要考虑的因素。

（2）外部分析是企业外部利益集团根据各自的要求进行的分析。例如，银行在给企业提供贷款之前，需要对企业的偿债能力进行分析；投资人在购买企业的股票、债券时，要对企业的获利能力进行分析；供应商在以商业信用形式出售商品时，也要分析企业的偿债能力。

2. 按分析对象不同

按分析对象不同财务分析可分为资产负债表分析、利润表分析和现金流量表分析。

（1）资产负债表分析是以资产负债表为对象所进行的财务分析。在分析企业资产的流动状况、负债状况、资金周转状况时，常采用资产负债表分析。

（2）利润表分析是以利润表为对象所进行的财务分析。在分析企业的盈利状况和经营成果时，常采用利润表分析。

（3）现金流量表分析是以现金流量表为对象所进行的财务分析。现金流量表是资产负债表与利润表的重要补充，通过现金流量表分析，可以了解企业现金的流动状况。

从历史上看，企业的财务分析首先是从以资产负债表为中心的资产流动性分析开始的。如银行等金融机构推断其贷款的安全性时，首先要利用资产负债表进行分析。但是，企业资产的流动性分析如果不与判断收益的分析同时进行就不完整，因为企业健全的财务状况是以良好的经营活动与雄厚的获利能力为前提的，企业资产的流动性在很大程度上依赖于获利能力。因此，现代的财务分析不再只是单纯地对资产负债表进行分析，而是逐渐转向以利润表为中心。此外，随着现金流量表的不断推广，现金流量表的分析也越来越受到重视。

3. 按分析方法不同

按分析方法不同，财务分析可分为比率分析与比较分析。

（1）比率分析是指将财务报表中的有关项目进行对比，用比率来反映它们之间的相互关系，以揭示企业财务状况的一种分析方法。通常，财务比率主要包括构成比率（结构比率）、效率比率和相关比率等。构成比率是反映某项经济指标的各组成部分与总体之间关系的财务比率，如流动负债与总负债的比率；效率比率是反映某项经济活动投入与产出之间关系的财务比率，如资产报酬率；相关比率是反映经济活动中某两个或两个以上相关项目比值的财务比率，如流动比率。

（2）比较分析是指将同一企业不同时期的财务状况或不同企业的财务状况进行比较，从而揭示企业财务状况差异的分析方法。比较分析法主要有纵向比较分析法（趋势分析法）和横向比较分析法。纵向比较分析法是将同一企业连续若干期的财务状况进行比较，确定增减变动的方向、数额和幅度；横向比较分析法是将本企业的财务状况与其他企业的同期财务状况进行比较，确定存在的差异及程度。

6.1.2 财务分析的基本程序

财务分析是一项比较复杂的工作，必须按照科学的程序进行。财务分析的基本程序包括以下几个步骤。

1. 明确财务分析的目的

企业进行财务分析有多种目的，主要包括：①评价偿债能力；②评价获利能力；③评价资产管理情况；④评价发展趋势；⑤评价综合财务状况。

财务分析的目的决定了所要收集信息的多少、财务分析方法的选择等一系列问题，所以必须首先加以明确。

2. 收集有关信息资料

明确财务分析的目的之后，就要根据财务分析的目的来收集有关资料。财务分析所依据的最主要的资料是财务报表，因此，资产负债表、利润表和现金流量表便是最基本的分析资料。此外，还要收集企业内部供产销各方面有关资料及企业外部的金融、财政、税收等方面的信息。

3. 选择适当的分析方法

财务分析的目的不一样，所选用的分析方法也不相同。常用的分析方法有比率分析法、比较分析法等，这些方法各有特点，在进行财务分析时可以结合使用。局部的分析可以选择其中的某一种方法，全面的财务分析则应综合运用各种方法，以便进行对比，做出客观、全面的评价。

4. 发现财务管理中存在的问题

采用特定的方法，计算出有关的指标或进行对比后，可以发现企业财务管理中存在的问题，对于一些重大的问题要进行深入细致的分析，找出存在问题的原因，以便采取对策。

5. 提出改善财务状况的具体方案

企业进行财务分析的最终目的是为财务决策提供依据。在发现问题的基础上，提出改善财务状况的各种方案，然后权衡各种方案的利弊得失，从中选出最佳方案，以便不断改善企业的财务状况，实现企业财务管理的目标。

财务分析基本流程如图6-1所示。

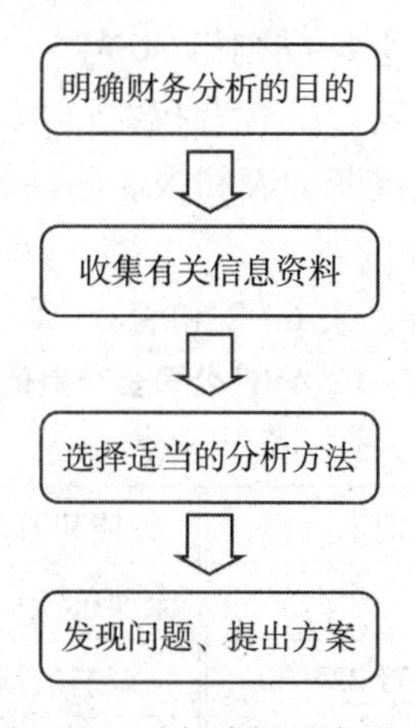

图6-1 财务分析基本流程

6.1.3 判别财务指标优劣的标准

企业的财务分析总是通过一系列的财务指标来进行的。然而，计算出的财务指标必须与一定的标准进行对比，才能判断财务状况的好坏，因此，选择财务指标的判别标准便成为一个十分重要的问题。通常判别的标准有以下几种。

1. 以经验数据为标准

经验数据是在长期的财务管理实践中总结出来的，被实践证明是比较合理的数据。经验数据有绝对标准和相对标准之分：全部收入应大于全部费用、资产总额大于负债总额等属于绝对标准；而流动比率等于2较好、负债比率在50%~70%比较合适属于相对标准。

2. 以历史数据为标准

历史数据是企业在过去的财务管理工作中实际发生的一系列数据，如上年实际数据、上年同期数据、历史最好水平等。在与历史数据进行对比时，要注意剔除因物价变动、会计核算方法变更等带来的一系列不可比因素，以便合理判断企业的财务状况。

3. 以同行业数据为标准

同行业数据是指同行业有关企业在财务管理中产生的一系列数据，如同行业平均数据、本国同行业先进企业数据、国际同行业先进企业数据等。通过与同行业数据对比，可以发现企业财务管理中存在的差距与不足，以便及时采取措施，赶超同行业先进水平。在与同行业指标对比时，也要注意指标之间的可比性。

4. 以本企业预定数据为标准

预定数据是企业事先确定的力争达到的一系列数据。企业事先确定的目标、计划、预算、定额、标准等都可以看作预定数据。通过与预定数据进行对比，可发现实际数据与预定数据存在的差异，以便及时加以改进，保证预定数据能够顺利实现。

为了便于后面的分析，下面列示经过简化处理的ABC公司的三张基本财务报表。本章没有考虑到合并财务报表的问题，股东权益及净利润不存在区分归属于母公司或归属于少数股东的情况，如果是在合并财务报表中计算有关财务比率，涉及股东权益和净利润时则要注意区分和匹配。根据《企业会计准则第30号——财务报表列报》规定，财务报表由资产负债表、利润表、现金流量表、所有者权益（股东权益）变动表及报表附注构成，但由于基本财务分析中对所有者权益变动表和报表附注较少涉及，所以这里并没有对这两部分进行介绍。

ABC公司三张报表详见表6-1、表6-2和表6-3。

表6-1　ABC公司资产负债表

2018年12月31日　　　　单位：万元

资产	期初余额	期末余额	负债和股东权益	期初余额	期末余额
流动资产：			流动负债：		
货币资金	63 209.13	58 225.30	短期借款	45 420.00	90 680.00
交易性金融资产	18 503.60	34 262.51	应付票据及应付账款	17 772.38	29 266.68
应收票据及应收账款	85 014.71	99 891.46	预收款项	15 581.37	5 898.34
预付款项	85 700.91	62 282.12	应付职工薪酬	39 016.16	4 554.66
	—	—	应交税费	6 771.59	6 950.53

续表

资产	期初余额	期末余额	负债和股东权益	期初余额	期末余额
应收股利	772.30	772.30	应收股利	26 056.95	30 253.80
其他应收款	29 772.40	24 066.23	其他应付款	10 485.57	23 057.73
存货	61 521.53	60 581.78	其他流动负债	226.73	—
其他流动资产	—	9 288.38	流动负债合计	161 330.66	190 301.74
流动资产合计	344 494.58	349 370.18	非流动负债：		
非流动资产：			长期借款	—	—
长期股权投资	168 523.18	170 551.27	应付债券	—	—
固定资产	149 175.04	156 915.45	预计负债	221.17	预计负债
在建工程	22 391.03	53 668.63	非流动负债合计	221.17	—
	—	—	负债合计	161 551.83	190 310.74
无形资产	9 510.82	8 783.16	股东权益：		
开发支出	—	—	股本	119 235.50	119 873.26
长期待摊费用	145.82	125.00	资本公积	317 301.30	317 301.30
非流动资产合计	349 745.92	390 043.51	盈余公积	70 461.01	78 704.98
			未分配利润	25 690.86	33 223.41
			股东权益合计	532 688.67	549 102.95
资产总计	694 240.50	739 413.69	负债和股东权益总计	694 240.50	739 413.69

表6-2 ABC公司利润表

2018年度　　单位：万元

项目	上年累计数	本年累计数
一、营业收入	1 144 182.32	1 155 352.10
减：营业成本	950 884.25	1 005 775.06
税金及附加	2 883.14	725.54
管理费用	34 818.08	36 477.02
销售费用	58 861.16	50 923.94
财务费用	1 250.72	2 011.07
加：投资收益	-7 343.45	-8 094.28
二、营业利润	88 141.52	51 345.19
加：营业外收入	1 827.24	2 450.28
减：营业外支出	180.75	97.33

续表

项目	上年累计数	本年累计数
三、利润总额	89 788.01	53 698.14
减：所得税费用	28 004.15	13 992.17
四、净利润	61 783.86	39 705.97

表 6-3　ABC 公司现金流量表

2018 年度　　　　单位：万元

项　目	上年累计数	本年累计数
一、经营活动产生的现金流量		
销售商品、提供劳务收到的现金	930 530.64	670 508.81
收到的税费返还	871.91	2 008.61
收到其他与经营活动有关的现金	23 731.88	6 081.13
经营活动现金流入小计	955 134.43	678 598.55
购买商品、接受劳务支付的现金	722 148.92	553 338.44
经营租赁所支付的现金	—	—
支付给职工以及为职工支付的现金	18 432.16	14 698.30
支付的各项税费	74 321.88	27 756.84
支付其他与经营活动有关的现金	70 043.31	43 737.92
经营活动现金流出小计	884 946.27	639 531.50
经营活动产生的现金流量净额	70 188.16	39 067.05
二、投资活动产生的现金流量		
收回投资收到的现金	—	—
取得投资收益收到的现金	530.13	5.94
处置固定资产、无形资产和其他长期资产收回的现金净额	643.00	—
收到其他与投资活动有关的现金	36 887.72	—
投资活动现金流入小计	38 060.85	5.94
构建固定资产、无形资产和其他长期资产支付的现金	45 090.33	49 554.67
投资支付的现金	229 505.00	16 275.00
支付的其他与投资活动有关的现金	—	—
投资活动现金流出小计	274 595.33	65 829.67
投资活动产生的现金流量净额	-236 534.48	-65 823.73
三、筹资活动产生的现金流量		

续表

项　目	上年累计数	本年累计数
吸收投资收到的现金	175 824.56	2 069.45
取得借款收到的现金	68 820.00	134 360.00
收到的其他与筹资活动有关的现金	—	—
筹资活动现金流入小计	244 644.56	136 429.45
偿还债务支付的现金	39 849.00	89 080.00
分配股利、利润或偿付利息支付的现金	12 973.26	25 576.59
支付的其他与筹资活动有关的现金	460.95	—
筹资活动现金流出小计	53 283.21	114 656.59
筹资活动产生的现金流量净额	191 361.35	21 772.86
四、汇率变动对现金及现金等价物的影响		
五、现金及现金等价物净增加额	25 015.03	-4 983.82

注：假设ABC公司的营业收入中60%为赊销，股票每股市价2010年年末收盘价为15元，财务费用全都是利息费用，租金是500万元，优先股股利为零，2010年度的现金股利别为10 000万元；发行在外的普通股的加权平均数为90 000万股。

6.2 偿债能力分析

偿债能力是指偿还其债务（含本金和利息）的能力。通过偿债能力分析，能揭示一个公司财务风险的大小。公司的投资者、银行、公司财务人员都十分重视对偿债能力的分析。

6.2.1 短期偿债能力分析

短期偿债能力是指公司支付其短期债务的能力。短期偿债能力是财务分析中必须重视的一个方面，短期偿债能力不足，公司无法满足债权人的要求，可能会引起破产或造成生产经营的混乱。公司的短期偿债能力可通过下列指标进行分析。

1. 流动比率

流动比率是由流动资产与流动负债进行对比所确定的比率。其计算公式为

$$\text{流动比率}=\text{流动资产}/\text{流动负债} \tag{6-1}$$

其中，流动资产是指在一年内或超过一年的一个营业周期内变现的资产，主要包括货币资金、交易性金融资产、应收票据及应收账款和预付款项等。流动负债是指在一年内或超过一年的一个营业周期内偿还的债务，主要包括短期借款、应付票据及应付账款、预收款项、应交税费等。从以上分析可知，流动资产是短期内能变成现金的资产，流动负债则

是在短期内需要用现金来偿还的各种债务，流动资产与流动负债对比，说明的是能在短期内转化成现金的资产对需要在短期内偿还的负债的一种保障制度，能比较好地反映企业的短期偿债能力。根据西方财务管理经验，流动比率等于2较好。流动比率太低，表明企业缺乏短期偿债能力；流动比率太高，虽然能说明短期偿债能力强，但也说明企业的现金、存货等流动资产有限或利用不足。

【例6-1】计算ABC公司2018年的流动比率。

解答：根据表6-1中数据，ABC公司的流动比率可计算如下

$$流动比率=流动资产/流动负债=349\ 370.18/190\ 301.74=1.84$$

这说明，ABC公司2018年的每1元流动负债都有1.84元的流动资金作保障，低于经验值2，短期偿债能力较弱。

2. 速动比率

速动比率是由速动资产和流动负债进行对比所确定的比率。其计算公式为

$$速动比率=速动资产/流动负债=(流动资产-存货)/流动负债 \tag{6-2}$$

其中，速动资产是能迅速转化成现金的资产，主要包括货币资金、交易性金融资产、应收及预付款项等。在流动资产中，存货的变现能力很差，所以当企业的流动资产变现时，存货极有可能产生损失，用流动比率来反映偿债能力有时会出现失误。而速动比率由于在计算时不包含存货因素，所以，能比流动比率更好地反映企业的短期偿债能力。根据西方财务管理经验，速动比率等于1时较为合适。

按照惯例，应收账款属于企业的速动资产，但当企业应收账款周转速度特别慢时，应将账龄较长的应收账款从速动资产中扣除。另外，其他应收款、其他流动资产等项目也应视其变现能力在计算速动比率时从流动资产中予以调整。

【例6-2】计算ABC公司2018年的速动比率

解答：根据表6-1中数据，ABC公司的速动比率可计算如下

$$速动比率=(流动资产-存货)/流动负债=(349\ 370.18-60\ 581.78)/190\ 301.74=1.52$$

ABC公司2018年的速动比率为1.52，高于经验值1，应该属于正常范围之内，当然，还应该结合行业和企业的具体情况进行分析，不可一概而论。

3. 现金比率

现金比率是由可立即动用的资金与流动负债进行对比所确定的比率，其计算公式为

$$现金比率=可立即动用的资金/流动负债 \tag{6-3}$$

其中，可立即动用的资金主要有库存现金和银行活期存款。

如果企业持有的短期有价证券的变现能力极强，其也可看作可立即动用的资金。现金比率是对短期偿债能力最高要求的指标，主要适用于那些应收账款和存货的变现能力都存在问题的企业。这一指标越高，说明企业的短期偿债能力越强。

【例6-3】计算ABC公司2018年的现金比率。

解答：根据表6-1中数据，ABC公司2018年的现金比率可计算如下

$$现金比率=58\ 225.30/190\ 301.74=0.31$$

4. 现金流量比率

现金流量比率是由经营活动现金净流量与流动负债进行对比所确定的比率，反映企业用每年的经营活动现金净流量偿还到期债务的能力。其计算公式为

$$现金流量比率 = 经营活动现金净流量/流动负债 \quad (6-4)$$

【例6-4】计算ABC公司2018年的现金流量比率。

根据表6-1和表6-3中数据，ABC公司现金流量比率可计算如下

$$现金流量比率 = 39\ 067.05/190\ 301.74 = 0.21$$

这一指标越高，说明企业支付当期债务的能力越强，企业的财务状况越好；反之，则说明企业支付当期债务的能力较差。

上述四个指标是反映短期偿债能力的主要指标，在进行分析时，要注意以下几个问题。

（1）上述指标各有侧重，在分析时要结合使用，以全面、准确地做出判断。

（2）上述指标中分母均是流动负债，其中包含近期到期的长期负债，应充分重视这一点。

（3）财务报表中没有列示的因素，如企业借款能力、准备出售长期资产等，也会影响短期偿债能力，在分析时应认真考虑。

6.2.2 长期偿债能力分析

长期偿债能力是指支付长期债务的能力，长期偿债能力与获利能力、资本结构有十分密切的关系。企业长期偿债能力可通过下列指标进行分析。

1. 资产负债率

资产负债率又称负债比率或负债对资产的比率，是由企业的负债总额与资产总额进行对比所确定的比率。其计算公式为

$$资产负债率 = （负债总额/资产总额）\times 100\% \quad (6-5)$$

企业的资产总额也就是企业的全部资产总额，资产负债率反映的是在企业全部资金中有多大的比例是通过借债筹集而来的。因此，这一比率能反映资产对负债的保障程度。对债权人来说，最关心的就是借出款项的安全程度。

【例6-5】计算ABC公司2018年的资产负债率。

解答：根据表6-1中数据，ABC公司资产负债率可计算如下

$$资产负债率 = （190\ 310.74/739\ 413.69）\times 100\% = 25.74\%$$

这说明ABC公司2018年的全部资产中有25.74%来源于负债。

如果这一比率很高，说明所有者投入的资本在全部资金中所占比重很小，而借入资金所占比重很大，企业的风险主要由债权人来承担。因此，这个比率越高，说明长期偿债能力越差；反之，这个比率越低，说明长期偿债能力越好。资产负债率过低往往也是没有较好利用财务杠杆的表现。所以，在评价企业的资产负债率时，需要在收益与风险之间权衡

利弊，充分考虑企业内部各种因素和外部市场环境，做出正确合理的判断。

2. 股东权益比率

股东权益比率是由企业的股东权益总额与资产总额进行对比所确定的比率，其计算公式为

$$股东权益比率 = （股东权益总额/资产总额）\times 100\% \quad (6-6)$$

【例6-6】计算ABC公司2018年的股东权益比率。

解答：根据表6-1中数据，ABC公司2018年股东权益比率可计算如下

$$股东权益比率 = （549\ 102.95/739\ 413.69）\times 100\% = 74.26\%$$

这一比率反映在企业全部资金中股东提供了多少资金。这一比率越高，说明股东投入的资金在全部资金中所占的比例越大，企业偿债能力越强，财务风险越小。因此，从偿债能力的角度来看，这一比率越高越好。

3. 偿债保障比率

偿债保障比率是负债总额与经营活动现金净流量的比率，其计算公式为

$$偿债保障比率 = 负债总额/经营活动产生的现金流量净额 \quad (6-7)$$

从式（6-7）中可以看出，偿债保障比率反映了用企业经营活动产生的现金净流量偿还全部债务所需要的时间，所以该比率也称为债务偿还期。一般认为，经营活动产生的现金流量是企业经常性资金的最主要来源，而投资活动和筹资活动所获得的现金流量虽然在必要时也可用于偿还债务，但不能将其视为经常性的现金流量。

【例6-7】计算ABC公司2018年的偿债保障比率。

解答：根据表6-1和表6-3中数据，ABC公司偿债保障比率可计算如下

$$偿债保障比率 = 190\ 310.74/39\ 067.05 = 4.87$$

在一般情况下，偿债保障比率越低，企业偿还债务的能力越强。

上述三项比率是反映企业长期偿债能力的主要指标，在进行分析时，要注意以下几个问题。

（1）上述指标中的资产总额都是指资产净值总额，而不是原值总额。

（2）从长远来看，企业的偿债能力与获利能力关系密切，获利能力决定偿债能力。因此，在分析长期偿债能力时，应结合获利能力的指标进行。

（3）要充分考虑长期租赁、担保责任等对长期偿债能力的影响。

6.2.3 负担利息和固定支出能力分析

负担利息和固定支出的能力是指公司所实现的利润支付利息或支付固定支出的能力。这是公司进行筹资决策时必须认真考虑的一个重要因素。公司负担利息和固定支出的能力通常用如下两个指标来反映。

1. 利息保障倍数

利息保障倍数是息税前利润相当于所支付利息的倍数。其计算公式为

$$利息保障倍数=\frac{息税前利润}{利息费用}=\frac{净利润+所得税费用+利息费用}{利息费用} \tag{6-8}$$

【例6-8】假设ABC公司2018年的财务费用全部是利息费用，计算ABC公司2018年的利息保障倍数。

解答：根据表6-2中数据，ABC公司利息保障倍数可计算如下

$$利息保障倍数=\frac{39\ 705.97+13\ 992.17+2\ 011.07}{2\ 011.07}=27.70$$

这一指标反映了企业所实现的利润支付利息费用的能力。这一指标越大，说明支付利息的能力越强；反之，则说明支付利息的能力较弱。该指标若低于1，则说明企业实现的利润不足以支付当期利息费用，表明企业有较大的财务风险。

2. 固定支出保障倍数

固定支出保障倍数是企业的盈利相当于其固定支出的倍数。其计算公式为

$$\begin{aligned}固定支出保障倍数&=\frac{税前及支付固定支出前利润}{利息费用+租金+\dfrac{优先股股利}{1-企业所得税税率}}\\&=\frac{利息费用+租金+所得税费用+净利润}{利息费用+租金+\dfrac{优先股股利}{1-企业所得税税率}}\end{aligned} \tag{6-9}$$

式（6-9）中的利息费用和租金都可在税前支付，而优先股股利必须在税后利润中支付。故后者应除以（1-企业所得税税率），这里的税率是指适用于企业的所得税税率。固定支出保障倍数反映了企业盈利支付固定支出的能力。

【例6-9】假设ABC公司的租金是500万元，优先股股利为零，计算ABC公司2018年的固定支出保障倍数。

解答：根据表6-2中数据，ABC公司固定支出保障系数可计算如下

$$固定支出保障系数=\frac{2\ 011.07+500+13\ 992.17+39\ 705.97}{2\ 011.07+500+0}=22.38$$

这一指标越高，说明企业支付固定支出的能力越强。

6.3 营运能力分析

营运能力直接影响着偿债能力和获利能力。

6.3.1 资金周转情况分析

1. 应收账款周转率

应收账款周转率是由赊销收入净额与应收账款平均余额进行对比所确定的比率。有周转次数（应收账款周转率）和周转天数（应收账款平均收账期）两种表示方法。有关计

算公式为

$$应收账款周转次数=\frac{赊销收入净额}{应收账款平均余额} \tag{6-10}$$

$$应收账款周转天数=\frac{360天}{应收账款周转次数}=\frac{应收账款平均余额\times360天}{赊销收入净额} \tag{6-11}$$

其中，

$$赊销收入净额=销售收入-现销收入-(销售退回+销售折让+销售折扣) \tag{6-12}$$

$$应收账款平均余额=\frac{期初应收账款+期末应收账款}{2} \tag{6-13}$$

一定时期内应收账款的周转次数越多，说明应收账款周转越快，应收账款的利用效果越好。应收账款周转天数又称为应收账款占用天数、应收账款账龄、应收账款平均收现期，是反映应收账款周转情况的另一个重要指标，周转天数越少，说明应收账款周转越快，利用效果越好。

【例6-10】假设ABC公司1 155 352.10万元的营业收入中有60%是赊销，计算ABC公司2018年的应收账款周转情况。

解答：根据表6-1和表6-2中数据，ABC公司应收账款周转情况可计算如下

$$应收账款周转次数=\frac{1\ 155\ 352.10\times60\%}{(85\ 014.71+99\ 891.46)/2}=7.50(次)$$

$$应收账款周转天数=\frac{(85\ 014.71+99\ 891.46)/2\times360}{1\ 155\ 352.10\times60\%}=48(天)$$

由计算可知，ABC公司的应收账款每年可周转7.50次，周转周期为48天。

2. 存货周转率

存货周转率是由营业成本与存货平均余额进行对比所确定的比率。有存货周转次数和存货周转天数两种表示方法。其计算公式为

$$存货周转次数=\frac{营业成本}{存货平均余额} \tag{6-14}$$

$$存货周转天数=\frac{360天}{存货周转次数}=\frac{存货平均余额\times360天}{营业成本} \tag{6-15}$$

其中，

$$存货平均余额=\frac{期初存货余额+期末存货余额}{2} \tag{6-16}$$

在正常情况下，一定时期内存货周转次数越多，说明存货周转越快，存货利用效果越好；存货周转天数越少，说明存货周转越快，存货利用效果越好。但是，存货周转过快，也可能说明企业管理方面存在一些问题，比如经常缺货、采购过于频繁等。所以在实际工作中，要深入调查企业库存构成，结合企业的销售、管理等各项政策进行分析。

【例6-11】计算ABC公司2018年的存货周转情况。

解答：根据表6-1和表6-2中数据，ABC公司存货周转情况可计算如下

$$存货周转次数 = \frac{1\ 005\ 775.06}{(61\ 521.53 + 60\ 581.78)/2} = 16.47(次)$$

$$存货周转天数 = \frac{[(61\ 521.53 + 60\ 581.78)/2] \times 360}{1\ 005\ 775.06} = 21.85(天)$$

由计算可知，ABC 公司的存货每年可以周转 17 次，周转一次需要 21.85 天。

3. 流动资产周转率

流动资产周转率是由营业收入与流动资产平均余额进行对比所确定的比率。

其计算公式为

$$流动资产周转率 = \frac{营业收入}{流动资产平均余额} \tag{6-17}$$

其中，

$$流动资产平均余额 = \frac{流动资产期初余额 + 流动资产期末余额}{2} \tag{6-18}$$

一定时期内流动资产周转率越高，说明流动资产周转越快，利用效果越好。

【例 6-12】计算 ABC 公司 2018 年的流动资产周转情况。

解答：根据表 6-1 和表 6-2 中数据，ABC 公司流动资产周转次数可计算如下

$$流动资产周转次数 = \frac{1\ 155\ 352.10}{(344\ 494.58 + 349\ 370.18)/2} = 3.33(次)$$

4. 固定资产周转率

固定资产周转率是由企业的营业收入与固定资产平均净值进行对比所确定的比率。其计算公式为

$$固定资产周转率 = 营业收入/固定资产平均净值 \tag{6-19}$$

其中，

$$固定资产平均净值 = (固定资产期初净值 + 固定资产期末净值)/2 \tag{6-20}$$

【例 6-13】计算 ABC 公司 2018 年的固定资产周转情况。

解答：根据表 6-1 和表 6-2 中的数据，ABC 公司固定资产周转率可计算如下

$$固定资产周转率 = 1\ 155\ 352.10/[(149\ 175.04 + 156\ 915.45)/2] = 7.55(次)$$

ABC 公司 2018 年的固定资产周转率为 7.55，说明固定资产利用情况很好。这也要结合具体情况进行分析，如果企业生产能力已饱和，再扩大销售就需对固定资产进行投资，应引起财务经理的重视。

5. 总资产周转率

总资产周转率是营业收入与总资产平均余额进行对比所确定的比率。其计算公式为

$$总资产周转率 = 营业收入/总资产平均余额 \tag{6-21}$$

其中，

总资产平均余额 =（期初资产总额 + 期末资产总额）/2 （6－22）

【例6－14】计算 ABC 公司 2018 年的总资产周转情况。

解答： 根据表6－1 和表6－2 中的数据，ABC 公司总资产周转率可计算如下

总资产周转率 =1 155 352.10/[(694 240.50 +739 413.69)/2] =1.61(次)

要判断这个指标是否合理，需要同历史水平及行业平均水平进行对比。

6.3.2 产生现金能力分析

1. 经营现金使用效率

经营现金使用效率是由经营活动现金流入与经营活动现金流出进行对比求得的，它反映了每1 元的现金流出能收回的现金数额，其计算公式为

经营现金使用效率 = 经营活动现金流入/经营活动现金流出 （6－23）

该比值越大，说明企业经营活动的现金流入净额的绝对值越高，在企业没有其他大规模投资的情况下，现金正常流转不成问题。如果该比值小于1，则表明企业短期内缺乏足够的现金用以维持再生产的正常进行，甚至没有现金偿还短期债务。

【例6－15】计算 ABC 公司 2018 年的经营现金使用效率。

解答： 根据表6－3 中数据，ABC 公司经营现金使用效率可计算如下

经营现金使用效率 =678 598.55/639 531.50 =1.06

2. 现金利润比率

现金利润比率 = 现金及现金等价物净增加额/净利润 （6－24）

该指标反映了净利润中有多大部分是有现金保证的。由于一些应收应付项目的存在，利润往往无法反映企业实际能够支配的现金数量。在很高的利润前提下也可能出现企业现金不足、支付困难的情况；相反，如果企业有充足的现金量，即使某期间利润为负，短期内也不会出现无力偿还债务的情况，能够支持企业扭转困境。

该指标值越大，说明企业的净利润中现金部分越大，企业的支付能力越强。

【例6－16】计算 ABC 公司 2018 年的现金利润比率。

解答： 根据表6－2 和表6－3 中数据，ABC 公司现金利润比率可计算如下

现金利润比率 = －4 983.82/39 705.97 = －0.13

3. 现金收入比率

现金收入比率是经营现金净流量与营业收入的比率。其计算公式为

现金收入比率 = 经营现金净流量/营业收入 （6－25）

该指标反映了企业通过主营业务产生现金流量的能力。

【例6－17】计算 ABC 公司 2018 年的现金收入比率。

解答：根据表6-2和表6-3中数据，ABC公司的现金收入比率可计算如下

$$现金收入比率=39\ 067.05/1\ 155\ 352.10=0.03$$

6.4 获利能力分析

获利能力就是公司赚取利润的能力。无论是投资者还是债权人都认为获利能力十分重要，因为健全的财务状况必须由较高的获利能力来支持。财务管理人员当然也十分重视获利能力，因为要实现财务管理的目标，就必须不断提高利润、降低风险。

6.4.1 与营业收入有关的获利能力指标

与营业收入有关的获利能力指标是指由利润与营业收入进行对比所确定的比率，有两种表示方法。

1. 营业毛利率

营业毛利率是由毛利与营业收入进行对比所确定的比率。其计算公式为

$$\begin{aligned}营业毛利率&=(营业收入-营业成本)/营业收入\times100\%\\&=毛利/营业收入\times100\%\end{aligned}\tag{6-26}$$

营业毛利率反映了毛利与营业收入的对比关系，是反映获利能力的主要指标。这一指标越高，说明企业的获利能力越强。

【**例6-18**】计算ABC公司2018年的营业毛利率。

解答：根据表6-2中数据，ABC公司营业毛利率可计算如下

$$营业毛利率=(1\ 155\ 352.10-1\ 005\ 775.06)/1\ 155\ 352.10\times100\%=12.95\%$$

2. 营业净利率

营业净利率是由净利润与营业收入进行对比所确定的比率。其计算公式为

$$营业净利率=净利润/营业收入\times100\%\tag{6-27}$$

营业净利率反映了净利润和营业收入之间的关系。这一指标越高，说明企业通过经营活动获取利润的能力越强。

【**例6-19**】计算ABC公司2018年的营业净利率。

解答：根据表6-2中数据，ABC公司营业净利率可计算如下

$$营业净利率=39\ 705.97/1\ 155\ 352.10\times100\%=3.44\%$$

6.4.2 与资金有关的获利能力指标

与资金有关的获利能力指标是由企业的利润与一定的资金进行对比所确定的比率，主

要包括以下两个指标。

1. **投资报酬率**

是企业净利润与总资产平均余额的比率。其计算公式为

$$投资报酬率=(净利润/总资产平均余额)\times100\%$$
$$=\{净利润/[(期初资产总额+期末资产总额)/2]\}\times100\% \quad (6-28)$$

投资报酬率反映的是企业投入的全部资金的获利能力，是财务管理中的一个重要指标，也是总公司对分公司下达经营目标、进行内部考核的主要指标。这一指标越高，说明企业的获利能力越强。

【例6-20】 计算ABC公司2018年的投资报酬率。

解答： 根据表6-1和表6-2中数据，ABC公司投资报酬率可计算如下

$$投资报酬率=\{39\ 705.97/[(694\ 240.50+739\ 413.69)/2]\}\times100\%=5.54\%$$

注解： 在本书中，我们把投资报酬率与总资产收益率等同看待，但也有一些学者认为，总资产收益率的计算有两种方法，一种是本书采用的计算方法，净利润/总资产平均余额，另一种是息税前利润/总资产平均余额，为了更好地与后面杜邦分析法统一计算口径，本书在分子中采用了净利润。

2. **净资产收益率**

净资产收益率又称股东权益报酬率、所有者权益报酬率、权益资本报酬率，是由净利润与净资产平均余额进行对比所确定的比率。其计算公式为

$$净资产收益率=(净利润/净资产平均余额)\times100\%$$
$$=\{净利润/[(期初净资产+期末净资产)/2]\}\times100\% \quad (6-29)$$

这一指标反映了所有者投入资金的获利能力。该指标越高，说明企业的获利能力越强。

【例6-21】 计算ABC公司2018年的净资产收益率。

解答： 根据表6-1和表6-2中数据，ABC公司净资产收益率可计算如下

$$净资产收益率=\{39\ 705.97/[(532\ 688.67+549\ 102.95)/2]\}\times100\%$$
$$=(39\ 705.97/540\ 895.81)\times100\%$$
$$=7.34\%$$

6.4.3 与股票数量或股票价格有关的获利能力指标

与股票数量或股票价格有关的获利能力指标是由企业的利润与股票数量或股票价格进行对比所确定的比率，主要包括以下几种。

1. **普通股每股盈余**

普通股每股盈余简称每股盈余或每股利润，是由净利润扣除优先股股利的余额与发行在外的普通股股数进行对比所确定的比率。其计算公式为

$$每股盈余=\frac{净利润-优先股股利}{发行在外的普通股股数} \tag{6-30}$$

每股盈余是一个非常重要的财务指标，可以反映股份公司获利能力的大小，每股利润越高，一般说明获利能力越强。但是在实际分析时还需要结合企业的股本数量、股利政策等因素。这一指标的高低，会对股票价格产生较大的影响。

注解：（企业会计准则第34号——每股收益）规定，每股收益包括基本每股收益和稀释每股收益两类。基本每股收益仅考虑当期实际发行在外的普通股股份，而稀释每股收益的计算和列报主要是为了避免每股收益虚增可能带来的信息误导。在计算稀释每股收益时，要考虑公司发行可转换债券、认股权证、股票期权等情况给净利润和股票数量带来的影响。本章只介绍基本每股权益的计算，稀释每股权益的计算可参考财政部会计司编写组编写的《企业会计准则讲解（2018）》。

【例6-22】计算ABC公司2018年的每股盈余。

解答：根据表6-2中数据和表6-3下方的假设，ABC公司每股盈余可计算如下

$$每股盈余=(39\ 705.97-0)/90\ 000=0.44(元)$$

2. 普通股每股现金流量

普通股每股现金流量简称每股现金流量，是经营活动现金净流量扣除优先股权利之后，与发行在外的普通股股数对比的结果。其计算公式为

$$每股现金流量=(经营活动现金净流量-优先股股利)/发行在外的普通股股数 \tag{6-31}$$

【例6-23】计算ABC公司2018年的每股现金流量。

解答：根据表6-2数据和表6-3下方的假设，ABC公司每股现金流量可计算如下

$$每股现金流量=(39\ 067.05-0)/90\ 000=0.43(元)$$

注重股利分配的投资者应当注意，每股利润的高低虽然与股利分配有密切关系，但它不是决定股利分配的唯一因素，虽然每股利润很高，但是如果缺乏现金，那么也无法分配现金股利。因此，还有必要分析企业的每股现金流量。每股现金流量越高，说明企业越有能力支付现金股利。

3. 普通股每股股利

普通股每股股利简称每股股利，它反映了每股普通股获得现金股利的情况。其计算公式为

$$每股股利=(现金股利总额-优先股股利)/发行在外的普通股股数 \tag{6-32}$$

每股股利是评价普通股报酬情况的一个重要指标。

【例6-24】2018年，ABC公司发放现金股利10 000万元。计算ABC公司2018年的每股股利。

根据表6-3下方的假设，ABC公司每股股利可计算如下

$$每股股利=(10\ 000-0)/90\ 000=0.1(元)$$

4. 市盈率

市盈率又称价格盈余比率，是由普通股每股市价与普通股每股盈余进行对比所确定的比率。其基本公式为

$$市盈率 = 普通股每股市价/普通股每股盈余 \quad (6-33)$$

【例 6-25】 假设 ABC 公司 2018 年的股票每股市价为 15 元，根据例 6-22 的数据，计算 ABC 公司 2018 年的市盈率。

解答： 根据例 6-22 的数据，ABC 公司的市盈率可计算如下

$$市盈率 = 15/0.44 = 34.09$$

企业财务人员和外部投资者对市盈率都很关心。企业财务人员在做出财务决策之前要很好地考虑其财务决策对这一比率的影响。投资者在投资之前，也要对不同股票的市盈率进行对比，然后再决定投资于何种股票。一般来说，市盈率高，说明投资者对该企业的发展前景看好，愿意出较高价格购买该企业的股票，所以一些成长性较好的企业其股票市盈率通常要高一些。但是也应该注意，如果某一种股票的市盈率过高，也意味着这种股票具有较高的投资风险。

6.5 发展能力分析

发展能力是指公司未来的发展潜力和发展速度。

6.5.1 营业收入增长率

营业收入增长率是指当期营业收入相对于上期营业收入的增长比率，是反映企业发展情况的一个比率。其计算公式为

$$营业收入增长率 = [(当期营业收入 - 上期营业收入)/上期营业收入] \times 100\% \quad (6-34)$$

企业收入的来源可以有很多，但营业收入才应该是企业长期生存发展的基本动力。营业收入增长率可以反映出企业营业收入的增长速度，营业收入增长速度越快，则企业在一定时期内的发展潜力越大。但是也不能盲目追求快速增长，因为这种增长如果超出了企业的资源和能力所及，则可能埋下隐患。

【例 6-26】 计算 ABC 公司 2018 年的营业收入增长率。

解答： 根据表 6-2 中数据，可计算如下

$$营业收入增长率 = [(1\ 155\ 352.10 - 1\ 144\ 182.32)/1\ 144\ 182.32] \times 100\% = 0.98\%$$

这个比率对于企业来说是否合适，还应该结合行业基本情况和企业的经营状态等因素进行分析。

6.5.2　净利润增长率

净利润增长率是指当期净利润相对于上期净利润的增长比率，是反映企业净利润增长情况的一个比率。其计算公式为

$$净利润增长率=[(当期净利润-上期净利润)/上期净利润]\times 100\% \quad (6-35)$$

净利润一直是一个重要的财务指标，在一定程度上反映了企业的经营效率和经营成果。净利润增长率通过对不同期间净利润的对比，反映了企业净利润的增长速度以及企业的发展趋势和潜力。

【例6-27】计算ABC公司2018年的净利润增长率。

解答：根据表6-2数据，ABC公司的净利润增长率可计算如下

$$净利润增长率=[(39\ 705.97-61\ 783.86)/61\ 783.86]\times 100\%=-35.73\%$$

由计算可知，ABC公司2018年的净利润增长率为-35.73%，表明其发展速度已经十分不可观。

6.5.3　总资产增长率

总资产增长率是指当期总资产相对于上期总资产的增长比率，是反映企业总资产增长情况的一个比率。其计算公式为

$$总资产增长率=[(年末资产总额-年初资产总额)/年初资产总额]\times 100\% \quad (6-36)$$

总资产增长率通过对不同期间总资产的对比，可以反映出企业总资产的增长速度，以及企业规模的发展情况。

【例6-28】计算ABC公司2018年的总资产增长率。

解答：根据表6-1中数据，ABC公司2018年总资产增长率可计算如下

$$总资产增长率=[(739\ 413.69-694\ 240.50)/694\ 240.50]\times 100\%=6.5\%$$

ABC公司2018年的总资产增长率为6.5%，表明其公司规模在2018年有所增长，当然，总资产增长率也可能为负数，这是有利还是不利还需要结合企业的具体情况做进一步的分析。如果企业的资产负增长是因为处理了无效或多余资产，从而达到提高经营效率的目的，则这种负增长对企业的未来发展是有利的；如果企业资产负增长是由于管理不善等原因造成了资产损失，则这种负增长对企业的未来发展是不利的。

6.5.4　净资产增长率

净资产增长率是指期末净资产总额相对于期初净资产总额的增长比率，是反映企业净资产增长情况的一个比率。其计算公式为

$$净资产增长率=[(期末净资产-期初净资产)/期初净资产]\times 100\% \quad (6-37)$$

净资产增长率通过不同期间净资产的对比，反映出企业净资产的增长速度，以及企业规模的发展情况。

【例 6-29】 计算 ABC 公司 2018 年的净资产增长率。

解答： 根据表 6-1 中数据，ABC 公司 2018 年的净资产增长率可计算如下

净资产增长率 = (549 102.95 - 532 688.67) /532 688.67 × 100% = 3.08%

6.5.5 经营活动现金净流量增长率

经营活动现金净流量增长率是指当期经营活动产生的现金流量净额相对于上期经营活动产生的现金流量净额的增长比率，反映了企业经营活动产生现金能力的变化。其计算公式为

经营活动现金净流量增长率 = (当期经营活动产生的现金净流量净额 - 上期经营活动产生的现金净流量净额)/上期经营活动产生的现金流量净额 × 100%　　(6-38)

经营活动现金净流量是企业现金流量的重要来源，经营活动现金流量作为企业日常经营活动的结果，对企业的长期发展有重要意义。如果经营活动现金净流量不足，则企业的投资和筹资活动都会受到限制，无法扩大规模。经营活动现金净流量增长率反映了企业经营活动产生现金能力的变化，使管理者能够发现经营活动对企业现金的影响，从而及时发现问题。

【例 6-30】 计算 ABC 公司 2018 年经营现金净流量增长率。

解答： 根据表 6-3 中数据，ABC 公司的经营现金净流量增长率可计算如下

经营现金净流量增长率 = (39 067.05 - 70 188.16) /70 188.16 × 100% = -44.3%

6.6 综合能力分析

6.2 节到第 6.5 节介绍了许多财务指标，但每一个指标都仅从一个侧面反映企业的财务状况，都有一定的片面性和局限性，因此，必须把指标综合在一起进行分析。综合能力分析的方法主要有以下几种。

6.6.1 公式分析法

公式分析法就是把某些指标通过公式联系起来，从而进行深入分析的方法。这方面的公式非常多，现结合 ABC 公司的报表，列举几个公式来说明这种分析方法。

1. 与净资产收益率有关的公式

净资产收益率 = (净利润/净资产平均余额) × 100%

　　= (净利润/总资产平均余额) × (总资产平均余额/净资产平均余额) × 100%

(6-39)

净资产收益率 = 投资报酬率 × 平均权益乘数 (6-40)

其中，权益乘数是资产相对于净资产的倍数，其计算公式为

权益乘数 = 资产总额/净资产总额 = 1/（1 - 资产负债率） (6-41)

2. 与投资报酬率有关的公式

投资报酬率 =（净利润/总资产平均余额）×100%

=（净利润/营业收入）×（营业收入/总资产平均余额）×100% (6-42)

投资报酬率 = 营业净利率 × 总资产周转率 (6-43)

3. 与每股股利有关的公式

每股股利 = 股利总额/普通股股数 =（股利总额/净利润）×（净利润/普通股股数）

= 股利总比例 × 每股盈余 (6-44)

自测题：结合上述ABC公司的数据计算与净资产收益率有关的公式、与投资报酬率有关的公式、与每股股利有关的公式。

6.6.2 杜邦分析法

杜邦分析法是在考虑各财务比率内在联系的条件下，通过建立多种比率的综合财务分析体系来考察企业财务状况的一种分析方法。杜邦分析法是由美国杜邦公司率先采用的一种方法，故称杜邦分析法。杜邦分析法与前面讲的公式分析法有一定的联系，但它比公式分析法能更简明、更直观地说明问题。

杜邦分析法可以用图6-2中的杜邦分析体系来加以说明（其中代入了ABC公司的数据）。

在杜邦体系中，包括以下几种主要的指标关系。

1. 净资产收益率是整个分析系统的起点和核心

该指标的高低反映了投资者的净资产获利能力的大小。净资产收益率是由营业净利率、总资产周转率和权益乘数决定的。ABC公司2018年的净资产收益率为7.34%，这一指标反映了所有者投入资金的获利能力。该指标越高，说明企业的获利能力越强。

2. 权益乘数表明了企业的负债程度

ABC公司2018年的权益乘数为1.32，该指标越大，企业的负债程度越高，它是资产权益率的倒数。

3. 投资报酬率

投资报酬率是营业净利率和总资产周转率的乘积，反映的是企业投入的全部资金的获利能力，是财务管理中的一个重要指标，也是总公司对分公司下达经营目标、进行内部考核的主要指标。ABC公司2018年的总资产收益率为5.54%，该指标越大，说明企业的获利能力越强，是企业营业成果和资产运营的综合反映。要提高投资报酬率，必须增加营业收入，降低资金占用额。

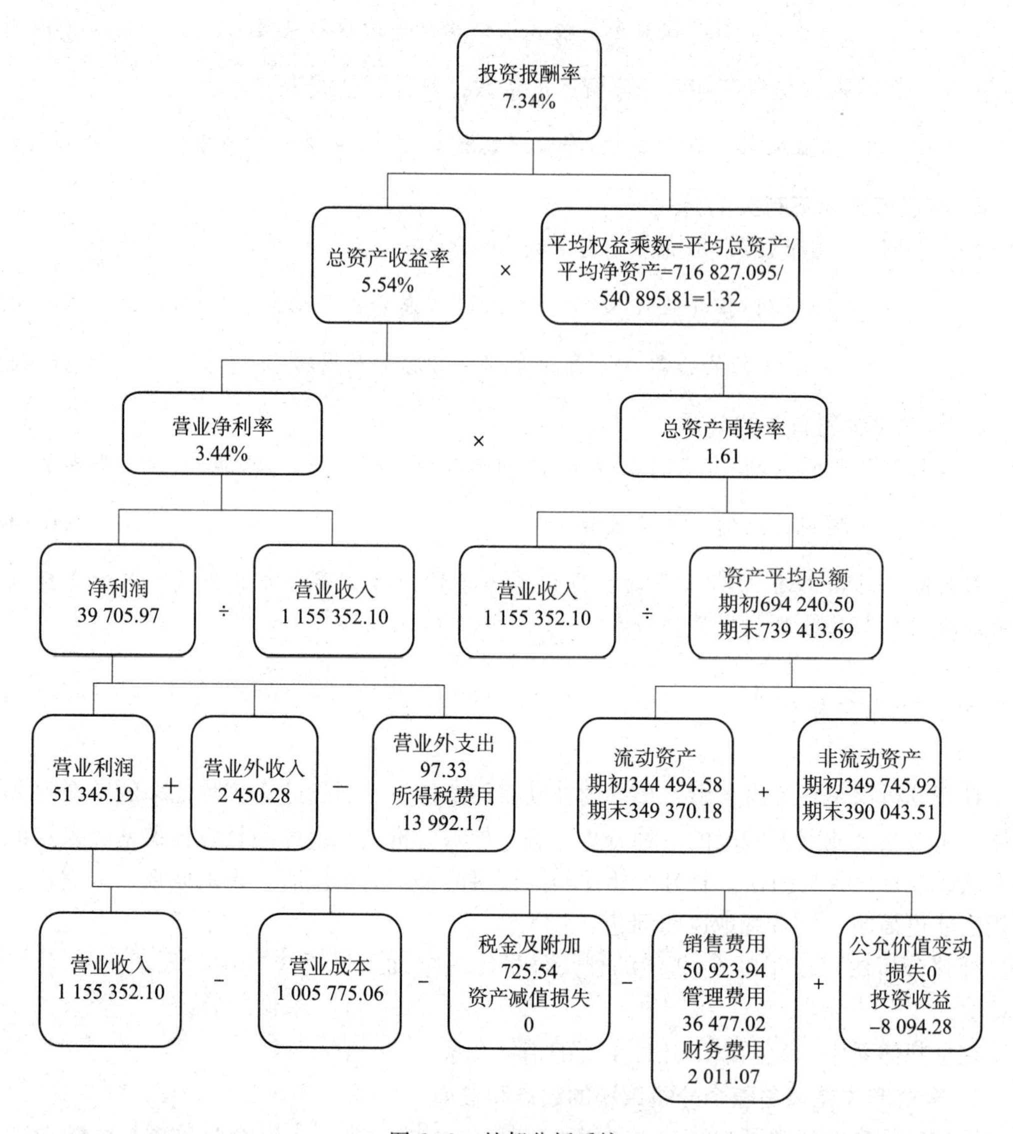

图 6-2　杜邦分析系统

4. 投资报酬率反映企业资产实现销售收入的综合能力

分析时，必须综合营业收入分析企业资产结构是否合理，即流动资产和非流动资产的结构比率关系。同时还要分析流动资产周转率、存货周转率、应收账款周转率等有关资产使用效率指标，找出总资产周转率高低变化的确切原因。

总之，从杜邦分析系统可以看出，ABC 公司的 2018 年获利能力涉及生产经营的方方面面。投资报酬率与企业的资本结构、营业规模、成本水平、资产管理等因素密切相关，这些因素构成了一个完整的系统，只有协调好系统内部各个因素之间的关系，才能使净资产收益率得到提高，从而实现 ABC 公司股东权益最大化的财务目标。

6.6.3 计分综合分析法

计分综合分析法是先分析计算企业财务指标的分数，然后求出汇总分数，将其与行业标准分数进行对比来评价企业财务状况的一种综合分析法。计分综合分析法包括以下几个步骤。

1. 选择具有代表性的财务指标

财务指标有很多，如果一一计算，工作量就会很大，所以一般选择具有代表性的一些指标。在选择指标时应注意以下几个问题。

(1) 偿债能力指标、获利能力指标、营运能力指标和发展能力指标①都应选到，不能只集中在某一类指标上。

(2) 最好选用正指标，如流动比率、股东权益比率、营业净利率等，不宜选用逆指标，如负债比率，因为最后的得分越高越好，这类比率加入后会不好处理。

(3) 除了财务指标，还应适当选取一些非财务方面的指标，如职工平均年龄等（在这里只介绍财务指标）。本书选用的代表性指标如表6-4第（1）列所示。

表6-4 计分综合分析法选用的代表性指标

指标	指标的标准值	指标的标准评分值
(1)	(2)	(3)
一、偿债能力指标		
(1) 流动比率	2	8
(2) 利息保障倍数	4	8
(3) 现金比率	0.3	8
(4) 股东权益比率	40%	12
二、获利能力指标		
(1) 营业净利率	8%	10
(2) 投资报酬率	16%	10
(3) 净资产收益率	40%	16
三、营运能力指标		
(1) 存货周转率（次）	5	8
(2) 应收账款周转率（次）	6	8
(3) 总资产周转率（次）	2	12
合计		100

①**注解**：*考虑到发展能力指标在行业和具体环境中存在较大差异，这里并没有列示发展能力指标的评分情况，仅以偿债能力、获利能力和营运能力指标为例。*

2. 确定各项财务指标的标准值与标准评分值

财务指标的标准值一般以行业平均数或企业上年数为基准来加以确定，标准评分值根据指标的重要程度来确定，越重要的分数越高，越不重要的分数越低，但所有指标的分数合计应等于100，ABC公司的财务指标的标准值和标准评分值列示在表6-4的第（2）列和第（3）列中。

3. 计算综合分数

综合分数是由各指标的实际得分汇总得到的，各指标的实际得分按以下公式计算

实际得分 = 指标的标准评分值 × 指标的实际值/指标的标准值

结合前面计算的 ABC 公司的有关指标及表 6－4 中给定的标准值，计算 ABC 公司的综合分数，如表 6－5 所示。

表 6－5 ABC 公司 2018 年计分综合法分析结果

指标	标准评分值	标准值	实际值（2018 年）	实际的得分值（2018 年）
（1）	（2）	（3）	（4）	（5）=（2）×（4）÷（3）
一、偿债能力指标				
（1）流动比率	8	2	1. 84	7. 36
（2）利息保障倍数	8	4	27. 70	55. 4
（3）现金比率	8	0. 3	0. 31	8. 27
（4）股东权益比率	12	40%	74. 26%	22. 28
二、获利能力指标				
（1）营业净利率	10	8%	3. 44%	4. 3
（2）投资报酬率	10	16%	5. 54%	3. 46
（3）净资产收益率	16	40%	7. 34%	2. 936
三、营运能力指标				
（1）存货周转率	8	5	16. 47	26. 352
（2）应收账款周转率	8	6	7. 50	10
（3）总资产周转率	12	2	1. 61	9. 66
合计	100	—	—	150. 02

4. 做出综合评价

在采用计分综合分析法时，分数若大于 100，则说明企业的财务状况超过行业平均水平或历史相关水平，企业的财务状况比较好，反之，则说明企业的财务状况比较差，ABC 公司的得分为 150. 02，超过行业平均水平，则说明财务状况比较好。

案例讨论

TCL 科技集团股份有限公司财务分析

1. 企业概况

TCL 科技集团股份有限公司（简称 TCL 或 TCL 科技集团，代码 000100）创立于 1981 年，作为中国企业国际化的先行者，早在 1999 年 TCL 就率先布局越南市场。至今已经走过早期探索、跨国并购、稳步成长、全球化再出发四个阶段，集团现有 7 万名员工，28 个研发中心，10 余家联合实验室，22 个制造加工基地，在 80 多个国家和地区设有销售机

构，业务遍及全球160多个国家和地区。TCL前身为中国首批13家合资企业之一——TTK家庭电器（惠州）有限公司，从事录音磁带的生产制造，后来拓展到电话、电视、手机、冰箱、洗衣机、空调、小家电、液晶面板等领域。

2018年10月，TCL登上福布斯2018年全球最佳雇主榜单。2019年7月10日，财富中文网发布了2019年《财富》中国500强排行榜。TCL集团股份有限公司在2019年中国500强排行榜（公司名单）中排名第79位。2019年9月1日，2019中国战略性新兴产业领军企业100强榜单在济南发布，TCL集团股份有限公司排名第52位。“一带一路”中国企业100强榜单排名第49位。2019年12月18日，人民日报“中国品牌发展指数”100榜单排名第46位。

2. 财务分析

以下TCL选择2013—2019年相关比率指标进行分析。

1）偿债能力分析

流动比率标准值是2，TCL流动比率在1.00～1.29之间不等，资金流动性差。

现金比率是指流通中的现金与商业银行活期存款的比率。现金比率的高低与货币需求的大小正相关。因此，凡影响货币需求的因素，都可以影响现金比率。现金比率的波动上升表明受货币需求影响增大。企业的应收账款每年的金额都很多，现金比率与它的应收账款有关，即赊销太多，赊销多却没有能力收回应收账款，那么企业的现金就会少，偿还外债困难，形成财务危机。

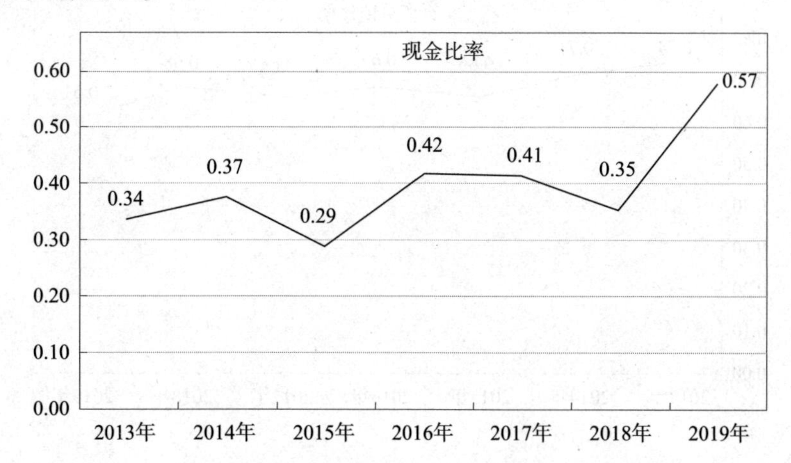

速动比率的高低能直接反映企业的短期偿债能力强弱，比率值越高越好，该公司连续七年速动比率的值都小于1，且逐年波动下降，投入产出的水平差，说明偿债能力弱，资产运营不是很好。

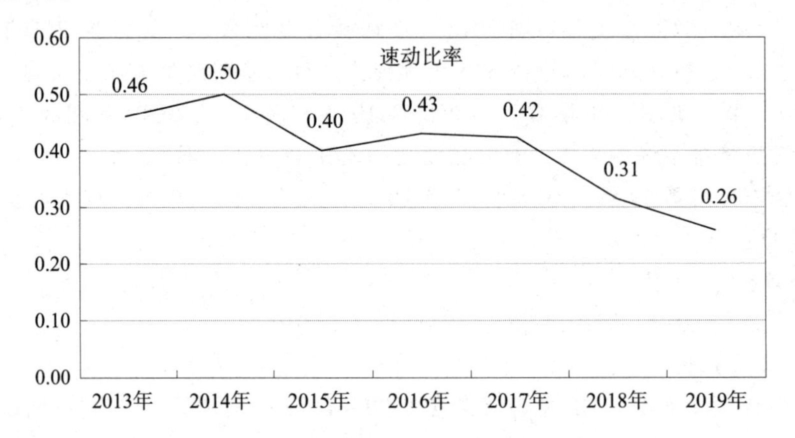

股东权益比率（又称自有资本比率或净资产比率）是股东权益与资产总额的比率，该比率反映企业资产中有多少是所有者投入的。股东权益比率应当适中。

制造业资产负债率上限为75%，上市公司资产负债率平均值在50%左右，资产负债率越小说明公司财务风险越小、长期偿债能力越好。从图中可知，TCL的资产负债率为

61% ~74%，平均值也在60%以上，所以偿债能力有问题。公司股东比例高也可能因为非公开发行股票，公司现金不够的情况下会用此方法，这可以从侧面反映公司偿债能力差。

企业的负债高也有可能是行业不景气、销量不理想造成的。

2）获利能力分析

净资产收益率指标值越高，说明投资带来的收益越高。该指标体现了自有资本获得净收益的能力。指标值逐年波动减少，导致资产收益影响企业获利，从而资金使用效率减少导致亏损。

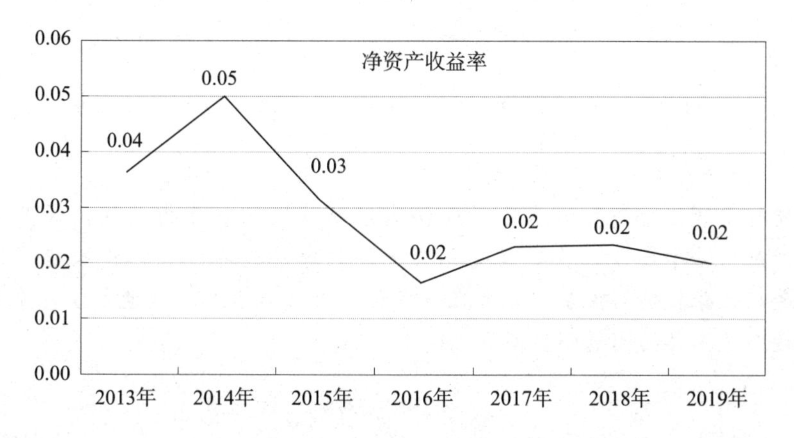

营业净利率呈现不稳定的状态，近年来由于市场上出现了越来越多的品牌，包括国内外因素的影响，导致该企业产品市场受到冲击。2014 到 2016 期间由于市场需求不足，产品价格下降。对中国区业务进行重组，但是未能达到目标，导致获利指标在这段期间呈下滑状态。

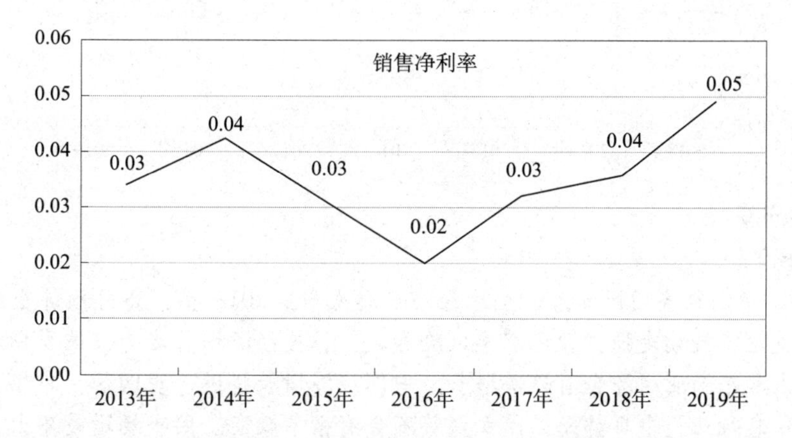

投资报酬率指标越高，表明投入产出的水平越好，资产运营越有效。2014 年之后投入产出的水平明显呈波动下降趋势，资产运营问题明显发生，表示公司的获利能力减弱，2014—2016 年投资报酬率逐渐下滑说明在这段时间内企业投入产出水平不好，正常运营不是很有效。

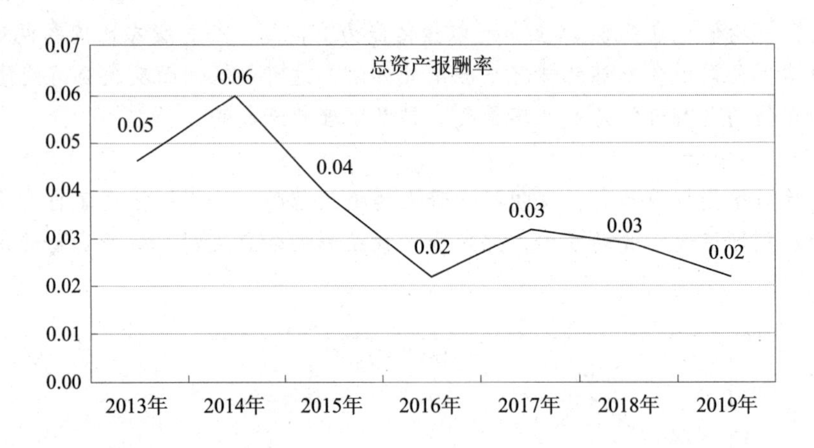

3）营运能力分析

总资产周转率数值越高表明总资产周转速度越快、销售能力越强，资产利用效率越高。TCL总资产周转率逐年减少，表明总资产周转速度逐年降低，投入与产出的速度放慢，后期资金应收账款仍然很多，资金在一定程度上可能不够，这也是使资金无法更好地流动分配导致经营不善的问题明显所在。

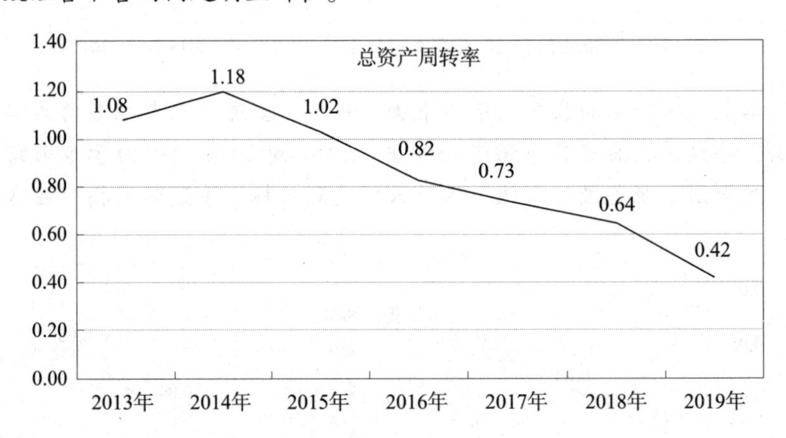

3. 存在问题

1）国外因素

2014年，中国经济增幅回落，全球经济整体欠佳，2015年，公司预计全球经济增长依然缓慢，美元将持续走强，欧元汇率风险加大，拉美经济增长乏力，俄罗斯在动荡中蕴藏机遇，亚太和东南亚经济会有较快增长。中国经济增长将进一步回落，市场需求趋于平缓。在电子信息行业，中日韩三国鼎立之势不会有根本改变。因市场增量不大，企业之间的竞争将趋于白热化。这些将影响企业后续的发展。另外，在2017年前后，受海外手机市场低迷态势延续及内部组织和业务重组的阶段性影响，TCL通讯科技的产品毛利率下滑较多，致全年大幅亏损，对集团业绩构成较大影响。2017年，TCL通讯科技实现通信设备及其他产品销量合计4 387.6万台，同比下降36.2%；实现销售收入149.7亿元，同比下降26.5%。

2）公司治理情况

在2014年开始出现公司不存在控股股东和不存在实际控制人的情况，根据《公司法》

第 217 条的规定，“控股股东”是指“其出资额占有限责任公司资本总额百分之五十以上或者其持有的股份占股份有限公司股本总额百分之五十以上的股东；出资额或者持有股份的比例虽然不足百分之五十，但依其出资额或者持有的股份所享有的表决权已足以对股东会、股东大会的决议产生重大影响的股东”。根据上述规定，TCL 公司不存在控股股东。控股股东报告期内变更不适用。TCL 公司不存在实际控制人。虽不是公司的股东但通过投资关系、协议或者其他安排，能够实际支配公司行为的人明显缺乏，这将影响公司治理。这些问题在后期也会有发生。

4. 提出方案和意见

（1）控制赊销额是加强应收账款日常管理的重要手段，企业可根据客户的信用等级确定赊销额度，对不同等级的客户给予不同的赊销限额，降低应收账款回收风险。

（2）企业资金周转率较低，企业可以提高科技水平，降低成本，通过薄利多销的办法，加速资产的周转，带来利润绝对额的增加，企业还可以处置多余、闲置不用的资产，提高销售收入，从而提高总资产周转率。

（3）应精准地观察到商机，善于抓住适当的机会，提高自身的技术创新优势，在员工构成当中，应进一步增加研究生和博士、研发和技术人员，从而带动经济发展。

（4）对企业员工进行进一步的培训，确保企业员工能够针对性地支配公司行为，积极贯彻公司制度，从而使公司管理更加有序。要合理引入企业控股股东和企业的实际控制人，包括其他法人股东，让企业更好、更有序地运行。

（5）公司应积极扩大对外合作，对更多国家的情况进行多方面深层次的比较和分析，实现强强联手，达到合作共赢。

（6）企业应当进一步进行完善投资出资体系，应当进一步完善财务分配管理，从而让资金得到优化配置，合理运行，使负债偿债等能力得到提升，保证供需平衡。如果货币需求增大的话，就要通过更完善的渠道，更好地满足需求，以便完善经营体系。

［**案例讨论**］请任选一家上市公司，对其近 5 年至 10 年的财务数据进行分析。

企业并购管理

学习目标：

1. 掌握并购的概念、形式与类型、动因和效应。
2. 了解中外并购史及中集集团并购历程。
3. 掌握并购目标公司选择和公司价值评估。
4. 掌握并购所需资金预测的方法及支付和筹资方式。
5. 掌握几种反并购战略及并购整合类型和内容。
6. 掌握杠杆收购和管理层收购的特征。

7.1 企业并购概述

7.1.1 企业并购的概念

企业并购活动始于19世纪末。20世纪80年代，西方国家兴起了新一轮企业并购浪潮，特别是进入90年代以后，企业并购更是愈演愈烈，规模之大、时间之长、影响之广泛是前所未有的，2000年的全球并购交易额已占当年世界经济总量的1/10，目前全球跨国直接投资中，并购占到了八成以上。事实上，企业并购作为市场经济发展的产物，已经成为西方发达国家一个十分重要的经济现象。在当今市场经济发达的国家，企业越来越重视利用并购这一手段拓展经营，实现生产和资本的集中，达到企业外部增长的目的。

并购源于英文merger & acquisition（M&A），其中，merger指物体之间或权利之间的融合或相互吸收，通常被融合或吸收的一方在价值上要弱于另一方。融合或相互吸收之后，较不重要的一方不再独立存在。acquisition是指获得或取得的行为。M&A的主要特征是获得目标公司的控制权，本书所涉及的并购主要指在市场机制作用下，企业为了获得其他企业的控制权而进行的产权重组活动。

7.1.2　并购的形式

并购包括控股合并、吸收合并、新设合并三种形式。

1. 控股合并

收购企业在并购中取得对被收购企业的控制权，被收购企业在并购后仍保持其独立的法人资格并继续经营，收购企业确认并购形成的对被收购企业的投资。

2. 吸收合并

收购企业通过并购取得被收购企业的全部净资产，并购后注销被收购企业的法人资格，被收购企业原持有的资产、负债在并购后成为收购企业的资产、负债。

3. 新设合并

参与并购的各方在并购后法人资格均被注销，重新注册成立一家新的企业。

通常，我们把主兼并或主收购的企业称为兼并企业、收购企业、主并企业、进攻企业、出价企业、标购企业或接管企业等；把被兼并或被收购的企业称为被兼并企业、被收购企业、目标企业、标的企业、被标购企业、被出价企业或被接管企业等。

7.1.3　并购的类型

并购按不同的标准可以分为许多不同的类型。

1. 按双方所处的行业分类

按照并购双方所处行业性质来划分，企业并购方式有纵向并购、横向并购、混合并购三种。

（1）纵向并购是指从事同类产品不同产销阶段生产经营的企业所进行的并购，如对原材料生产厂家的并购、对产品用户的并购等。纵向并购可以加强公司对销售和采购的控制，并带来生产经营过程的节约。

（2）横向并购是指从事同一行业的企业所进行的并购。例如，两家航空公司的并购或两家石油公司的结合等，美国波音公司和麦道公司的合并，便属于横向并购。横向并购可以清除重复设施，提供系列产品，有效地实现节约。

（3）混合并购是指企业原材料供应、产品生产、产品销售均没有直接关系的企业之间的并购。例如，北京东安集团兼并北京手表元件二厂，并利用其厂房改造成双安商场便属于混合兼并。混合兼并通常是为了扩大经营范围或经营规模。

2. 按并购程序分类

按照并购程序来划分，企业并购方式有：善意并购和非善意并购。

善意并购通常是指并购企业与被并购企业双方通过友好协商确定并购诸项事宜的并购。这种并购方式一般先由并购企业确定被并购企业即目标企业，然后设法与被并购企业的管理当局接洽，商讨并购事宜。通过讨价还价，在双方可接受的条件下，签订并购协议，最后经双方董事会批准，股东大会2/3以上赞成票通过。

非善意并购是指当友好协商遭拒绝时，并购企业不顾被并购企业的意愿而采取非协商性购买的手段，强行并购对方企业。被并购企业在得知并购企业的企图之后出于不愿接受较为苛刻的并购条件等原因，通常会做出拒不接受并购的反应；并可能采取一切反并购的措施，如发行新股以分散股权，或收购已发行的股票等。

获取委托投票权是指并购企业设法收购或取得被并购企业股东的投票委托书，如果并购企业能够获得足够的委托投票权，使其能以多数地位胜过被并购企业的管理当局，就可以设法改组被并购企业的董事会，最终达到并购的目的。然而，在这场被称为“委托投票权大战”的激烈斗争中，并购企业需要付出相当大的代价，而且作为被并购企业的局外人来争夺股票权常遭被并购企业基本股东的拒绝，因此这种方法常常不易达到并购目的。

收购被并购企业的股票，是指并购企业在股票市场公开买进一部分被并购企业股票作为摸底行动之后，宣布直接从被并购企业的股东手中用高于股票市价的（通常比市价高10%~50%）接收价格收购其部分或全部股票。从理论上说，并购企业能够买下被并购企业51%的股票，就可以改组被并购企业的董事会，从而达到并购的目的。但在实际工作中，由于股权比较分散，有时拥有20%甚至10%的股票，也能达到控制的目的。

3. 按并购的支付方式分类

按照并购企业的支付方式和购买对象，并购可以分为现金购买资产或股权、股票换取资产或股权以及通过承担债务换取资产或股权，详见表7-1。

表7-1 按并购支付分类

支付方式	购买对象	
	资产	股权
现金	现金购买资产	现金购买股权
股票	股票换取资产	股票换取股权
承担债务	承担债务换取资产	承担债务换取股权

7.1.4 并购的动因

按照古典经济学理论，横向并购的动因主要在于降低成本和“扩大市场份额”，现代企业理论则从降低交易费用和代理成本角度解释了纵向并购的动因。具体来说，并购的动因主要可以概括为以下几种。

1. 获得规模经济优势

规模经济是指随着生产经营规模的扩大，生产成本随着产出增加而下降，收益不断递增的现象。通过横向并购企业可以快速将各种生产资源和要素集中起来，从而提高单位投资的经济收益或降低单位交易费用和成本，获得可观的规模经济。为此，企业有动力扩大生产规模，而并购，特别是横向并购是企业扩大生产规模最便捷有效的途径之一。

2. 降低交易费用

按照科斯的理论，企业是市场机制的替代物，市场和企业是资源配置的两种可互相替代的手段。通过并购主要是纵向并购，企业可以将原来的市场交易关系转变为企业内部的行政调拨关系，从而大大降低交易费用。

3. 多元化经营战略

多元化经营不仅可以降低风险、增加收益，而且可以使企业发掘出新的增长点。所以多元化经营往往成为企业发展到一定阶段之后的重要战略之一。并购也是企业迅速进入其他生产经营领域，实现多元化战略的重要方式。通过并购，企业避免了培育一个新产业可能会带来的风险与不确定性，而且有利于根据市场现状选择最佳进入时机。虽然多元化经营未必一定通过并购来实现，可以通过企业内部的成长而达成，但时间往往是重要因素，通过并购其他企业可迅速达到多元化扩张的目的。

7.1.5 并购效应

在各种不同的并购动因驱使下，并购活动是否增加了股东财富？这是西方经济学中的并购理论所探讨的另外一个重要问题。西方学者的研究认为，企业并购并非总能产生正效应。有的并购确实能产生正效应，有的并购产生零效应，有的并购甚至产生负效应。这里评价并购效应的标准是股东财富。股东财富增加为正效应，反之则为负效应。大量的实证研究表明并购总是能为目标企业股东带来正效应，而并购企业股东却并不总能从并购中获得好处，双方股东财富效应的组合产生了上述三种结果，这三种结果的产生被认为与并购的动因有关。

1. 并购正效应的理论解释

1）效率效应理论

效率效应理论认为并购活动产生正效应的原因在于并购双方的管理效率是不一样的。管理效率较高的企业并购管理效率较低的企业，可以通过提高后者的管理效率而获得正效应。该理论有两个基本假设：并购企业的管理资源有剩余，并且具有不可分散性。如果并购企业的管理资源并没有剩余，已经得到充分利用，或者并购企业的剩余管理资源具有可分散性，可以轻易释出，并购是没有必要的。对于目标企业来说，其管理的低效率可以通过外部管理层的介入和增加管理资源的投入而得到改善。

2）经营协同效应理论

经营协同效应理论的假设前提是规模经济的存在。由于人力资本支出、固定资产支出、制造费用、营销费用、管理费用等的不可分性，在合理范围内，分摊这些支出的产品的数量越大，单位产品的成本就越低。在企业尚未达到合理规模使各种资源得到充分利用时，并购显然是解决这一问题的有效手段。当并购双方存在互补优势时，也会产生经营协同效应。例如，并购企业拥有较强的研发力量，而营销力量较弱，相反，被并购企业具有强大的营销力量而产品研发力量较弱，这时两者的合并无疑会增强并购后企业的整体实力。此外，纵向并购通过降低上下游企业的交易费用而带来经营的协同效应。

3）多元化优势效应理论

股东可以通过证券组合来分散其投资风险，而企业的管理者和员工由于其人力资本的不可分散性和专用性面临着较大的风险。因此，企业的多元化经营并不是为了最大化股东的财富，而是为了分散企业经营的风险，从而降低企业管理者和员工的人力资本投资风险。此外，企业的多元化经营可以增加员工升迁的机会。如果企业原本具有商誉、客户群体或供应商等无形资产，多元化经营可以使这些资源得到充分利用。

4）财务协同效应理论

财务协同效应理论认为并购可以给企业提供成本较低的内部融资。例如，当一方具有充足的现金流量而缺乏投资机会，而另一方有巨大的成长潜力却缺乏融资渠道时，两者的兼并就会产生财务协同效应。此外，并购后的企业借贷能力往往大于并购前各自的借贷能力，负债的节税效应将降低企业的财务成本。

5）战略调整理论

战略调整理论强调企业并购是为了增强企业适应环境变化的能力，迅速进入新的投资领域，占领新的市场，获得竞争优势。虽然企业也可以通过内部发展来获得新的资源和新的市场，但并购显然能使企业更快地实现这种调整。

6）价值低估理论

这一理论认为，当目标企业的市场价值由于某种原因而未能反映其真实价值或潜在价值时，并购活动就会发生。企业价值被低估的原因通常有以下几种：①企业的经营管理未能充分发挥其应有潜能；②并购企业拥有外部市场所没有的有关目标企业真实价值的内部信息；③通货膨胀造成企业资产的市场价值和重置成本的差异。常被用来衡量企业价值是否被低估的指标是托宾 Q 比率。Q 等于企业的市场价值和其重置成本的比值。当 Q 值小于 1 时，表明企业的价值被低估了。例如，如果 Q 值为 0.5，即使并购成本为被并购企业市值的 1.8 倍，但总成本仍只有被并购企业重置成本的 90%，并购企业仍然有利可图。

7）信息理论

信息理论认为当目标企业被并购时，资本市场之所以重新对该企业的价值做出评估，有两种可能：①并购向市场传递了目标企业被低估的信息；②有关并购的信息将激励目标企业的管理层采取有效措施改善其经营管理效率。基于以上两点，不管并购本身最后是否成功，目标企业的股票价格往往会经历一个上升的过程。

2. 并购零效应的理论解释

并购企业由于管理层的傲慢自大，往往会过于乐观，向目标企业股东出价过高，或者即使该项投资并无价值，仍坚持投资，或者在有较多的竞争者时，并购成本被过分地抬高，当并购成本已经大于并购收益时，仍坚持并购。这就是所谓的“过度自信”理论。在这种情况下，并购企业从并购行为中获得的将是零效应。目标企业股东收益的增加实际上是财富从并购企业股东向目标企业股东的简单转移。

3. 并购负效应的理论解释

当一项并购的动因是代理问题，即管理者为了他们自己的利益甚至以损害企业的利益或股东的利益为代价采取并购行为，或者有关并购的决策错误时，并购的总体效应为负值。

对企业并购负效应的理论解释可以归纳为以下两种观点。

1）管理主义

这种理论认为并购本身就是一种代理问题。有实证研究表明，代理人的报酬决定于企业的规模，因此代理人有动机通过并购使企业规模扩大，从而增加自己的收入和保障其职位的安全。管理者重视企业增长率而忽视企业的实际投资收益率，因此会做出对股东来讲是负效应的并购决策。

2）自由现金流量假说

所谓自由现金流量是指企业的现金在支付了所有净现值为正的投资计划后所剩余的现金流量。如果管理者以股东财富最大化为目标，则应放弃低于资本成本的投资，而把这些自由现金流量支付给股东。但管理者往往动用自由现金流量去并购企业来实现扩张政策，并可能采取低收益甚至导致亏损的并购。这种低效的企业并购必然会损害企业的价值。经营稳定但缺少有效的投资机会而产生巨额现金流量是实施这种低效并购的企业的一个特征。在这种意义上，企业并购正是股东和管理者之间利益摩擦的一种反映。

理论上，上述任何一种关于并购动因和效应的解释都是不全面的，现实中，一例并购往往不只有一个动因，而是一个多种因素的平衡过程，因此，并购实际所产生的效应不一定会与最初的动因一一对应。

7.2　企业并购的历史演进

7.2.1　西方企业的并购简史

西方发达国家的企业成长史实质上就是一部并购史，以美、英、日、德等发达国家为代表的并购活动按历史进程大概可以分为五个阶段，在每一个阶段总有一种特定的并购方式处于主导地位。

1. 第一次并购浪潮（1895—1904）

第一次并购浪潮发生在19世纪与20世纪之交，这一阶段并购以横向并购为主，并购后形成了一批具有大规模、大垄断特点的公司。

1895—1904年，美国企业有75%由于并购而消失，也就是说，在这次并购浪潮中，美国企业中的3/4被并购，另外1/4成为并购者。这一时期，铁路、通信、公用事业等基础设施的并购最为活跃。这次并购浪潮的主要形式是横向并购，重大结果是形成了企业垄断。大量中小型企业通过并购组成一个或几个大型企业，这些大型企业成为某一部门现代化大工业的垄断者，如美国钢铁公司、杜邦公司、美国烟草公司、美国橡胶公司等。根据哈罗德·利夫赛资料显示，1899年美国通过并购形成的100家大公司，在主要部门中占有国内市场的份额是：石油工业公司82%，结构金属公司100%，陶器和玻璃工业公司100%，食品工业公司54%。

【例7-1】美国火柴工业1880年以前共有30多家火柴企业，均属小型分散的企业。

这些企业通过相互之间的横向并购，形成了四大火柴企业，占据了美国火柴市场80%以上的份额。1900年，经过进一步并购，最后形成了美国钻石火柴公司（Diamond Match Co.）独家垄断美国火柴业的局面。

2. 第二次并购浪潮（1922—1929）

经历了第一次并购浪潮后，企业并购活动处于低潮，到了20世纪20年代，企业并购又形成了第二次浪潮。第二次并购浪潮与第一次有着显著的不同。第二次并购浪潮在企业规模更大的基础上进行，主要是已经形成的垄断企业并购大量企业，扩张其势力范围，并购形式以纵向并购为主，同时还出现了产品扩展型混合并购、市场扩展型混合并购。根据有关统计资料，在美国278家大企业中，有236家企业进行了原料、半成品、制造加工等生产工序相互结合的兼并活动，有85%的企业进行了生产、流通和分配各个环节统一到一个企业中的并购行为。20年代的并购浪潮在很大程度上形成了英国制造业的基本轮廓，形成了一批在各部门处于领导地位的大型企业。这个时期形成的重要企业，如ICI和尤尼莱弗，至今仍控制着英国的制造行业。

【例7-2】美国钢铁公司在第一次并购浪潮中，通过并购大量中小型企业，组成了实力强大的垄断公司。到了第二次并购浪潮，该公司通过大量纵向并购，并购了一系列采掘、炼铁、炼钢、铸钢、轧钢、运输、销售等环节的企业，形成了一个庞大的钢铁联合企业。公司规模之大，产品品种之齐全，无与伦比。

3. 第三次并购浪潮（20世纪60年代）

20世纪60年代，出现了第三次并购浪潮。这一阶段的并购以多元化经营和品牌重组为主要特征，主要是混合并购。第三次并购浪潮无论就其规模还是速度来说，都大大超过了前两次，第二次并购浪潮的规模比第一次大1倍，而第三次并购浪潮的规模又要超出第二次1倍以上；1925—1931年的7年间，美国并购企业数平均每年为835起，1965—1971年的7年间，美国并购企业数平均每年为1 511起。第三次并购浪潮，主要是大型企业之间的并购，企业和市场的垄断程度进一步提高。并购形式以互不关联的企业之间的混合并购为主。与美国相似，英国也出现了许多大型企业之间的并购。这种大规模的大型企业之间的并购，使得英国各行业的垄断程度大大提高，联合体和多数行业的集团化趋势得到了进一步发展。

【例7-3】美国国际电报电话公司原来是一家专营电信设备和电信劳务的公司，1955年名列美国公司第80位。在第三次并购浪潮中，该公司通过混合并购，进行多角化经营。通过兼并美国最大的生产工业用泵的贝尔-戈赛特等公司，使得机械工业成为公司的重要组成部分；通过兼并生产各种自动控制仪表的通用控制公司、进行研究与发展先进电子元件的电子技术研究所，以及生产电子元件的全国计算机产品公司从而进入了高科技生产领域和国防工业行业；通过兼并美国三大旅馆之一的谢拉顿旅馆，进入旅游服务业；通过兼并克利夫兰汽车公司，进入汽车维修业；通过兼并巴布斯-梅里尔出版公司、美国三大商业广播电视公司之一的美国广播公司，进入文化宣传领域；通过并购哈德福特火险公司、大都会国际人寿保险公司、埃特纳金融公司、索普金融公司，进入金融业。除此之外，美国国际电报电话公司还兼并了住宅建筑行业以及众多其他行业的中小企业。到1970年，美国国际电报电话公司成为美国第八大企业。

4. 第四次并购浪潮（20世纪70—80年代）

第四次浪潮自20世纪70年代中期起，延续了整个80年代。这次浪潮规模空前，1978年以前，10亿美元以上的特大型并购甚是罕见，而在1983年、1984年和1985年分别就有6起、17起和37起。第三次并购浪潮中混合并购的弊端开始显露，通过并购活动，调整多样化经营企业的内部结构，消除混合并购所带来的弊端，成为80年代并购浪潮中的一个重要任务。第三次并购浪潮的另一个特点是杠杆并购开始流行，出现了大量小企业并购大企业的现象，而金融界为了支持杠杆并购，开始发行“垃圾债券”。“垃圾债券”最早起源于美国，早期被一些小公司用于筹集开拓业务的资本之用，由于小公司资信状况较差，信用等级较低，发行债券融资时，就以较高的收益来补偿其高风险，当高收益高风险的债券被市场吸纳后，越来越多的资信较差的公司也加入进来，致使20世纪80年代"垃圾债券"危机四伏。此次浪潮中小企业借助于金融公司财力，以股东革命的面目并购多元化发展的大公司，出现了"小鱼吃大鱼"的现象。所以，第四次浪潮也是以美国为代表的发达国家企业进入市场经济的重要转折期。同时，这一时期跨国并购不断增多，并一直延续到第五次浪潮，而日本企业在此期间表现尤为突出。英国企业在这次并购浪潮中的数量和规模要明显地大于前两次，这与当时英国政府对待并购采取较为宽松、放任的政策是密切相关的。这一时期，大规模的分拆活动成为英国企业并购活动中的一个重要方面，公司把非核心的部分或附属企业分离出来卖给其他公司，或者以管理层收购（MBO）的形式卖给这些分离出来的部门或附属企业原来的管理者。20世纪80年代，日本企业趁日元升值，也纷纷向海外并购企业，以建立海外行销网或生产基地，绕过国际贸易壁垒。比较著名的案例有索尼公司以34.5亿美元收购了美国的哥伦比亚制片公司；三菱公司以8.4亿美元收购了洛克菲勒华尔街大厦51%的股份等。

【例7-4】 KKR公司是美国一家著名的经纪公司，1984—1987年，KKR公司利用"垃圾债券"，借款高达267亿美元，购买了11家大型公司。1988年KKR公司以251亿美元的高价收购了在美国大公司中排名第19位的RJR纳比斯克公司。在此次并购活动中，KKR公司出资15亿美元，50%~70%由两家投资银行贷款，其余为发行"垃圾债券"筹集的资金。

5. 第五次浪潮（20世纪90年代开始）

第五次浪潮始于20世纪90年代初，主要特征是"强强联合"和"跨国并购"。这次并购浪潮中参与并购的企业数量之多、单件并购交易额规模之大、影响之广泛都是空前的。例如，1998年年底，美国埃克森石油有限公司宣布以810亿美元兼并美孚石油公司；1999年美国的世界微波通信公司以1 270亿美元收购斯普林特公司。价值数百亿美元、经营数十年甚至上百年的公司以及一些大型跨国公司都成为这次并购浪潮的并购对象，出现了像波音-麦道公司那样的世界性行业垄断集团。以往的并购活动主要集中在几个行业，而这次并购浪潮席卷了通信、化工、机械、航空、电子、零售、医疗保健、银行等行业，其中银行业、电信业、网络业和制药业的并购活动尤为突出，交易额高达上百亿至上千亿美元，促进了产业结构的调整。并购方式又回到一个世纪前流行的横向并购为主，但这次是跨国的横向并购。

【例7-5】 1996年12月，美国波音公司兼并美国麦道公司，这次并购涉及133亿美元，并购方式是麦道公司每股换持波音公司0.65股。新合并而成的波音-麦道公司已成为世界上规模最大、实力最强、业务最广、形象最好的航空公司，也是美国最大的出口商。同时，这次并购也是对空中客车公司强有力的冲击，让空中客车面临一个强大的联盟体的竞争威胁。

7.2.2 中国企业并购简史

新中国成立以来，我国企业并购的发展大致可以分为两个时期：第一时期为1993年以前。这一时期我国的企业并购主要是通过政府无偿划拨或通过产权交易市场进行的。第二时期以1993年的“宝延风波”为起点，中国的企业并购进入以公司形态为主，通过股权交易进行并购的阶段。公司制企业的发展与证券市场的建立和发展是这一时期的两个基本条件。

第一时期的企业并购带有浓重的行政色彩，大多数企业并购都是在政府的推动下实施和完成的。在这一时期，最有名的并购模式是“保定模式”和“武汉模式”。“保定模式”采取自上而下的程序，由政府依据产业政策，以所有者代表身份直接参与并购，进行干预、引导、牵线搭桥，推动企业并购。1984年保定市经委以“用大型企业带动小型企业，以优势企业带动劣势企业”的思路，将四家亏损企业卖给优势企业，从而消灭了一批亏损企业，并且满足了部分优势企业的扩张欲望，收到了比较好的效果。“武汉模式”采取自下而上的程序，企业在双方自愿自主的基础上充分协商并达成协议，报双方主管部门批准。“保定模式”偏重产业政策，“武汉模式”强调自愿互利，但本质上都是通过政府推动的。1988年，武汉市开放第一家企业产权转让市场。同年，成都、保定、郑州、洛阳、太原等地也相继组建了产权交易市场。产权交易市场的建立为企业并购提供了一个重要的途径，并促进企业并购在全国范围内的迅速发展。1989年2月，国家体改委、国家计委、财政部、国家国有资产管理局联合发布了《关于企业兼并的暂行办法》，这是我国规范企业并购活动的第一个正式法规。

第二时期的企业并购按照相关法律制度的建立和完善大致可以划分为以下四个阶段。

1. 第一阶段（1993—1999）

1993年4月22日国务院发布了《股票发行与交易管理暂行条例》，在第四章专门规范了“上市公司的收购”，正式确立了上市公司并购的相关法规。1993年10月，深圳宝安集团在上海证券交易所通过购买股票方式，收购了上海延中实业公司16.8%的上市流通股票。1994年4月，宝安集团完成对延中实业公司的控股。这是中国第一起通过国内证券市场进行的股权收购，标志着我国企业并购活动进入了一个新的阶段。1994年4月，珠海恒通集团股份有限公司收购上海棱光股份有限公司1 200万股国有股，成为棱光第一大股东，完成收购后，恒通集团将其下属全资子公司恒通电能仪表有限公司转让给棱光公司，不仅开启了国有股转让的先河，而且完成了中国第一例完整意义上的“买壳上市”，此后，许多因政策限制而被排除在证券市场之外的民营企业，开始通过“买壳”的方式间接上市。1997年，上市公司并购与促进产业结构调整和产业升级联系在一起，进一步丰富了并购重组的经济内涵。1998年，民营科技型企业成为并购重组的主角，出现了清华同方与鲁颖电子的吸收合并、申能股份国有股回购等一系列市场运作的实践创新，到1999年，中国证券市场的并购模式创新已基本成熟。

2. 第二阶段（1999—2002）

1999年7月1日开始实施的《中华人民共和国证券法》明确规定了上市公司股权转让的两种方式，即以协议转让和二级市场收购两种方式，并且将二级市场收购超过5%的公告间隔由原来的2%调增为5%。同时，证监会对并购信息的披露要求更加严格。2000年共有100余家上市公司的控制权发生了转移。竞争较为激烈的传统行业，如啤酒、航空和商业等领域也发生了许多战略性兼并重组，形成了规模经济。政府在企业并购中的作用仍然比较突出，如2000年下半年公布的PT红光、ST郑百文等上市公司并购重组方案中，地方政府都发挥了不可缺少的关键作用。主要体现为给予收购人一定的优惠政策，如税收、债务本息的减免、无偿划拨土地等。进入2001年以后，市场监管力度明显加强，通过将PT股和连续三年亏损的ST股直接退市的机制，加速了对绩差公司的并购。

3. 第三阶段（2002—2006）

2002年12月1日实施的《上市公司收购管理办法》和《上市公司股东持股变动信息披露管理办法》，以及2002年11月发布的《关于向外商转让上市公司国有股和法人股有关问题的通知》等规定文件标志着我国上市公司收购的法律框架基本完成。首先是《上市公司收购管理办法》突破了《证券法》的原有界限，明确将证券交易所外的股份转让也纳入监管范围，更加符合中国的实际，同时，收购交易的运作空间更加开放，境内外的法人和境内自然人都拥有收购权，大大吸引了外资和民营资本在内的更多主体参与上市公司收购。

4. 第四阶段（2006至今）

伴随着《上市公司收购管理办法》《证券法》的修改，以及中国资本市场股权分置改革，2006年可谓是中国并购市场的一个重要分水岭，并购在经济资源配置中扮演着越来越重要的角色。2006年年初，一场有关外资与经济安全的讨论引发了对频频上演的外资并购的反省与思考，并直接推动了政策完善的进程。2006年9月8日，商务部等六个部门联合发布了《关于外国投资者并购境内企业的规定》，对外国投资者并购境内企业做出了更细致的规定，被国际咨询资深顾问认为是“在商业领域，中国迄今为止唯一达到了国际行文水准的法律法规性文件。它没有出现‘一般不得’‘可以’等等充满道德性判断、逻辑不清的弊病，对于任何真心实意想在中国做生意的外国投资人，外资并购新规都是一个重要的利好。它为政府和企业双方，设置了一个比较明确的游戏规则”。

随着资本市场进入全流通时代，上市公司并购的外部环境发生了重大变化，上市公司并购重组的动力增强，方式也不断创新，2006年以来在并购的支付手段上，除了传统的现金方式，以发行新股认购资产方式甚至以股份换股份的方式也大量出现。为支持上市公司通过并购重组做优做强，2008年中国证监会颁布了《上市公司重大资产重组管理办法》，并于当年5月18日起开始施行。该办法的出台，使得市场广泛认可和接受的措施通过制度化的规定，具有更强的规范和执行效力。

2008年8月4日起施行的《上市公司并购重组财务顾问业务管理办法》则是为了充分发挥财务顾问在上市公司并购重组活动中的外部监督职能，督促并购重组活动的相关当事人自觉规范运作，维护市场秩序和公信力，降低证监会的监管风险，推动市场化进程。《上市公司并购重组财务顾问业务管理办法》明确规定，上市公司并购重组财务顾问业务是指为上市公司的收购、重大资产重组、合并、分立、股份回购等对上市公司的股权结构、资产和负债、收入和利润等具有重大影响的并购重组活动提供交易估值、方案设计、出具专业意见等专业服务。从事财务顾问业务的机构应该获得中国证监会核准。

2008年12月9日，中国银监会发布了《商业银行并购贷款风险管理指引》，明确了银行贷款可以介入股权投资领域，在贷款比例上，发放并购贷款的金额原则上占并购股权对价款的比例不高于50%，从而为上市公司实施杠杆并购创造了可行条件，拓宽了并购途径。而在此之前1996年央行制定的《贷款通则》则明确规定：借款人不得用贷款从事股权资本性投资。

以上制度的出台，进一步完善了我国上市公司收购的法律法规制度框架。

7.2.3 中集集团的并购扩张历史

1. 案例背景

中国国际海运集装箱（集团）股份有限公司（简称中集集团）初创于1980年1月，最初由香港招商局和丹麦宝隆洋行共同出资300万美元合资组建，是中国最早的集装箱专业生产厂和最早的中外合资企业之一。

1982年9月22日中集集团正式投产，1987年交通部中国远洋运输总公司（简称中远公司）对中集集团进行投资，招商局和中远公司各持有中集集团45%的股份，宝隆洋行则占有10%的股份。1993年，中集集团改组为公众股份公司，定向募集职工股576万股，1994年在深圳证券交易所上市，发行A股1 200万股，B股1 300万股，募集资金19 830万元。1995年起以集团架构开始运作。集团致力于为现代化交通运输提供装备和服务，主要经营集装箱、道路运输车辆、机场设备制造和销售服务。截至2005年年底，中集集团总资产171.73亿元、净资产94.56亿元，在国内和海外拥有40余家全资及控股子公司，员工34 000人。招商局共持股22.75%，中国远洋运输（集团）总公司控股的中远太平洋有限公司的附属全资子公司中远集装箱工业有限公司持股16.23%。

20世纪80年代以后，我国对外贸易迅猛发展，极大地带动了集装箱行业的发展。国内经济的持续稳步增长促进了进出口贸易的繁荣，特别是出口业务表现出强劲的发展势头，价低量大仍然是我国出口产品的主要特点，这一特点也决定了其主要依赖于海运的方式，导致国内市场产生了对集装箱的大量需求。加之我国制造业与运输业成本相对较低的特点，进一步增强了集装箱业的竞争能力，也为其提供了更大的发展空间。20世纪90年代初期的市场增长使得早期进入该行业的公司获得了较高的回报，行业利润率一度高达30%，吸引了大批厂家进入集装箱行业。国内先后有20多家企业上马集装箱项目，同时，东南亚国家的一些企业也开始大力发展集装箱业，生产能力的激增导致低水平的重复建设和低水平的激烈竞争，使得市场供需出现了大逆转。矛盾最严重的时候，全球的需求量为100万TEU，但生产能力却高达250万TEU。针对行业内重复建设带来的资金、资源的严重浪费，国家明确规定控制新的项目上马。与此同时，行业内恶性竞争的恶果开始显现，一些技术与管理水平相对较低的企业陷入困境，难以自拔。

正是在这样一个特殊的市场环境中，作为国内集装箱龙头企业的中集集团敏锐地看到低成本扩张的机会：实施并购。中集集团认为，由于实施了对新建项目的控制，市场供需矛盾不会进一步激化，而那些拿不到订单的企业也希望寻求到一条退出之路，而中集集团作为一个股份公司，其在管理水平、市场拓展、融资条件等方面具有不可比拟的优势，通过并购实现规模扩张恰逢其时。

2. 并购战略的实施

中集集团的并购首先是从集装箱行业的横向并购开始的，在核心竞争力增强之后，通过一系列新领域的并购形成了多元化经营模式。

1）并购优势分析

首先，从市场占有情况来看，中集集团具有其他竞争对手不可比拟的优势。这在很大程度上得益于中远的加盟。中远公司的前身是1961年成立的中国远洋运输集团，航运业是它的核心业务，该公司拥有600余艘船舶，1 700万载重吨，在航运企业的世界排名中位居第三。成为中集集团的大股东之后，对集装箱的需求自然更加倚重中集集团的产品，进一步巩固了中集的市场优势。

其次，从融资来看，中集集团作为上市公司具有得天独厚的资金募集优势。中集集团1994年以8.5元的价格发行A股1 200万股，B股1 300万股，1996年和1997年又先后增发B股3 000万股和4 800万股，资金实力较为雄厚。上市公司具有比较好的公众形象，容易促成并购的实现，而且国家对上市公司通过并购实现规模扩张持鼓励态度，中集集团所在地深圳市政府也为推进上市公司并购出台了许多优惠政策。

最后，从管理实力来看，中集集团已有了扎实的积累，培养出一批专业的营销队伍，建立起一支卓有成效的管理团队，产品的市场覆盖面不断扩大，客户结构得以优化。时任董事长麦伯良曾说“因为收购企业后要对其进行改造和管理，没有足够的实力是很难产生效益的”。借助公司完善的管理制度，有效的成本控制和质量管理体系，在行业内部中集集团已形成了良好的品牌效应，为收购的实现奠定了坚实的基础。

2）并购的实施

在集装箱领域，按照利用核心优势，通过并购实现低成本扩张的战略规划，结合所处产业的特征，对并购目标的选择主要考虑了区域因素。从区域环境来看，在国家沿海开放政策的带动下，整个沿海地区的投资环境、法制环境和思想观念都比较灵活和开放，而且集装箱一生产出来，最好能就近装货出口，成本才会最低。所以，中集集团首先将并购对象框定在沿海地区。从当时国内集装箱生产的情况来看，华北、华南、华东三大区域结构已初步形成，为了实现最有效的地域布局，实现战略优势，中集集团制定了在每个区域建立生产基地的并购战略。

在集装箱业务占据了全球一半以上的份额之后，中集集团经过将近3年的项目发展战略研究和技术研发，形成了现代道路运输车辆业务的发展框架，并从2002年开始，以雄厚的资本优势，并购了国内多家特种车辆制造企业。2006年，中集道路运输车辆的销售收入达71亿元，相当于其2001年进入车辆业务前整个集装箱业务的销售收入。车辆业务的生产和销售再次成为世界第一。

在车辆业务之后，中集集团开始通过并购进军能源化工和海洋工程领域，逐渐完成了对天然气上游开采设备、中游运输设备和下游分销设备三大领域的布局。与此同时，中集集团也实现了从劳动密集型工业向资本和技术密集型工业的转变。中集集团的主要并购历程如表7-2所示。

从1993年兼并计划实施开始，经过7年的发展，中集集团规模迅速扩大，资产总额从1993年的5.76亿元增长到1999年的近67亿元。2000年中集集团已成为世界最大的国际标准干货集装箱制造商和中国最大的冷藏集装箱制造商。通过不断收购新的产能、技术和渠道，目前，中集集团已经在干货集装箱、冷藏集装箱、特种集装箱、罐式集装箱、登机桥和专用车制造六大领域雄居世界第一。特别是其集装箱生产与销售占据了全球50%以上的市场份额。

表 7-2　中集集团的主要并购历程

年份	并购对象	简要说明
1993 年	大连集装箱公司	收购了大连集装箱公司 51% 的股权，在华北地区建立了生产基地。投入约合人民币 1 767 万元，对生产线加以改造并增加设备
1994 年	南通顺达集装箱股份有限公司	收购了该公司 61.8% 的股权，投入约 2 768 万元用于生产线的改造
1995 年	合资经营上海中集冷藏箱有限公司	与中国国际海运集装箱（香港）有限公司、佛罗伦集团有限公司、上海罗南农工商总公司和德国格拉芙有限公司签订合资经营上海中集冷藏箱有限公司的协议，投资总额 5 000 万美元，中集集团持股 52%
1995 年	广东省新会大利集装箱厂	股权转让给 4 家外商，中集集团仍持股 60%
1995 年	合资成立南方中集	与中国国际海运集装箱（香港）有限公司合资设立深圳南方中集集装箱制造有限公司（南方中集），注册资本为 600 万美元，中集集团持有 75% 的股权
1998 年	上海远东集装箱有限公司天津北洋集装箱公司	受让中远上业公司上海远东集装箱有限公司 22.5% 的股权和天津北洋集装箱有限公司 47.5% 的股权
2000 年	与英国 UBHI 结成合作联盟	收购其特种箱技术
2002 年	扬州通华专用车公司	扬州通华是图家重点高新技术企业，大部分产品属于国家优先发展的高技术产品
2002 年	青岛宇宙集装箱公司	收购青岛宇宙集装箱公司 80% 的股权，并将其改造为车辆生产基地
2003 年	济南考格尔特种汽车公司	济南考格尔主要生产具有世界先进水平的冷藏保温汽车、罐式汽车、厢式汽车、快换集装箱运输车和压缩式垃圾箱等
2003 年	美国第六大半挂车企业 HPAMONON 公司	收购美国第六大半挂车企业 HPAMONON 的半挂车生产相关资产和零部件配售中心相关资产
2004 年	收购英国 Clive - Smith Cowley 公司	获得折叠箱关键技术
2004 年	驻马店华骏	驻马店华骏是我国最大的专用车制造企业
2004 年	张家港圣达因化工机械有限公司	圣达因在中国低温液体贮槽及罐车制造技术方面居于领先地位
2007 年	安瑞科能源装备控股有限公司	斥资 11.28 亿元，以每股 5.92 港元收购联交所挂牌公司安瑞科（3899.HK）约 42.18% 的股权。安瑞科是国内成长迅速的 CNG（压缩天然气）及 LNG（液化天然气）物流设备制造企业

续表

年份	并购对象	简要说明
2008年	烟台莱佛士船业有限公司	通过在香港设立的一家子公司Sharp Vision Holdings Limited收购莱佛士29.9%的股权。烟台莱佛士是国际领先的船舶及海洋工程设施建造公司，是目前中国最大、全球第三的半潜式海洋工程装备建造商
2008年	卢森堡TGE GAS IN VESTMENT SA	以2 000万欧元收购卢森堡TGE GAS IN VESTMENT SA 60%的权益，并且约定，2009年和2010年TGE GAS业绩达到约定目标后，中集集团还要每年再支付500万欧元

（资料来源：荆林波. 中国企业大并购. 北京：中国社会科学文献出版社，2002；公开资料整理。）

从被收购企业的类型来看，中集集团具有明确的兼并收购战略和目标。

道路运输车辆领域的收购步骤可以分解为三步：第一步，通过收购国内知名的制造业企业切入市场，形成产能；第二步，通过收购技术进行产业整合，优化结构；第三步，通过收购外国企业获取海外渠道，并将生产逐步转移至国内，形成全球资源的合理配置。具体来看，扬州通华具备单班年产3 500辆各类专用车和半挂车的生产能力，能够生产八大系列80余种型号、200多种规格的专用车和半挂车；济南考格尔主要生产冷藏保温汽车、罐式车、厢式车、快换集装箱运输车和压缩式垃圾箱等；通过收购美国第六大半挂车企业HPAMONON公司，中集集团将美国企业的技术、管理经验与中集集团低成本战略优势和核心能力有效结合，实现国内零部件生产与美国工厂的配套运作；华骏车辆的收购使其进一步完善道路运输车辆业务的生产布局，形成规模优势，提高市场占有率；张家港圣达因的低温液体贮槽及罐车制造技术在国内居于领先地位。通过收购兼并，中集集团掌握了各企业先进的技术和管理经验，并为其所用。

中集集团通过收购英国UBHI的罐式集装箱技术，形成罐式集装箱全球龙头地位；通过并购张家港圣达因，在低温液体贮槽、低温压力罐车等产品方面获得核心优势；通过将集装箱业务与车辆业务巧妙结合，中集集团形成了在天然气运输设备制造领域的先发优势，为其在能源化工和海洋工程领域的扩展奠定了良好的基础。2007年并购安瑞科，一个原因就在于看好能源装备行业，选择在天然气行业方面具有领先优势的安瑞科可以一举实现占领整个行业制高点的目标，另外，中集集团的业务本身也和安瑞科具有一定的协同性。中集集团并购安瑞科后，不仅迅速获取了燃气物流设备制造技术，还能够向客户提供燃气加气站的集成解决方案。在拥有了民用和汽车燃气客户后，中集集团又开始向工业客户转移。TGE GAS公司在LNG和LPG等石油化工气体的储存、处理领域，拥有较为先进的核心技术，并购后，可以与中集集团现有的LNG下游应用业务形成业务上一条龙，在天然气开发和应用领域为客户提供一站式解决方案。而签订未来两年的业绩目标，在不熟悉被并购方业务的情况下，可以控制管理风险，真正实现协同效应。通过签订追加付款的条款，来控制收购风险，是国际收购比较好的方法。接着，中集集团又开始向海上运输设备制造转移。在收购烟台莱佛士造船后，中集集团一方面直接切入了海洋油气开发装备即特殊船舶和海洋工程的建造业务领域，获得了在海洋工程领域的产品设计、技术、专业技能以及生产基地、专用生产设备等；另一方面又可以利用现有的供应链、生产组织管理、生产基地、财务等优势资源，加强烟台莱佛士的竞争力。

3）并购后的整合与后效

并购完成后，中集集团会立即派驻新的管理团队对企业进行重组改造，被并购企业的员工则尊重其个人意愿，愿意留下来的都可以留下来，但对原管理团队则全部替换，最多一次曾派驻29名管理干部。因为中集集团并购主要是通过股权控制实现的，通过更换管理层可以有效地贯彻和落实集团的发展战略与管理思想。正是通过管理团队的移植，中集集团将集团公司的目标管理体制带到了被并购企业，使企业、经营者和员工成为真正的利益共同体，完整的考核、激励与约束体系将集团的整体目标层层分解，落实到具体责任人，不仅实现了管理的统一性，而且通过完善的制度保证了经济效益的实现。与此同时，中集集团还会对被收购企业进行投资扩建，这样就免去了被收购企业的担心，使被收购企业有了更大的发展空间，对于双方都有利。

此外，中集集团对被并购企业也进行文化上的渗透与移植。企业文化能否得到认同往往是并购后整合的关键一步。中集集团的企业文化核心就是员工的发展与企业的发展紧密结合，企业力图为每一位员工创造最好的发展空间，而员工的发展则建立在企业发展的基础上，提倡全体员工"尽心尽力，尽善尽美"，得到认同的企业文化转变为员工创新工作的动力。

中集集团的并购后效主要体现在以下几个方面。

（1）扩大了产业布局。以集装箱领域为例，通过并购中集集团迅速形成在沿海各港口的合理布局。目前中集集团在全国11个港口拥有15个干货箱生产基地，两个冷藏箱基地，4个特种箱基地和覆盖国内主要干线港口的九大堆场网络，形成了从制造、维修、零部件供应、租赁到堆存的一站式全链服务体系。

（2）通过生产成本的控制和降低实现集团规模优势。以集装箱领域为例，钢材、油漆、木地板是集装箱生产的主要原材料，大约占生产成本的70%左右，中集集团充分利用大规模集团大量采购、需求稳定的特点，通过三级谈判、三级压价，从源头降低了原材料成本。同时，统一计划、统一采购、统一分配、统一核算的集中式管理最大限度地降低了集团内部的成本损耗。并购扩张后，中集集团在主要的三大区域都拥有了生产基地，集团公司统一接单并安排生产，使得各下属公司都只是成本中心，通过集团公司统一调配生产和销售，大大降低了空箱的运输成本。

（3）形成了多元化经营模式，有效地降低了经营风险。正是通过多次并购，中集集团形成了多元化经营模式，这一模式的优势在2008年得以充分体现。当年，受席卷全球的金融危机影响，全球贸易及航运业务量普遍下滑，集装箱贸易量也遭受严重打击。2008年第四季度，集装箱订单几乎突然消失，大量空箱回流中国。中集集团旗下的集装箱制造企业基本处于停产状态。如表7-3所示。

表7-3 中集集团2008年业务收益情况

项目名称	营业收入/亿元	增长/%	营业利润/亿元	毛利率/%	占主营业务比例/%
集装箱	291	-14.54	31	10.80	61
道路运输车辆	100	3	11	11	21

续表

项目名称	营业收入/亿元	增长/%	营业利润/亿元	毛利率/%	占主营业务比例/%
能源化工装备	77	71.30	12	16.40	17
空港设备	4.8	3	1.5	32	1
其他	7.9	27.87	3.9	49.40	1.70

（资料来源：中集集团2008年报。）

3. 案例分析与提示

中集集团成功的并购扩张已成为许多中国企业希望通过并购实现规模化长远发展的典范。从中集集团通过并购实现快速增长的过程中，我们可以得到以下几个方面的启示。

1）通过并购获得规模经济优势

规模经济理论认为，生产规模和经济效益之间有着重要的函数关系，随着产量的增加生产成本是降低的，而且设备的效能也会随之增加，同时，管理潜力也得以开发和利用。而横向并购是获得这种规模优势的重要途径之一。中集集团的许多并购都是属于横向并购，特别是许多企业因为竞争不力而处于退出边缘，更是降低了并购的直接成本和难度，并使得管理和技术等具有行业专属性的生产要素有效地转移和重组。与此同时，中集集团通过产能的扩张提高了与上游供应商，尤其是钢铁企业的议价能力，压低了原材料采购成本。

在一系列收购兼并后，在资源整合的基础上，中集集团也逐步实现了渠道整合和优化，实现了技术引进。目前，中集集团已形成四大业务板块：集装箱、道路运输车辆、能源化工装备、海洋工程。2010年上半年，中集集团实现营业收入212.38亿元，同比增长125%。收入大幅增长有三方面原因，道路运输车辆业务销量增长就是其一，同期，各项业务收入之间的比例关系是4.5∶5.2∶1.1∶1，净利润之间的比例关系是4.9∶3.8∶0.1∶1。

2）并购为企业战略服务

中集集团的并购行为始于战略，并服务于战略，是从企业本身、所处市场、全球市场的发展现状为基点所做的长远发展战略，而且对于战略的实施进行了系统的策划和准备。正是由于具有较完备的战略准备，并购战略的实施才会实现预期的效果。物流装备制造始终是中集集团的战略核心，无论是集装箱制造、机场地面设备、道路运输车辆，还是能源化工设备和海洋工程设备领域的并购都是为这一战略核心服务的，从而也使中集集团在产业的不断升级中保持运营协同。

中集集团成功的案例也说明只有在并购企业积累了一定的核心优势时，并购才能真正服务于总体战略。

3）并购后的整合不容忽视

并购本身并不能创造价值，并购的真正效益来源于并购后对生产要素的有效整合。并购过程中，无论是主并公司还是目标公司都有一些可以转移或可以共享的生产要素，只有对这些生产要素进行重新定位、组合和配置，发挥出各种要素的潜能并相互融合，才能实现管理协同效应和财务协同效应。中集集团公司在并购后的整合过程中，主要是利用了严格的管理制度和管理人员的移植，使目标公司很快成为集团公司价值链上的重要一环，实现了为整体战略目标的服务。

（资料来源：

荆林波．中国企业大并购：十大并购商战实录．北京：社会科学文献出版社，2002。

http：//www. cimc. com。

http：//www. online－ma. com. cn。

http：//www. jiuhua. net。

中集集团，大手笔提升并购成长性．http：//financa. sina. com. cn/stock/s/20070806/01483852994. shtml。

中集集团积极寻求全球并购机会．http：//www. caijing. com. cn/2009－04－20/110150227. html。

中集并购入佳境、隐忧仍不容忽视．http：//auto. ifeng. com/news/parts/20101011/437185. shtml。

从中集集团的扩张看危机中的并购策略．http：//blog. sina com. cn/s/blog50be84f80lOOgaks. html。）

7.3 企业并购价值评估

7.3.1 并购目标企业的选择

企业并购，属于一种大规模的战略性投资，决策准确，可带来比较好的收益，决策失误，则会给企业带来巨大的损失。并购目标企业的确不仅是企业实施并购的第一步，而且是非常重要的一步，对于并购效应有着直接的影响。目标企业的选择一般包括发现目标企业、审查目标企业和评价目标企业三个阶段。

1. 发现目标企业

成功并购的前提是能够发现和抓住适合本企业发展的并购目标。在实践中，并购企业需要从以下两方面着手：利用企业自身的力量和借助企业外部的力量。

1）利用企业自身的力量

即利用企业内部人员通过私人接触或自身的管理经验发现目标企业。首先，企业高级职员熟知企业经营情况和相关企业的情况，并购同行业中企业的想法常常来自这些人员，企业有必要提供专门的机会和渠道使这些想法得以产生、传播和讨论。其次，也可在企业内部建立专职的并购部，其主要工作是收集和研究各种公开信息，发现适合本企业的目标企业。在大企业中，并购部可以独立于其他业务部门，而在中小企业，这部分工作往往由企业财务管理部门兼任。

2）借助企业外部的力量

即利用专业金融中介机构为并购企业选择目标企业出谋划策。并购领域的专业中介机构中，有一大批训练有素、经验丰富的并购专业人员，如精通某一行业的律师或会计师、安排并购双方谈判的经纪人等。投资银行由于有专业客户关系方面的优势，也越来越多地参与并购事务，它们常常为并购企业提供一揽子收购计划，安排并购筹资，代为发行证券等。

目前的发展趋势是，投资银行在企业并购活动中扮演着越来越重要的角色。投资银行家与企业经常性地保持私人联系，由于熟悉企业的具体情况和发展目标，它们能为企业高层决策人员提供适合企业具体情况的并购建议和目标，当然一旦并购成功，投资银行也会获得一定的收益。

2. 审查目标企业

对于初步选定的并购目标企业，还需作进一步的分析评估和实质性审查，审查的重点一般集中在以下方面。

1）对目标企业出售动机的审查

目标企业如果主动出售，往往有其原因，审查其出售动机，将有助于评估目标企业价值和确定正确的谈判策略。一般来讲，目标企业出售动机主要包括：目标企业经营不善，股东欲出售股权；目标企业股东为实现新的投资机会，需要转换到新的行业；并非经营不善，而是目标企业大股东急需大量资金投入，故出售部分股权；股东不满意目标企业管理，故常以并购的方式撤换整个管理集团；目标企业管理人员出于自身地位与前途的考虑，愿意被大企业并购，以便在该大企业中谋求一个高薪且稳定的职位；目标企业调整多样化经营战略，常出售不符合本企业发展战略或获利不佳的子企业，同时并购一些获利较好的企业等。

2）对目标企业法律文件方面的审查

这不仅包括审查欲收购企业所属产业是否符合国家对这些产业的相关规定，还包括审查目标企业的章程、合同契约等法律性文件。

（1）审查企业章程、股票证明书等法律性文件中的相关条款，以便及时发现是否有对并购方面的限制。

（2）审查目标企业主要财产目录清单，了解目标企业资产所有权、使用权以及有关资产的租赁情况等。

（3）审查所有对外书面合同和目标企业所面临的主要法律事项，以便及时发现可能存在的风险。

3）对目标企业业务方面的审查

业务上的审查主要是检查目标企业是否能与本企业的业务融合。在审查过程中，并购目的不同，审查的重点可能不同。

如果并购的目的是利用目标企业现有生产设备，则应注意目标企业生产设备是否保养良好，是否适用，直接利用目标企业的生产设备与企业自行购买哪个更合算；如果并购的目的是通过目标企业的营销资源来扩大市场份额，则应对其客户特性、购买动机等需求情况有所了解等。

4）对目标企业财务方面的审查

财务审查是并购活动中一项极为重要的工作。并购企业应防止目标企业提供虚假或错误的财务报表，尽量使用经注册会计师审计过的财务报表。在进行财务审查时，主要从以下三个方面进行：①分析企业的偿债能力，审查企业财务风险的大小；②分析企业的盈利能力，审查企业获利能力的高低；③分析企业的运营能力，审查企业资金周转状况。

5）对并购风险的审查

对并购风险的审查主要包括以下几个方面。

（1）市场风险。并购的目标企业如果是上市公司，消息一旦外传，立即会引起目标企业股价上涨，增添并购的难度；并购的目标企业如果是非上市公司，消息传出，也容易引起其他企业的兴趣，挑起竞标，使价格上抬。这种因股票市场或产权交易市场引起的价格变动的风险，即市场风险。市场风险很难预测，只能在实施中从社会心理学、大众传播媒介等不同角度出发予以小心控制。

（2）投资风险。并购作为一种直接的外延型投资方式，也同样是投入一笔资金，以期在未来得到若干收益。企业并购后取得收益的多少，受许多因素的影响，每种影响因素的变动都可能使投入资金遭受损失，预期收入减少，这就是投资风险。

（3）经营风险。主要是由于并购完成后，并购企业不熟悉目标企业的产业经营手法，不能组织一个强有力的管理团队去接管，从而导致经营失败。从风险角度讲，经营风险应该通过并购企业的努力，减少到最低，甚至完全回避。

3. 评价目标企业

1）评价概述

一旦确定了并购的目标企业，就需要对目标企业进行评价。评价目标企业也叫企业并购估价，其实质就是对目标企业进行综合分析，以确定目标企业的价值即并购方愿意支付的并购价格。

估价在企业并购中具有核心地位。根据价值低估理论，并购企业所要并购的企业往往都是价值被低估的企业，要确定企业的价值是否被低估，显然首先要确定该企业的合理价值。可见，价值评估是并购企业选择并购对象的重要依据之一。并购企业在其报出并购价格之前，也必须估计出目标企业的价值。根据已有的实证研究，并购企业从并购活动中获得负收益的主要原因是并购企业向被并购企业支付过多。因此，对并购企业来说，估价不仅是实施并购的必要程序，而且是决定其并购是否真正成功的重要因素。对被并购企业来说，也必须确定自身的合理价值，以决定是否接受并购企业提出的并购条件。除了目标企业价值外，还有一些其他因素会对并购价格产生重大甚至可以说是举足轻重的影响，如并购双方在市场和并购中所处的地位、产权市场的供求状况、未来经营环境的变化等。

2）评价的难题

在企业并购价值评估中具体使用估值方法时，则应注意并购估值本身的一些特点，企业并购估值的对象往往不是目标企业现在的价值，而是并购后目标企业能为并购企业带来的价值增值。这至少要考虑两个因素，即目标企业的增长性和并购产生的协同作用或其他效应。这两部分价值将决定并购企业出价的上下限。由此可以看出，企业并购估值的难题如下。

（1）对于企业整体的估值相对于个别资产投资的估值要复杂得多。企业不是各种资源的简单相加，而是体现着一种整体大于个别要素相加之和的效率特征。如何评估由于企业这种不同于市场的组织形式所产生的无形价值和个体企业各不相同的组织有效性导致的无形价值的差异，到目前为止，并没有任何直接的模型可以利用。

（2）对于可以预计未来现金流量的企业，可以通过增量现金流量的折现对企业的未来增长性进行估值；而如何对在很长的时期内不产生现金流量的企业，如网络公司，进行估值仍是悬而未决的问题。

(3) 根据7.1节中介绍的并购的动因理论，可以知道企业并购的动因是多种多样的，并购的动因往往就是并购企业对并购所能带来的价值增值的预期。对于这些并购效应的估值是并购企业估价的另一个难题。

7.3.2 目标企业价值评估的方法

企业并购估计的基本方法，更加确切地说是使用的估值模型，与其他估值没有太大的不同，从理论上来说，大致可以把常用的估值方法归为：成本法、换股估值法、贴现现金流量法等。

1. 成本法

成本法也称为重置成本法、加和评估法或成本加和法。使用这种方法所获得的价值，实际上是对企业账面价值的调整。这种方法起源于对传统的实物资产的评估，如土地、建筑物、机器设备等，而且着眼点是成本。其理论基础是“替代原则”，即任何一个精明的潜在投资者，在购置一项资产时，他所愿意支付的价格是不会超过建造一项具有相同用途的代替品所需的成本的。用重置成本对企业进行整体价值评估时，实际上就是将构成企业的各种要素资产的评估值加总所得，这也是加和评估法或成本加和法名称的由来。

使用成本法是基于这样的假设，即企业的价值等于所有有形资产和无形资产的成本之和减去负债。因此这种方法在评估企业价值时，主要考虑的是成本，而很少考虑企业的收入和支出。

成本法的优点就在于其数据的客观性，因为其数据是历史的、确实已经发生的，而不带有任何不确定因素。但它的局限性也正是基于此，即这种方法仅从历史投入的角度考虑企业的价值，而没有从资产的实际效率和企业的运行效率角度考虑。因此运用这种方法的结果是，无论效益好坏，同类企业只要原始的投资额相等，则企业价值的评估结果就会相等。另外，这种方法对无形资产的价值也估计不足。

如果并购后目标企业不再继续经营，可以利用成本法估计目标企业的价值。常用的计价标准有以下几种。

(1) 清算价值。清算价值是指目标企业清算出售，并购后目标企业不再存在时其资产的可变现价值。

(2) 净资产价值。净资产价值是指目标企业资产总额减去负债总额，即目标企业所有者权益的价值。

(3) 重置价值。重置价值是指历史成本标准换成重置成本标准，以资产现行成本为计价基础的价值。

成本法对目标企业有形资产净值的估算是并购后出售目标企业的最低价格，并购企业由此可以测算并购的风险。

2. 换股估价法

如果并购是通过股票进行，则对目标企业估价的任务就是确定一个换股比率。换股比率是指为换取一股目标企业的股份而需付出的并购企业的股份数量。

在市场经济条件下，股票的市场价格体现了投资者（包括股东）对企业价值所作的评价，所以，人们通常用股票的市场价格来代表企业价值或股东财富。一般来说，股票的市场价格反映了企业目前和未来的盈利能力、时间价值和风险报酬等方面的因素及其变化，因此，股票市场价格最大化在一定条件下成为企业追求的目标。企业并购也要服从这个目标，只有并购后的股票价格高于并购前并购企业和目标企业的股票价格，并购企业和目标企业的股东才能接受。

假设 a 企业计划并购 b 企业，并购前 a，b 企业的股票市场价格分别为 P_a 和 P_b，并购后 a 企业的市盈率为 β，那么并购 a 企业的股票价格为

$$P_{ab} = \beta \times (Y_a + Y_b + \Delta Y) \times \frac{1}{S_a + \text{ER} \times S_b} \tag{7-1}$$

式中：Y_a——并购前 a 公司的总盈余；

Y_b——并购前 b 公司的总盈余；

S_a——并购前 a 公司普通股的流通数量；

S_b——并购前 b 公司普通股的流通数量；

ΔY——由于协同效应产生的协同盈余；

ER——换股比率。

对于并购企业 a 企业的股东来说，需满足的条件是 $P_{ab} \geqslant P_a$，即并购后 a 企业股票的市场价格大于等于并购前 a 企业股票的市场价格；对于 b 企业的股东来说，又必须满足 $P_{ab} \geqslant P_b/\text{ER}$，即并购后拥有 a 企业的股票价值总额大于等于并购前拥有 b 企业的股票价值总额。因此，由 $P_{ab} \geqslant P_b$，得出最高换股比率为

$$\text{ER}_a = \frac{\beta(Y_a + Y_b + \Delta Y) - P_a \times S_a}{P_a \times S_b} \tag{7-2}$$

此时，$P_{ab} = P_a$

由 $P_{ab} \geqslant P_b/\text{ER}$，得出最低换股比率为

$$\text{ER}_b = \frac{P_b \times S_a}{\beta(Y_a + Y_b + \Delta Y) - P_b \times S_b} \tag{7-3}$$

此时，$P_{ab} = P_b/\text{ER}$。

从理论上来讲，换股比率应在 ER_a 与 ER_b 之间。在实际工作中，换股比率究竟确定为多少，取决于双方的谈判过程。

【例 7-6】 假设 a 企业要并购 b 企业，两企业的有关资料如下：$\beta = 20$，$Y_a = 800$ 万元，$Y_b = 400$ 万元，$\Delta Y = 200$ 万元，$S_a = 1\,000$ 万股，$S_b = 800$ 万股，$P_a = 16$ 元，$P_b = 10$ 元。

由上述资料，

$$\text{ER}_a = \frac{\beta(Y_a + Y_b + \Delta Y) - P_a \times S_a}{P_a \times S_b}$$

$$= \frac{20 \times (800 + 400 + 200) - 16 \times 1\,000}{16 \times 800} = 0.937\,5$$

$$P_{ab} = \beta \times (Y_a + Y_b + \Delta Y) \times \frac{1}{S_a + ER \times S_b}$$

$$= 20 \times (800 + 400 + 200) \times \frac{1}{1\ 000 + 0.937\ 5 \times 800} = 16\text{元}$$

$$ER_b = \frac{P_b \times S_a}{\beta(Y_a + Y_b + \Delta Y) - P_b \times S_b}$$

$$= \frac{10 \times 1\ 000}{(800 + 400 + 200) \times 20 - 10 \times 800} = 0.5$$

$$P_{ab} = \beta \times (Y_a + Y_b + \Delta Y) \times \frac{1}{S_a + ER \times S_b}$$

$$= 20 \times (800 + 400 + 200) \times \frac{1}{1\ 000 + 0.5 \times 800} = 20(\text{元})$$

即换股比率应在0.5～0.937 5之间，如果换股比率低于0.5，则b公司的股东财富受损，如果换股比率高于0.937 5，则a公司的股东财富受损。

3. 贴现现金流量法

持续经营是贴现现金流量法的基本假设前提。在持续经营的前提下，企业有获利能力并不断扩大经营。贴现现金流量法（DCF）认为企业的价值是与其未来能产生的现金流量密切相关的。应用贴现现金流量法，能通过各种假设反映企业管理层的管理水平和经验。

贴现现金流量法的原理是假设任何资产的价值等于其预期未来现金流量的现值之和。其基本公式为

$$V = \sum_{t=1}^{n} \frac{CF_t}{(1 + k)^t} \tag{7-4}$$

式中：V——资产的价值；

n——资产的寿命；

k——与预期现金流量相对应的折现率（所谓“对应”指折现率应反映预期现金流量的风险，采用的指标是资本成本）；

CF_t——资产在t时刻产生的现金流量。

使用以上模型估值需要满足三个条件：确定各期的现金流量；确定反映预期现金流量风险的贴现率，采用的指标是资本成本（具体参见本书3.4节）；确定资产的寿命。

当被估价资产的预期现金流量为正，能够根据现金流量的风险特性确定出相应的贴现率，并能比较靠谱地估计现金流量产生的时间时，贴现现金流量法是一个很好的估值方法。但当上述三个条件中的任何一个不能得到满足时，贴现现金流量法就无能为力或者其估值结果会产生较大的误差。

贴现现金流量法的优点在于考虑了企业未来的收益能力，并且比较符合价值理论。该方法的局限性主要在于在评估企业价值时，其结果的准确性依赖于各种假设的准确性——企业持续经营、现金流量、资本成本等。同时，该方法对业绩不稳定、周期性行业和成长性行业和成长性公司或新生公司的预测比较困难。

实际上，任何在理论上完美的方法，在实践中都会遇到这样或那样的问题。由于该方法的理论基础（尤其是其中的公司自由现金流量模型），既同时反映股权价值与债权价值，

也考虑了企业未来的收益水平，因此在实践中得到了广泛的应用，这里将主要介绍这种方法。

（1）贴现现金流量法的两种类型。贴现现金流量法又可以分为两种类型，即股权资本估价和公司整体估价。

① 股权资本估价。公司股权价值可以通过股权资本成本对预期股权现金流量进行折现获得。

股权资本成本是股权投资者要求的收益率；预期股权现金流量是扣除公司各项费用、支付利息和本金以及纳税后的剩余现金流量。股利折现模型是用折现现金流量估价法评价股权价值的一个特例。这种方法认为，股权的价值是预期未来全部股利的现值总和。

② 公司整体估价。公司整体价值包括公司股东、债权人、优先股股东等利益相关者的权益。公司整体价值可以使用该公司加权平均资本成本对公司预期现金流量进行折现得到。公司加权平均资本成本是公司不同筹资渠道的资本成本根据其市场价值加权平均得到。公司预期现金流量是扣除所有营业费用和支付利息及纳税后的剩余现金流量。

（2）自由现金流量的计算。以贴现的现金流量法评估企业价值需要计算预期的现金流量和贴现率。与股权资本估价和公司整体估价分别对应需要计算股权自由现金流量和公司自由现金流量，合理确定自由现金流量可以保证现金流量与用来评估公司价值的贴现率相一致。

股权自由现金流量是企业向债权人支付利息、偿还本金，向国家纳税，向优先股股东支付股利，以及满足其自身发展需要后的剩余现金流量，体现了股权投资者对企业现金流量的剩余要求权。

公司自由现金流量是公司所有权利要求者，包括普通股股东、优先股股东和债权人的现金流量总和。公司自由现金流量和股权自由现金流量的主要区别在于公司自由现金流量包括与债务有关的现金流量。

自由现金流量和公司价值关系可以表示为

$$\begin{matrix}\text{自由}\\\text{现金流量现值}\end{matrix}+\begin{matrix}\text{税后非营业现金流量}\\\text{和有价证券现值}\end{matrix}=\begin{matrix}\text{公司}\\\text{总价值}\end{matrix} \quad (7-5)$$

对企业进行价值评估的第一步就是计算自由现金流量，包括计算历史时期的自由现金流量以及预测未来时期的自由现金流量。自由现金流量的预测值是最终价值评估值的基础，因此它的准确与否就显得格外重要。

① 股权自由现金流量。按照股权自由现金流量（FCFE）的概念，其基本计算公式为

股权自由现金流量 = 净收益 + 折旧 − 债务本金偿还 − 运营资本追加额 − 资本性支出 + 新筹集债务 − 优先股股利　　(7-6)

如果公司的负债比率保持不变，仅为增量资本性支出和运营资本增量进行筹资，并且通过发行新债偿还旧债，在不考虑优先股的情况下，式（7-6）可以写为

股权自由现金流量 = 净收益 −（1 − 负债比率）× 增量资本性支出 −（1 − 负债比率）× 运营资本增量　　(7-7)

股权自由现金流量的计算与公司所处的发展阶段密切相关。上述计算公式中，资本性

支出是指厂房的新建、扩建、改建，设备的更新、购置以及新产品的试制等方面的支出，增量资本性支出则为本期资本性支出与折旧的差额。处于高速增长期的公司，增量资本性支出要高于处于成熟期的公司。同样，高速增长期运营资本增量也会比较高，这是由于存货和应收账款等项目占用较多的资金。

② 公司自由现金流量。公司自由现金流量（FCF）的计算方法有以下两种。

一是将公司所有权利要求者的现金流量加总，公式如下

公司自由现金流量＝股权自由现金流量＋利息费用×（1－税率）＋偿还债务本金－发行的新债＋优先股股利 (7-8)

二是以息税前净收益（EBIT）为出发点进行计算，公式如下

公司自由现金流量＝息税前净收益×(1－税率)＋折旧－资本性支出－运营资本净增加值 (7-9)

式（7-9）中的前两项，即“息税前净收益×（1－税率）＋折旧”就是企业经营性现金净流量。因此上述公式可以变化为

公司自由现金流量＝经营性现金流量净值－资本性支出－运营资本净增加值 (7-10)

（3）自由现金流量估值的稳定增长模型。稳定增长模型假设企业的增长率以一个固定的比率表现出来，也就是说，在长时间内，公司以某一稳定的增长率保持增长（见图7-1），在这种情况下，我们只需预测出一期的自由现金流量以及企业的增长率便可以了，此时价格的表示方式如下

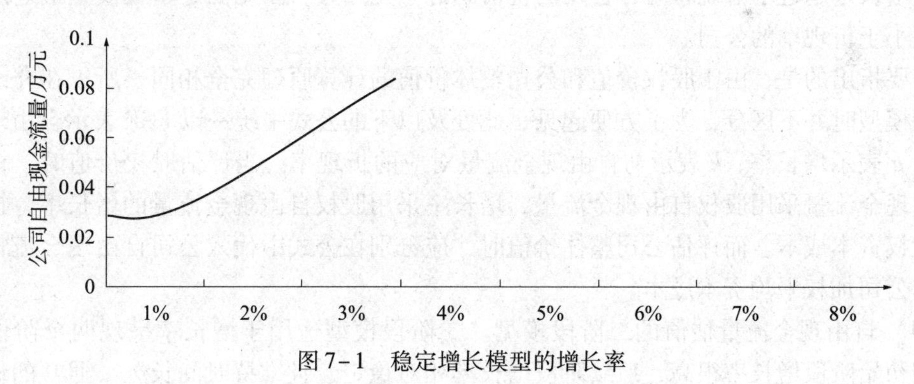

图7-1 稳定增长模型的增长率

$$V = FCF_0 \times \frac{1+g}{k-g} = \frac{FCF_1}{k-g} \qquad (7-11)$$

式中：V——价值；

g——增长率；

FCF_0——当前的自由现金流量；

FCF_1——预期下一期的自由现金流量；

k——与自由现金流量对应的折现率。

公式（7-11）推导过程如下。

设当年现金流量为FCF_0，每年现金流量的增长率为g，则

$$V = \frac{FCF_0(1+g)}{(1+k)} + \frac{FCF_0(1+g)^2}{(1+k)^2} + \cdots + \frac{FCF_0(1+g)^n}{(1+k)^n} \tag{7-12}$$

假设 $k>g$，把式（7-12）两边同乘以$\frac{1+k}{1+g}$减式（7-12），得

$$\frac{V(1+k)}{1+g} - V = FCF_0 - \frac{FCF_0(1+g)^n}{(1+k)^n} \tag{7-13}$$

由于 $k>g$，当 $n\to\infty$，则

$$\frac{FCF_0(1+g)^n}{(1+k)^n} \to 0$$

$$\frac{V(1+k)}{1+g} - V = FCF_0 \tag{7-14}$$

$$V = \frac{FCF_0(1+g)}{k-g} = \frac{FCF_1}{k-g}$$

在稳定增长模型中，公司股权的价值取决于下一期的预期 FCF、稳定增长率和对应的资本成本这三个变量。

这种模型只适用于自由现金流量处于稳定增长阶段的公司，但事实上，很难满足这样的条件，尤其当公司利润经常变化时。因此一般来讲，当一家公司的平均增长率接近稳定增长率，那么该模型的使用便被认为是合理的。当然，从式（7-11）中，可以清楚地看到，当增长率趋近于折现率时，公司的价值趋近于无穷大。因此固定增长模型最适用于增长速度小于折现率的公司。

需要指出的是，由于股权价值和公司整体价值的计算原理完全相同，所以在介绍价值评估的模型时并不区分，为了方便起见，此处及以下的公式中统一以 FCF 表示自由现金流量，以 g 表示增长率，k 表示与自由现金流量对应的折现率。当评估股权价值时，模型中的自由现金流量采用股权自由现金流量，增长率采用股权自由现金流量的增长率，折现率采用股权资本成本。而评估公司整体价值时，应分别在公式中代入公司自由现金流量及增长率，公司加权平均资本成本。

（4）自由现金流量估值的二阶段模型。二阶段模型适用于增长率呈现两个阶段的公司，即初始阶段增长率很高，后续阶段增长率相对稳定，且维持时间长久。通常的做法是首先预测高速增长率（每年的增长率设为 g）的时间段 n 年，以后公司则以一个相对稳定的增长率（每年的增长率设为 g_n）发展，则价值就等于高速增长阶段的现值加上终点现金流量的现值，计算公式为

$$V = \sum_{t=1}^{n} \frac{FCF_t}{(1+k)^t} + \frac{FCF_{n+1}}{(1+k)^n(k-g_n)} \tag{7-15}$$

式中：FCF_t——第 t 年的自由现金流量；

FCF_{n+1}——第 $n+1$ 年的自由现金流量。

式（7-15）由两部分构成，第一部分是高速增长阶段内逐年对现金流量贴现求和，第二部分是稳定增长后的贴现值，是在式（7-12）的基础上求复利现值得到的。

运用二阶段模型的关键是确定高速增长阶段的预测期，尽管从理论上来讲，可以根据产品的生命周期和项目机会等来确定这一时间段的长度，但事实上，很难把这些定性的标准转化为具体的时间。运用这一模型的另一个问题是，公司从高速增长阶段到稳定增长阶段似乎是在一夜之间完成的，但这种突然转换在现实中并不普遍存在。因此建立在传统二阶段法基础上的 H 模型似乎更接近现实。

H 模型也是增长的二阶段模型，与传统的二阶段模型不同，该模型的初始增长阶段的增长率不是恒定的，而是随着时间的推移而逐渐线性减少，并最终达到稳定阶段的增长率（如图 7-2 所示）。

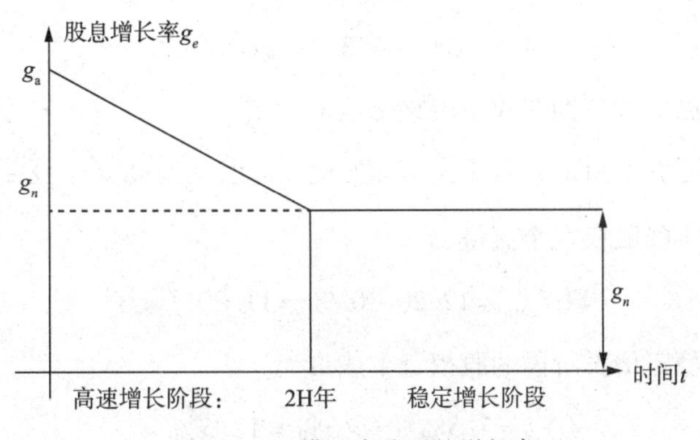

图 7-2 H 模型中公司的增长率

H 模型由福勒和夏（Fuller and Hsia）于 1984 年创立。该模型假设公司的初始增长率为 g_a。随后在整个超常增长阶段（假定为 2H 年）线性减少，最终达到平稳增长率 g_n。价值计算公式为

$$V = \frac{FCF_0(1 + g_n)}{k - g_n} + \frac{FCF_0 \times H \times (g_a - g_n)}{k - g_n} \tag{7-16}$$

H 模型避免了超常增长率向稳定增长率的突然转换。但当实际的增长率不符合模型的结构设计，且存在较大的偏差时就会使价格的预测发生严重偏离。所以，运用 H 模型时，关键是预测超常增长阶段的时间段。

【例 7-7】 大华公司是一家生物工程公司，2010 年它的每股营业收入为 12.4 元，每股净收益为 3.10 元，每股资本性支出为 1 元，每股折旧为 0.60 元。预测该公司在今后 5 年内将高速增长，预期每股收益的增长率为 30%，资本性支出、折旧和运营资本以同比例增长，收益留存比率为 100%，β 为 1.3，国库券利率为 7.5%，2010 年运营资本为收入的 20%，负债比率保持为 60%。五年后公司进入稳定增长阶段，预计增长率为 6%，即每股收益和运营资本按 6% 的速度增长，资本性支出可以由折旧来补偿，β 为 1。该公司发行在外的普通股共 3 000 万股，市场平均风险报酬率为 5%，估计该公司的股权价值。

解答：

（1）估计公司高速增长阶段股权现金流量。

FCF = 净收益 -（资本性支出 - 折旧）×（1 - 负债比率）- 运营资本增量 ×（1 - 负债比率）

$FCF_{2011} = 3.10 \times (1 + 30\%) - (1 - 0.6) \times (1 + 30\%) \times (1 - 60\%) -$

$$[12.4\times20\%\times(1+30\%)-12.4\times20\%]\times(1-60\%)$$
$$=4.03-0.21-0.30=3.52(元)$$

$FCF_{2012}=4.03\times(1+30\%)-0.21\times(1+30\%)-0.30\times(1+30\%)$

$=5.24-0.27-0.39=4.58(元)$

$FCF_{2013}=6.81-0.35-0.50=5.96(元)$

$FCF_{2014}=8.85-0.46-0.65=7.74(元)$

$FCF_{2015}=11.51-0.60-0.85=10.06(元)$

（2）估计公司高速增长阶段的股权资本成本。

$$k=7.5\%+1.3\times5\%=14\%$$

（3）计算公司高速成长期股权自由现金流的现值。

公司高速增长阶段 FCF 现值 $=3.09+3.52+4.02+4.58+5.22=20.43$（元）

（4）估计第六年的股权现金流量。

$$FCF_{2016}=12.20-0.90=11.30（元）$$

（5）计算公司稳定增长阶段的股权资本成本。

$$k=7.5\%+1\times5\%=12.5\%$$

（6）计算公司稳定增长阶段股权现金流量的现值。

$$稳定增长阶段 FCF 的现值=\frac{11.30}{(12.5\%-6\%)\times(1+14\%)^5}=90.29(元)$$

（7）计算公司股权自由现金流量现值总和。

$$V=(20.43+90.29)\times3\,000=332\,160(万元)$$

【例7-8】某百货公司2010年的息税前净收益为5.32亿元，资本性支出为3.10亿元，折旧为2.07亿元，销售收入为72.30亿元，运营资本占销售收入的比重为20%，所得税税率为40%，债券利率为7.5%。预期今后5年内将以8%的速度高速增长，β值为1.25，税前债务成本为9.5%，负债比率为50%。5年后公司进入稳定增长阶段，稳定增长阶段的增长率为5%，β值为1，税前债务成本为8.5%，负债比率为25%，资本性支出和折旧互相抵消。市场平均风险报酬率为5%。计算公司的价值。

（1）计算公司高速增长阶段的现金流。

FCF = EBIT(1－税率)＋折旧－资本性支出－追加运营资本

$FCF_{2011}=5.32\times(1+8\%)\times(1-40\%)+2.07\times(1+8\%)-3.10\times(1+8\%)-72.30\times8\%\times20\%=1.18(亿元)$

$FCF_{2012}=3.72+2.41-3.62-1.25=1.26(亿元)$

$FCF_{2013}=4.02+2.60-3.91-1.35=1.36(亿元)$

$FCF_{2014}=4.34+2.81-4.22-1.46=1.47(亿元)$

$FCF_{2015}=4.69+3.03-4.56-1.58=1.58(亿元)$

（2）估计公司高速增长阶段的加权平均资本成本。

高速增长阶段的股权资本成本 $=7.50\%+1.25\times5\%=13.75\%$。

高速增长阶段的加权平均资本成本 $=13.75\%\times50\%+9.5\%\times(1-40\%)\times50\%=9.725\%$

（3）计算高速增长阶段公司自由现金流量的现值。

$$高速增长阶段FCF的现值=\frac{1.18}{1+9.725\%}+\frac{1.26}{(1+9.725\%)^2}+\frac{1.36}{(1+9.725\%)^3}+\frac{1.47}{(1+9.725\%)^4}+\frac{1.58}{(1+9.725\%)^5}=5.15(亿元)$$

（4）估计第六年公司的自由现金流量。

$$FCF_{2016}=4.69\times(1+5\%)-72.30\times(1+8\%)^5\times5\%\times20\%=3.86(亿元)$$

（5）计算公司稳定增长阶段的加权平均资本成本。

稳定增长阶段的股权资本成本 $=7.5\%+1\times5\%=12.5\%$

稳定增长阶段的加权平均资本成本 $=12.5\%\times75\%+8.5\%\times(1-40\%)\times25\%=10.65\%$

（6）计算稳定增长阶段公司自由现金流量的现值。

$$稳定增长阶段FCF的现值=\frac{3.86}{(10.65\%-5\%)(1+9.725\%)^5}=42.96(亿元)$$

（7）计算公司的价值。

$$V=5.15+42.96=48.11 亿元$$

（8）自由现金流量估值的三阶段模型。

三阶段模型集合了二阶段模型和H模型的特点，分三个阶段表现企业的成长，即高速增长的初始阶段、增长率下滑的转换阶段和一直持续稳定增长的阶段（见图7-3）。

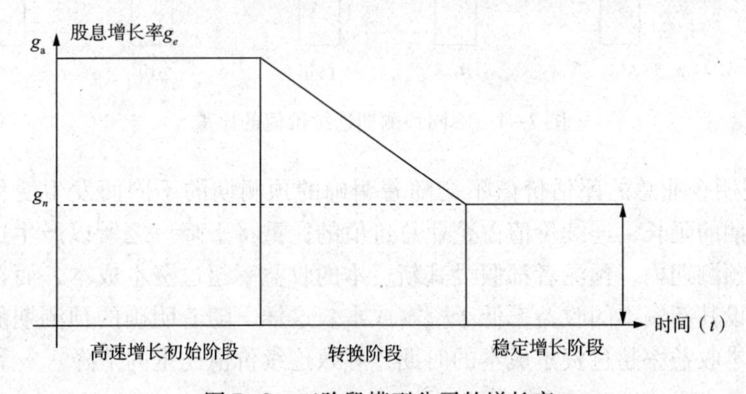

图7-3 三阶段模型公司的增长率

三阶段模型特别适用于增长率随时间变化的公司。因此使用这种模型需要着重确定高速增长阶段和转换阶段这样两个预测期值，它的价值模型表示如下

$$V=\sum_{t=1}^{n_1}\frac{FCF_0(1+g_a)^t}{(1+k)^t}+\sum_{t=n_1+1}^{n}\frac{FCF_t}{(1+k)^t}+\frac{FCF_{n+1}}{(1+k)^n(k-g_n)} \tag{7-17}$$

式中：n_1——高速增长初始阶段的期末；

n——转换阶段期末。

三阶段模型的最佳使用对象是当前高速增长并会维持一段时间，然后随着产业化优势的减少，增长率逐渐降低，直至达到稳定增长阶段的公司。

事实上，无论上述哪一种模型，对于预测期来说，都无非是分成两个部分，一部分称为明确的预测期间，一部分称为明确的预测期之后，这与科普兰教授用连续价值估算模型的假定是一样的。当然，对于固定增长模型来说，其明确的预测期为零。而对于三阶段模型来说，其明确的预测期则分为高速增长阶段和转换阶段两部分。这种方法的好处在于无法准确预测企业长期自由现金流量时，可以根据上述假设，在短期预测结果的基础上乘以相应的增长率，估算出长期的未来自由现金流量。科普兰将后一阶段自由现金的折现值称为“连续价值”。二阶段模型的自由现金流量的折现值可以用下式表达

全部自由现金流量的折现值＝明确的预测期期间的现金流量现值＋明确的预测期之后的现金流量现值 (7-18)

式（7-18）中得到的全部自由现金流量的折现值就是企业最终的价值评估值。那么下面的问题便是，企业所选择的明确的预测期的时间长度会不会影响企业的价值？对于这一问题，科普兰用数据证明，明确的预测期的时间长度不会影响企业的价值，而只会影响企业价值在明确的预测期间和明确预测期之后的分布。如图7-4所示。

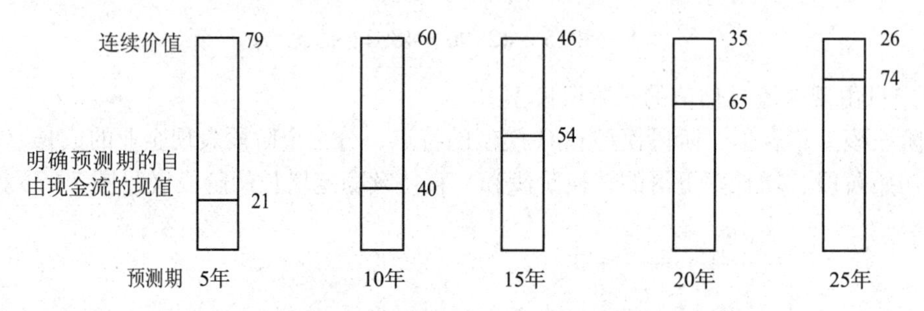

图7-4 不同预测期连续价值的比重

图7-4说明企业总的评估价值不会随着明确的预测期的不同而发生变化，但是，随着明确的预测期的延长，连续价值占企业总价值的比重将下降。之所以产生这种现象，是因为在明确的预测期内，预测者都假设其新资本的收益率超过资本成本，而在明确的预测期之后，都假设其新资本的收益率低于资本成本。这样，随着明确的预测期的延长，就等于延长了新资本收益率超过资本成本的时期，导致连续价值比重的下降。

7.3.3 企业价值评估方法应用实务

1. 案例背景

德国的戴姆勒－奔驰公司和美国的克莱斯勒公司均是世界著名的汽车制造企业，戴姆

勒－奔驰的主打产品为优质高价豪华车，主要市场在欧洲和北美洲，美国克莱斯勒公司的产品则主要集中于大众车，主要市场侧重于美洲大陆。

20世纪90年代后期，全球汽车市场竞争日趋激烈，形成规模经济，成为汽车公司战胜竞争对手的可行方法。戴姆勒－奔驰与克莱斯勒两家公司在产品和市场范围上正好互补，着眼于长远竞争优势的战略性考虑，两家公司合并被提上议事日程。通过合并，双方可以实现规模经济，合并后公司的采购、建设、制造以及产品的销售、研发等方面都会享受到整合效应，从而提高设备的利用率和管理效率，分销渠道的整合也会扩大销售收入，此外，服务与管理等部门也可以获得不同程度的益处。

当时估计短期内由于合并带来的成本降低和收入增加会带来25亿马克的合并收益，而长期来看，采购优化及研究整合将会带来超过50亿马克的整合收益。

但由于两家公司的规模以及公司地理位置上分属欧洲大陆和美洲大陆，使合并的复杂程度和评估难度大大提高。为此双方各自聘请了两家投资银行作为财务顾问，希望能够合理地确定各自的价值以及换股比率。

2. 戴姆勒－奔驰与克莱斯勒公司合并价值评估

对于连续经营的公司而言，净资产账面价值不能决定持续经营公司的内在价值，所以财务顾问首先否定了账面价值法。虽然戴姆勒－奔驰公司以美国存托凭证（American depository receipt，ADR）方式在美国上市，但财务顾问认为，股票市场上的价格受股票数量、市场交易情况、投机性等众多因素影响，往往具有短期波动性，难以合理反映公司的内在价值，根据德国惯例和通行做法，在评估企业价值时不用股票市场价格作为换股比较基准。又由于两家公司的收益价值均高于清算价值，清算价值也被否定。最终选择了贴现现金流量法对公司进行价值评估。

首先，分别对两家公司在其各自独立经营的基础上进行价值评估，这主要是考虑到两家公司在整合效果的贡献方面旗鼓相当，同时也是因为整合效果相对于两家公司的企业价值来说非常小。其次，构建了二阶段估价模型，第一阶段是1998—2000年，第二阶段是从2001年到以后的年份。

具体的工作步骤可以分为以下三步。

（1）确定贴现收益。

① 根据两家公司经审计的公开披露的财务报表，财务顾问对两家公司1995—1997年的收入和费用项目进行了详细分析，调整了预期未来不会重复发生的一次性费用和收入项目，分别计算得出戴姆勒－奔驰和克莱斯勒1998年、1999年和2000年各自所属部门的息税前收益（EBIT）及其总和。

② 自2001年开始，假设两家公司的息税前净收益保持不变，其数额等于最后一个预测年份（2000年）息税前净收益扣减不可重复发生的收入和费用项目。

③ 在息税前净收益基础上，进一步扣除根据两家公司1998年1月1日资本结构计算得出的净利息费用、其他财务收入和费用、公司所得税，得到两家公司未来各年份的净收益。在公司净收益的基础上，减去按35%的假设税率计算的股东所得税，得到最终用于贴现的税后净收益（注解：按照德国注册会计师协会企业价值评估委员会有关规定，公司估价时必须考虑到股权投资者的纳税情况）。

（2）确定贴现率。贴现率主要考虑三个因素：基础利率、风险溢价（报酬率）和增长率扣减（修正值）。

从基础利率来看，两家公司合并时正值市场处于低利率时期，市场收益率水平较低，不足以代表未来长期的利率水平，综合考虑1980—1987年德国最高信用等级证券的平均收益率为7%。最终确定评估的基础利率为6.5%。

风险溢价取决于公司自身及所处行业的风险，根据有关实证研究资料，平均风险报酬率在4%~6%之间，因为两家公司的效益较好，所以统一采用3.5%作为风险报酬率。因为不同评估机构提供的β值差异较大，所以没有采用CAPM模型。

修正值：理论上资本市场利率包括通货膨胀所造成的风险补偿，但由于企业可以通过提高销售收入部分补偿由于通货膨胀造成的成本上升，企业的名义收益将按通货膨胀的一定比例增长，所以名义贴现率包括数值上等于未来通货膨胀率一定比例的可扣减利率，即所谓增减率扣减。假定通过提高销售价格，两家公司的名义收益将以1%的速度增长，则2001年及以后年份恒定收益的贴现率应减去1%的修正值，而1998—2000年的各项收入和费用是按实际金额估算的，所以这三年的贴现率无须扣减修正值。

在扣除35%的股东所得税后，可以计算出两个阶段的贴现率：

第一阶段：$(6.5\% + 3.5\%) \times (1 - 35\%) = 6.5\%$

第二阶段：$(6.5\% + 3.5\%) \times (1 - 35\%) - 1\% = 5.5\%$

（3）非经营性资产的评估。完整的企业价值包括经营性资产和非经营性资产的价值两部分。运用收益法折现的价值仅仅反映了企业经营性资产持续经营的价值，要得到企业完整的价值还需要考虑非经营性资产。这些可单独出售的非经营性资产并不影响企业持续经营价值，应单独评估，评估的方法是计算资产在市场上出售后扣除费用的净收益。

通过以上步骤，计算出戴姆勒-奔驰的收益现值为1 020.71亿马克，克莱斯勒的收益现值为803.79亿马克。再加上非经营性资产的价值，得出两个公司的实际价值分别为：奔驰公司1 100.10亿马克，克莱斯勒804.39亿马克（不出售库存股票）或822.72亿马克（出售库存股票）。

3. 换股合并

1）确定总股本数

在公司价值已确定的情况下，再进一步确定各公司的总股本数才能计算每股价值从而确定合并的换股比率。

奔驰公司在合并前发行了附认股权证的7年期债券、强制可转换债券、股票期权计划。克莱斯勒公司在合并前也向各级管理人员提供了股票期权、业绩奖励股票和其他与股票相关的权利，另外还有3 000万股库存股票。公司的股本数量将受到这些认股权和转换权执行情况的影响。

从估价的角度出发，财务顾问假定股票期权、认股权证和可转换债券在合并日之前全部执行，并按照双方各自于1998年6月30日的股票市价，全部转换为各自的普通股股票。为了采用联营法处理合并，克莱斯勒可能还需要出售3 000万股的库存股票。按照1998年6月30日克莱斯勒的股票市价，扣除2.5%的股票手续费以及股票价格潜在的下跌和股东所得税等因素，并按照同日美元对马克比价计算，克莱斯勒公司库存股票价值为18.33亿马克。如果需要出售，克莱斯勒公司价值增加18.33亿马克，同时股本数额增加3 000万股；如果不出售，其价值和发行在外的股票总数都不会发生变化。

经以上调整后，奔驰公司总股本为5.834 65亿股，克莱斯勒公司总股本为6.595亿股（不出售库存股票）或6.895亿股（出售库存股票）。两家公司的每股现值为

奔驰公司：1 100.10/5.834 65 = 188.55（马克）

克莱斯勒：不出售库存股票时：804.39/6.595 = 121.97（马克）

出售库存股票时：822.72/6.895 = 119.32（马克）

2）确定换股比率

合并时采用联合经营法可以避免合并后公司商誉摊销对净利润的影响，进而增强公司股票的吸引力。而根据美国公认会计准则（GAAP），此次合并要想采用联营法进行会计处理，以避免账面价值增加、确认商誉等，就必须要求奔驰公司至少有90%的股东愿意接受换股。在奔驰公司愿意接受换股的股东无法确定的情况下，为鼓励更多的奔驰公司股东接受换股，经过双方讨价还价，确定了相应的不同接受换股股东比例下相应的换股比率。

在第一阶段：

如果戴姆勒－奔驰公司申请换股股东不足90%，则每一股戴姆勒－奔驰公司的股票换一股戴姆勒克莱斯勒公司（合并后的新公司）的股票；每一股克莱斯勒公司的股票换0.623 5股戴姆勒克莱斯勒公司的股票。

如果戴姆勒－奔驰公司申请换股的股东达到90%，则每一股戴姆勒－奔驰公司的股票换1.005股戴姆勒克莱斯勒公司的股票；每一股克莱斯勒公司的股票换0.623 5股戴姆勒克莱斯勒公司的股票。

在第二阶段：

如果戴姆勒－奔驰公司申请换股的股东不足90%，则每一股戴姆勒－奔驰公司的股票换一股戴姆勒克莱斯勒公司的股票。

如果戴姆勒－奔驰公司申请换股的股东达到90%，则每一股戴姆勒－奔驰公司的股票换1.005股戴姆勒克莱斯勒公司的股票。

结合每股价值来看，换股比率在一定程度上对奔驰公司更有利，但如果能以此吸引至少90%的奔驰公司股东接受换股，合并后的企业就可以采用联营法进行会计处理，可以有效避免合并后企业因资产增值、合并商誉的摊销对净利润的影响，进而增强合并后企业股票的吸引力，从而也可使原克莱斯勒股东受益。

4. 案例分析与启示

虽然后来的事实证明两大汽车巨头的合并没有产生预期的效果，但两家公司在合并时所采用的换股合并法仍然不失为一个经典财务案例。从中我们至少可以得到以下两点启示。

1）熟悉换股并购的操作流程

换股并购是国际上兼并收购时常用的一种支付方式，无论是新设合并还是吸收合并都可以采用这种方法。与现金支付方式相比，通过换股进行并购避开了筹集大量并购资金的难题，但换股并购的核心问题在于如何确定换股比率。通过该案例，可以较为清晰地看到换股并购的操作流程。

因为换股并购的本质在于通过股票的交换来实现兼并的目的，而股票交换的基本条件就是股票价值相当，所以换股比率可以确定股票价值。如果不打算采用股票市场价格法，

确定目标企业的价值就成为换股并购要解决的第一个问题。明确了企业价值之后，第二步工作就是要确定目标企业的股份数，这一股份的确定要充分考虑附认股权债券、股票期权等相关问题，判断它们在合并时是否将转换为股票。第三步工作就是计算每股股票的价值，计算出的这个价值就是换股时的基本依据之一。然后再综合主并企业的每股价值或新设合并的预期每股价值，就可以对换股比率做出初步判断，但在实践中换股比率的确定还要考虑其他因素，所以通常是以前述计算出的换股比率作为参照值加以调整，最终往往是通过谈判确定双方接受的换股比率。

2）了解并购中如何确定企业价值

由于股票市场价格具有很强的短期波动性，受多种因素的影响，所以在评估企业价值时较少直接应用。此外，企业价值还有内在价值、账面价值和清算价值之分。账面价值不能反映连续经营企业的内在价值，而清算价值则是企业将各项资产单独出售所实现的净收益之和，所以这两种方法一般情况下也不适合对企业进行评估。相比而言，内在价值是企业资产未来预期现金流的现值，是一个动态变化的价值，能够客观地反映企业的真实价值。

而贴现的现金流量法则是确定企业内在价值的核心方法，它首先估算出企业未来的收益，在考虑风险因素时确定一个贴现率，然后按未来收益的增长态势将其划分为二阶段或三阶段，分别进行贴现、求和计算就可以获得公司的内在价值。

无论采取哪种支付方式，确定企业价值都是必不可少的重要环节，目标企业的内在价值往往也是并购决策的依据。

（资料来源：朱武祥，邓海峰. 公司合并中的价值评估与换股比例估算：戴姆勒－奔驰/克莱斯勒合并换股计算方法与清华同方－山东鲁颖电子合并换股比例计算方法比较. 管理世界，1999（4）。

王丹蕊，许敏敏. 一位财务经理眼中的企业兴衰 集团与并购篇. 北京：中国经济出版社，2004。）

7.4 企业并购资本运营

并购是企业资本运营的主要渠道，通过并购获得上市公司的控制权，从而为企业创造资本增值。本节主要介绍并购上市公司的方式、资金需要量预测、资金支付方式和资金来源，以及上市公司反收购的战略、并购整合给企业带来的效益。

7.4.1 并购上市公司的方式

按照《上市公司收购管理办法》的规定，并购企业可以通过取得股份的方式成为一家上市公司的控股股东，也可以通过投资关系、协议、其他间接的途径成为一家上市公司实际控制人，还可以同时采取上述方式和途径取得上市公司的控制权。

1. 要约收购

要约收购是指收购人按照同等价格和统一比例相同要约条件向被收购上市公司股东公

开发出收购其持有的该公司股份的行为，要约收购是对非特定对象进行公开收购的一种方式。

通过证券交易所的证券交易，并购方持有一家上市公司的股份达到该公司已发行股份的30%时，继续增持股份的，应当采取要约方式进行。以要约方式收购上市公司股份时，可以向目标企业的所有股东发出收购其所持有的全部股份的要约，也可以向所有股东发出收购其所持有的部分股份的要约。

并购方应编制要约收购报告书，聘请财务顾问向中国证监会、证券交易所提交书面报告，抄报派出机构，并通知被收购公司，同时对要约收购报告书摘要做出提示性公告书。在要约收购报告书中，应列明的主要事项如下。

（1）收购人的姓名、住所；收购人为法人的，其名称、注册地及法定代表人与其控股股东、实际控制人之间股权控制关系结构图。

（2）上市公司的名称、收购股份种类，报送收购报告书时持有被收购公司的股份数量和比例。

（3）收购的目的，以及是否在未来12个月内继续增持，预计收购股份的数量和比例。

（4）收购的价格，所需的资金额、资金来源及保证。

（5）收购要约约定的条件、收购的期限，收购对上市公司的影响分析。

（6）前24个月内收购方式及关联公司与被收购公司之间的重大交易。

要约收购的价格不得低于要约收购提示性公告前6个月内收购人对取得该种股票所支付的最高价格。

对于目标企业而言，要约收购完成以前，未经股东大会批准，目标企业董事会不得通过处置公司资产、对外投资、调整公司主要业务、担保、贷款等方式，对公司的资产、负债、权益或者经营成果造成重大影响。要约收购期间，目标企业的董事不得辞职。

2. 协议收购

协议收购是指投资者在证券交易所中交易系统之外与被收购公司的股东（控股股东或持股比例较高的股东）就股票的交易价格、数量等方面进行私下协商，购买被收购公司的股票，以期获得或巩固对被收购公司的控制权。

股权分置改革前，我国上市公司的收购主要是通过协议转让国有股和法人股来实现的，主要原因在于特殊的非流通股股权高度集中的结构导致的流通性和价格差异。资料显示，2003—2005年，95%的上市公司收购是通过协议收购方式完成的，只有5%的上市公司收购是通过要约收购进行的。

【例7-9】1994年4月，上海建筑材料集团公司将其所有的上海棱光实业股份有限公司1 200万股股份转让给珠海经济特区恒通置业股份有限公司，这是我国上市公司国家股以协议方式进行转让的第一笔交易。

但协议收购的对象并非仅仅是非流通股和还未到上市期的限售流通股，流通股也是可以协议收购的。为适应全流通体制下的市场环境，2006年8月上海证券交易所、深证证券交易所和中国证券登记结算有限责任公司联合发行了《上市公司流通股协议转让业务办理暂行规则》，明确了上市公司流通股在满足以下情形时，可以在证券交易所进行协议转让：①与上市公司收购及股东权益变动相关的股份转让；②转让双方存在实际控制关系，或均受同一控制人所控制的；③外国投资者战略投资上市公司所涉及的股份转让；④中国证监会认定的其他情形。

根据修订后的《上市公司收购管理办法》，并购方通过协议方式在上市公司中拥有权益的股份达到或超过该上市公司已发行股份的5%时，应当在3日内编制权益变动报告书，向中国证监会、证券交易所提交书面报告，抄报派出机构，通知该上市公司，并进行公告。该并购方拥有权益的股份达到该上市公司已发行股份的30%时，继续进行收购的，应依法向该公司股东发出全面要约或部分要约。如果满足豁免申请，可免于发出要约。

以协议方式进行上市公司收购的，自签订收购协议之日起至相关股份完成过户的期间为上市公司收购过渡期。在过渡期内，收购人不得通过控股股东提议改选上市公司的董事会，确有充分理由改选董事会的，来自收购人的董事不得超过董事会成员的1/3。被收购上市公司的义务主要有：不得为收购人及其关联方提供担保；不得公开发行股票募集资金；不得进行重大购买、出售资产及重大投资行为或者与收购人及其关联方进行其他关联交易，只有在收购人为挽救陷入危机或面临严重财务困难的上市公司时除外。

与要约收购相比，协议收购的特点如下。

（1）有明确的交易对象。协议收购一般会选择股份集中的公司作为收购目标，双方在证券交易所竞价系统之外进行沟通和协商。对于并购方来说，沟通时间相对较短，而且不会对公司股票价格造成直接影响。

（2）交易程序相对简单，交易成本较低。相对要约收购所必须采取的公开方式，协商收购在双方达成一致的情况下，可以迅速地实现公司控制权转移。

（3）多数是善意收购。协议收购通常是并购方与目标企业的控股股东在协商一致的条件下达成的股份收购协议，公司董事会主要成员和主要管理层知情，收购协议也通常会对公司的业务、资产、人员做出妥善安排，不会受到管理层抵制。

3. 间接收购

间接收购是指收购人虽然不是上市公司的股东，但通过投资关系、协议或其他安排导致其取得上市公司的控制权。

相比于其他两种收购方式，由于未导致直接持有上市公司股份的股东发生变化，间接收购具有一定隐蔽性，所以必须对间接收购进行规范并加强监管，以防止通过间接收购侵害上市公司和股东的权益。我国的法律监管主要通过强化实际控制人和上市公司董事会的责任对间接收购进行规范。

上市公司实际控制人及受其支配的股东，负有配合上市公司真实、准确、完整地披露有关实际控制人发生变化的信息的义务。上市公司董事会应当拒绝未履行法定义务的收购人提出的议案。

收购方通过间接收购方式拥有权益的股份超过该公司已发行股份30%时，收购方有以下选择。

（1）不具备豁免条件的，向该公司所有股东发出收购其全部股份的全面要约。

（2）申请豁免，在达成协议之日起3日内编制上市公司收购报告书，提交豁免申请，委托财务顾问向中国证监会、证券交易所提交书面报告，同时提交派出机构，通知被收购公司，并公告上市公司收购报告书摘要，在取得豁免的3日之内收购方需公告其收购报告书、财务顾问专业意见和律师出具的法律意见书。

（3）在30日之内，促使其控股股东将所持有的上市公司股份减持至30%或30%以下，并在减持之日起第2个工作日内予以公告，其后收购方或控股股东拟继续增持，应当采取要约方式。

7.4.2 并购资金需要量预测

一般来说，预测并购资金需要量时，主要考虑以下四项要素。

1. 并购支付对价

并购支付对价是指并购方企业为完成收购目标企业所付出的代价，即支付的现金或现金等价物的金额或者并购日并购方企业为取得对其他企业的净资产的控制权而放弃的其他有关资产项目或有价证券的公允价值。

支付的对价与目标企业权益价值大小、控股比率和支付溢价率相关。可以通过以下的公式计算

$$MAC = E_a \rho (1 + \gamma) \tag{7-19}$$

式中：MAC——并购支付的对价；

E_a——目标企业权益价值；

ρ——控股比率；

γ——支付溢价率。

被并购的企业的权益价值是并购成本的核心构成，可以按照折现和期权等方法进行估价。支付溢价率是指支付的对价高于被并购的企业权益价值的比率，一般来说，公开收购、竞价收购或故意收购往往要支付较高的溢价率。从西方国家的经验来看，溢价率在30%～80%之间。

2. 承担目标企业表外负债和或有负债的支出

表外负债是指目标企业的资产负债表上没有体现但实际上要明确承担的义务，包括职工的退休费、离职费、安置费等。

或有负债是指由过去的交易或事项形成的潜在义务，其存在需要通过未来不确定的事项的发生或不发生予以证实。或有负债是并购企业潜在的并购支付成本。所以，并购方应详尽了解并购目标企业的未决诉讼或争议、债务担保、纳税责任以及产品责任等项目，对或有负债做出判断。

3. 并购交易费用

并购交易费用包括并购直接费用和并购管理费用。并购直接费用主要指为并购融资注册和发行权益证券的费用，支付给会计师、律师的咨询费用，以及其他各项评估费用等。并购直接费用与并购支付的对价密切相关，一般为支付对价的1%～5%，当然也可以根据审计费、资产评估费、律师咨询费，以及证券发行费用来确定。并购管理费用主要包括并购管理部门的费用，以及不能直接计入并购事项的费用。

4. 整合与运营成本

为了保证并购后企业的健康持续发展必须支付长期的运营成本，一般来说尚需成本包括两项；一是整合改制成本，是指对人事机构、经营方式、经营战略、产业结构等进行调整时发生的管理、培训等费用；二是注入资金的成本，并购时必须深入分析并购双方企业

管理资源的互补性，合理估计并购方在现有基础上对目标企业的管理投入、资金投入成本。整合与运营成本具有长期性、动态性和难以预见性，并购决策中应力求使其保持最低。

7.4.3 并购支付方式

任何实施并购的企业必须充分考虑采取何种方式完成并购，充分认识不同方式支付的差异，依具体情况做出决策。实践中，企业并购的支付方式主要有三种，即现金支付、股票支付和混合证券支付。

1. 现金支付

现金支付是由主并企业向目标企业支付一定数量的现金，从而取得目标企业的所有权，一旦目标企业的股东收到了对其所拥有的股权的现金支付，就失去了任何选举权或所有权。现金支付是企业并购中最先采用的支付方式，也是在企业并购中使用频率最高的支付方式。对目标企业的股东而言，现金支付可以使它们即时得到确定的权益，而其他非现金支付方式给股东带来的收益受到市场状况、市场深度、主并企业的业绩及交易成本等因素的影响，不确定性较大。现金支付对目标企业的股东来说其不足之处是即时形成的纳税义务。世界上大多数国家（不包括我国）都规定，公司股票的出售变化是一项潜在的应税事件，在已实现资本收益的情况下，应缴纳资本利得税。目标企业股东在得到现金支付的同时，也意味着纳税义务的发生，没有其他递延或滞后纳税的可能。对主并企业而言，现金支付最大的好处是现有的股权结构不会受到影响，现有股东控制权不会被稀释。同时现金支付可以使主并企业迅速完成并购，而若使用股票并购主并企业必须到证券管理部门进行登记，经过审批，需花费较长时间，而时间越长，目标企业的管理人员就越有可能建立起反并购防御措施，而且可能会促使更多的企业参与并购竞价，从而将使主并企业的并购成本上升，并购时间延长，并购难度加大。但是，现金支付会给主并公司造成一项沉重的现金负担。主并企业必须决定是动用企业现有的现金，还是专门筹集额外的资金来支付收购费用。

现金收购因其速度快的特点而多被用于敌意收购。在已有的并购案例中，现金收购占主导地位。例如，1988 年，菲利普莫里斯公司收购克拉夫特公司以 129 亿美元现金成交。在我国，现金支付也是一种企业并购时主要的支付手段。1944 年，珠海恒通集团股份有限公司以每股4. 3 元的价格收购上海建材集团总公司持有的上海棱光实业股份有限公司1 200 万股国家股，占总股本的 35. 5% 成为棱光公司的第一大股东。

在采用现金支付方式时，需要考虑以下因素。

（1）主并企业短期的流动性。现金支付要求主并企业在确定的日期支付一定数量的货币，立即付现可能会出现现金紧张，因此有无足够的即时付现能力是主并企业首先要考虑的因素。

（2）主并企业中长期的流动性。有些企业可能在很长时间内都难以从大量的现金流出中恢复过来，因此主并企业必须认真考虑现金回收率以及回收年限。

（3）货币的流动性。在跨国并购中，主并企业必须考虑自己拥有的现金是否为可以直接支付的货币或可自由兑换的货币，以及从目标企业收回的是否为可自由兑换的货币等问题。

（4）目标企业股份的所在地管辖股票的销售收益的所得税法，不同地方对资本收益税负水平规定是不一样的。如荷属安德列斯岛，目标企业的股东不会面临课征资本收益税的问题，而英国伦敦的资本收益税税率高达30%。目标企业所在地资本收益税水平将影响主并企业现金支付的出价。

（5）目标企业股份的平均股本成本，因为只有超出的部分才应支付资本收益税，如果目标企业股东得到的价格并不高于平均股本成本（每股净资产值），则即使是现金支付，也不会产生任何税收负担。如果主并企业确认现金支付会导致目标企业承担资本收益税，则必须考虑可能减轻这种税收负担的特殊安排。否则，目标企业也只能以自己实际得到的净收益为标准，做出是否接受出价的决定，而不是以主并企业所支付的现金数额为依据。通常情况下，一个不会引起税收负担的中等水平的出价，要比一个可能导致较高税收负担的高出价更具有吸引力。

【例7-10】2010年12月7日，经青岛啤酒股份有限公司第六届董事会临时会议批准，青岛啤酒股份有限公司及全资子公司青岛啤酒香港贸易有限公司与新银麦啤酒（香港）有限公司和华祺有限公司签订股份转让合同，以总对价人民币18.73亿元价格受让新银麦啤酒（香港）有限公司和华祺有限公司持有的山东新银麦啤酒有限公司100%股权。其中，青岛啤酒股份有限公司收购新银麦公司75%股权，支付对价人民币14.04亿元，香港公司收购新银麦公司25%股权，支付对价等值于人民币4.69亿港币。青岛啤酒股份有限公司拟以自有资金支付本次转让的对价。

2. 股票支付

股票支付是指主并企业通过增加发行本企业股票，以新发行的股票替换目标企业的股票，从而达到并购目的一种支付方式。

不同于现金支付方式，采用股票支付方式，主并企业不需要支付大量现金，因而不会影响主并企业的现金状况。同时，并购完成后，目标企业的股东并不会失去他们的所有权，而是成为并购完成后企业的新股东，但一般来说，主并企业的股东在经营控制权上占主导地位。由于目标企业的股东保留自己的所有者地位，因此，股票支付对于主并企业股东来说会使其股本结构发生变化，主并企业股权稀释的极端结构是目标企业的股东通过主并企业增加发行的股票取得了对并购完成后企业的主导控制权。股票支付的另一个不足之处是所需手续较多，耗时耗力，不像现金支付那样简洁迅速。

股票支付常见于善意并购，当并购双方的规模，实力相当时，采用这种方式的可能性较大。1992年美国化学银行发售15.7亿美元新股并购汉诺威制造银行就是一例。我国这几年也涌现了几例换股并购。最早成功的一个换股并购案例是1999年清华同方并购鲁颖电子。

【例7-11】清华同方是以清华大学企业集团为主要发起人，以社会募捐方式设立的股份制公司，于1997年6月27日在上海证券交易所上市。它的主营业务集中在三个领域，即信息产业领域、人工环境领域和民用核技术、生物制药领域。鲁颖电子是一家在山东省企业产权交易所挂牌的股份有限公司，属于电子元件行业。1998年11月30日，清华同方和鲁颖电子的临时股东大会审议并通过了“关于公司吸收合并鲁颖电子股份有限公司的预案”，根据双方协议，清华同方向鲁颖电子定向发行人民币普通股，按照1∶1.8的换股比例（即一股清华同方股份换取1.8股鲁颖电子股份）换取鲁颖电子股东所持有的全部股份，鲁颖电子的法人地位消失。合并后清华同方将以鲁颖电子经评估后的净资产出资，在山东省沂南县设立新的有限责任公司。

在决定是否采用股票支付方式时一般要考虑以下因素。

（1）主并企业的股份结构。由于股票支付方式的一个突出特点是它对主并企业的原有股权结构会有重大影响，因而主并企业必须事先确定主要大股东在多大程度上会接受股权的稀释。

（2）每股收益率的变化。新发新股会对每股收益产生不利的影响，如果目标企业的盈利状况较差，或支付的价格较高，则会导致每股收益的减少，虽然在许多情况下，每股收益的减少只是短期的，长期来看还是有利的，但无论如何，每股收益的减少仍可能给股价带来不利的影响，导致股价下跌。所以，主并企业在采用股票支付方式前，要确定是否会产生这种不利情况，如果发生这种情况，那么在多大程度上是可以接受的。

（3）每股净资产的变动。每股净资产是衡量股东权益的一项重要标准。在某种情况下，新股的发行可能会减少每股所拥有的净资产。这也会对股价造成不利影响。如果采用股票支付方式会导致每股净资产的下降，主并企业需要确定这种下降是否被企业原有的股东所接受。

（4）财务杠杆比率。发行新股可能会影响企业的财务杠杆比率。所以，主并企业应考虑是否会出现财务杠杆比率升高的情况，以及具体的资产负债的合理水平。

（5）当前股价水平。当前股价水平是主并企业决定采用现金支付还是股票支付的一个主要影响因素。一般来说，在股票市场处于上升过程时，股票的相对价格较高，这时以股票作为支付方式可能更有利于主并企业，增发的新股对目标企业也会有较强的吸引力。不然的话，目标企业可能不愿持有，即刻抛空套现，导致股价进一步下跌，因此主并企业应考虑本企业股价所处的水平，同时还应预测增发新股会对股价带来多大影响。

（6）当前的股息收益率。新股发行往往与主并企业原有的股息政策有一定的联系。一般而言，股东都希望得到较高的股息收益率。在股息收益率较高的情况下，发行固定利率较低的债权证券可能更为有利；反之，如果股息收益率较低，增发新股就比各种形式的借贷更为有利。因此，主并企业在决定采用股票支付还是通过借贷筹集现金来支付时，先要比较股息收益率和借贷利率的高低。

3. 混合证券支付

混合证券支付是指企业的支付方式为现金、股票、认股权证、可转换债券等多种形式的组合。单一的支付工具总是有着不可避免的局限性，通过把各种支付工具组合在一起，能集中各种支付工具的长处而避免它们的短处，由于这种优势，近年来混合证券支付在各种出资方式中的比例呈现出逐年上升的趋势。

与普通股相比，公司的债券的资本成本较低，而且向其持有者支付利息时是可以免税的。

认股权证是一种由上市公司发出的证明文件，赋予其持有人一种权利，即持有人有权在指定的时间内，用指定的价格认购由该公司发行的一定数量的（按换股比率）新股。对主并企业而言，发行认股权证的好处是，可以因此而延期支付股利，从而为公司提供额外的股本基础。由于认股权证认股权的行使，也会涉及主并企业控股权的改变，因此，主并企业在发行认股权证时同样要考虑认股权的行使对企业股权结构的影响。目标企业的股东获得认股权证后可以行使优先低价认购公司新股的权利，也可以在市场上将认股权证出售。

可转换债券向其持有者提供一种选择权，在某一给定时间内可以某一特定价格将债券换为股票。

从主并企业的角度看，采用可转换债券这种支付方式的好处是：①通过发行可转换债券，企业能以比普通债券更低的利率和较宽松的契约条件出售债券；②提供了一种能以比现行价格更高的价格出售股票的方式；③当企业正在开发一种新产品或一种新的业务时，可转换债券也是特别有用的，因为预期从这种新产品或新业务所获得的额外利润可能正好是与转换期一致的。

对目标企业股东而言，采用可转换债券的好处是：①具有债券的安全性和作为股票可使本金增值的有利性相结合的双重性质；②在股票价格较低时，可以将它的转换期延迟到预期股票价格上升的时期。

7.4.4 并购筹资方式

在并购过程中，并购筹资方式的选择往往取决于并购支付方式。按照上述三种支付方式，下面分别介绍与之相对应的筹资方式。

1. 现金支付时的筹资方式

现金收购往往会给主并企业造成一项沉重的现金负担。如果主并企业有充分的甚至比例过高的流动资产，那么它首先可以考虑用自己的流动资产（变现后）支付给目标企业。但通常情况下，并购一家企业需要的资金数量相当庞大，在采用现金支付方式时，主并企业通常都要到本企业外部去寻求必要的资金。常见的筹资方式有增资扩股、向金融机构贷款、发行公司债券、发行认股权证或上述几项的综合运用。

1）增资扩股

主并企业在选择通过增资扩股来取得现金时，最为重要的是考虑增资扩股对主并企业股权结构的影响。但大多数情况下，股东更愿意增加借款而不愿扩股筹资。

2）向金融机构贷款

向金融机构贷款无论在国外还是在国内，都是普遍采用的筹资方法。在向银行提出贷款申请时，首先要考虑的是贷款的安全性，即要考虑贷款将来用什么资金来偿还。一般情况下，至少有一部分贷款的偿还需要目标企业未来的现金流入。这种现金流入有两种来源，即目标企业以后的生产经营所产生的收益和变卖目标企业一部分资产所获得的现金。

3）发行企业债券

筹集现金的另一种方式是向其他机构或第三方发行债券。近10年来，高风险、高利率的“垃圾债券”成为美国企业并购中的重要筹资方式。1983年，美国德雷塞尔银行首先提出把“垃圾债券”用于企业并购，使用这种“垃圾债券”为并购提供资金，银行按目标企业拥有多少资产而不是按照借款人拥有多少资金来放款。自此以后，“小鱼吃大鱼就成为一种现实。“垃圾债券”在企业并购筹资中的运用，在一定程度上增加了并购的范围，增大了并购的规模，大多数杠杆收购都通过发行“垃圾债券”方式筹资，然后以目标企业的现金流入或资产变卖进行偿还。

我国《公司法》规定，企业如果为股份有限公司、国有独资公司和两个以上的国有企业或者其他两个以上的国有投资主体设立的有限责任公司，为筹集生产经营资金，可以发行公司债券；同时，还规定上市公司经股东大会决议可以发行可转换债券等。这些规定为主并企业通过发行债券为并购筹资提供了可能，同时也进行了限制。

4）发行认股权证

认股权证通常和企业的长期债券一起发行，以吸引投资者来购买利率低于正常水平的长期债券。由于认股权证代表了长期选择权，所以附有认股权证的债券或股票，往往对投资者有较大的吸引力。从实践看，认股权证能在下列情况下推动公司有价证券的发行销售；当企业处于信用危机边缘时，利用认股权证可诱使投资者购买企业债券，否则企业债券可能会难以出售；在金融紧缩时期，一些财务基础较好的企业也可用认股权证使其企业的债券吸引投资者。

【例7-12】 Norway 公司为筹集4 000万美元资金，面临三种方案：①发行可转换公司债券；②发行附有认股权证的一般公司债券；③发行普通股股票。公司筹资前的财务状况见表7-4，其他相关财务资料如下：可转换公司债利率为6%，转换价格为50美元；一般公司债利率为7%，且每1 000美元公司债可获3股60美元认股权证；普通股现行市价为每股40美元。

表7-4表明各种筹资方案对公司资本状态的影响，在所有可转换公司债券转换后，普通股由于增加了80万股而达到380万股，而公司资本总额仍为1 200万美元，认股权证持有人行使权利时，以每股60美元买了12万股普通股，总计720万美元，而此时公司债仍然未改变，故资本总额由于增加了720万美元达到12 720万美元。可转换证券的转换（80万新股）较之认股权证的行使（12万股新股）对普通股有更大的稀释作用。

表7-4　各种筹资方案对公司资本状态的影响　　单位：百万美元

	吸收资金前	普通股	可转换公司债券		附认股权证的公司债券	
			转换前	转换后	行权前	行权后
公司债			40		40	40
普通股（面值10美元）	30	40	30	38	30	31.2
资本公积		30		32		6
留存收益	50	50	50	50	50	50
股本净值	80	120	80	120	80	87.2
资本总额	80	120	120	120	120	127.2
普通股发行数/百万股	3	4	3	3.8	3	3.12

表7-5表明三种不同的筹资方案对Norway公司每股收益的影响。假定：①本期税前收益总额为2 200万美元（含利息）；②这4 000万美元能使税前收益增加到3 000万美元（含利息）。与直接销售普通股相比，采用可转换债券或附有认股权证的公司债券的每股收益均比前者高；而后两者之间每股收益差别并不明显，这是因为每股收益取决于认股权证（或公司债券）是否已购买（或已转换）了普通股。若股票市价上升足够高，使认股权证

持有者行权，那么相比之下，第二种方案较好。

表 7-5 各种筹资方案对每股收益的影响 单位：10 万美元

	吸收资金前	普通股	可转换公司债券		附认股权证的公司债券	
			转换前	转换后	行权前	行权后
税前收益（含利息）	22	30	30	30	30	31.44*
公司债利息			2.4		2.8	2.8
税前净收益	22	30	27.6	30	27.2	28.64
公司所得税（50%）	11	15	13.8	15	13.6	14.32
税后净收益	11	15	13.8	15	13.6	14.32
普通股发行数/100 万股	3	4	3	3.8	3	3.12
每股收益/美元	3.67	3.75	4.60	3.95	4.52	4.60

注：* 行使股权后公司资本总额增加 3 720 万美元，而投资报酬为 20%（800/4 000）的税前收益增加了 144 万美元。

2. 股票和混合证券支付时的筹资方式

在并购中，主并企业用股票或混合证券支付时，发行的证券要求是已经或者将要上市的。因为只有这样，证券才有流动性，并有一定的市场价格作为换股参考。

1）发行普通股

主并企业可以通过将以前的库存股重新发售或者增发新股给目标企业的股东，换取目标企业的股权。普通股支付有两种方式：一种方式是由主并企业出资收购目标企业的全部股权或部分股权，目标企业取得资金后认购主并企业的增资股，并购双方不需再另筹资金即可完成并购交易；另一种方式是由主并企业收购目标企业的全部资产或部分资产，目标企业认购主并企业的增资股，这样也达到了股权置换的目的。新发行给目标企业股东的股票应该与主并企业原来的股票同股同权同利。

2）发行优先股

有时向目标企业发行优先股可能会是主并企业更好的选择。比如，如果目标企业原来的股利政策是发放较高的股息，为了保证目标企业股东的收益不会因并购而减少，目标企业可能会提出保持原来的股利支付率的要求。对于主并企业而言，如果其原来的股利支付率低于目标企业的股利支付率，提高股利支付率的话，则意味着新老股东的股利都要增加，这会给主并企业的财务带来很大的压力。这时，发行优先股就可以避免这种情况。

3）发行债券

有时主并企业也会向目标企业股东发行债券，以保证企业清算解体时，债权人可先于股东得到偿还。债券的利息一般会高于普通股票的股息，这样对目标企业的股东就会有吸引力。而对主并企业而言，收购了一部分资产，股本额仍保持原来的水平，增加的只是负债，从长期来看，股东权益未被稀释。因此，发行债券对并购双方都是有利的。

【例 7-13】 2009 年 10 月，在大众公司与保时捷共同组建综合汽车集团的过程中，双方终于迈出了实质性的一步，根据保时捷公司计算出的企业价值，大众汽车集团预计将耗资大约 39 亿欧元获得保时捷公司 49.9% 的股份。为支持参股而进行再筹资并保持大众汽车集团良好的信用等级，大众汽车集团计划在2010年上半年增加优先股资本金。

2010年4月14日，大众以每股65欧元的价格出售了6 490万股优先股，扣除手续费筹得41亿欧元，从而可以完成对保时捷汽车控股公司旗下汽车制造部门的合并收购。

同时大众也计划重新发售公司债券，这是大众自2007年金融危机爆发后首次发行债券，通过此次债券出售大众希望筹得6.8625亿欧元的资金。

大众金融部门发言人表示这些债券包括：标普评级AAA债券价值6.225亿欧元，期限为1.65年；被标普评级为A－6的债券6 375万欧元。

7.4.5 反并购战略

反并购（又称并购防御）是针对并购而言的，指目标企业的管理层为了维护自身或企业的利益，保全对企业的控制权，采取一定的措施，防止并购的发生或挫败已经发生的并购行为。通常只有在敌意并购中才会出现对并购的防御或抵制。并购防御的战略主要可分为两大类，一是经济手段；二是法律措施。这里主要介绍反并购的经济手段。

1. 提高并购成本

1）资产重估

通过资产重估，使资产的账面价值与实际价值更加接近，提高净资产的账面价值，从而抬高收购价格，抑制收购。

2）股份回购

目标企业一方面可以用现金回购股票，另一方面可以发行企业债券以回收股票，达到减少流通在外股份数的目的，从而抬高企业股价，迫使收购方提高每股收购价。

3）寻找“白衣骑士”

目标企业为免遭敌意收购而自己寻找的善意收购者通常被称为“白衣骑士”。当企业遭到收购威胁时，为不使本企业落入恶意收购者手中，可选择与其关系密切的有实力的企业，以更优惠的条件达成善意收购。一般来讲，如果收购者出价较低，目标企业被“白衣骑士”拯救的希望就大，而如果收购方企业提供了很高的收购价格，则“白衣骑士”收购的成本提高，目标企业获救的机会相应减少。但“白衣骑士”的介入常常会引发一场并购战，目标企业的股价会因此明显上升，也会增加收购成本，可能会使敌意收购企业知难而退。

4）“降落伞”反收购计划

“降落伞”反收购计划主要是通过事先约定对并购发生后导致管理层更换和员工裁减时对管理层或员工的补偿标准，从而达到提高并购成本的目的。其中，“金色降落伞”是指目标企业董事会通过决议，由企业董事及高层管理人员与目标企业签订合同，一旦目标企业被并购，其董事及高层管理人员被解雇，则企业必须一次性支付巨额的退休金（解职费）、股票选择权收入或额外津贴。与之类似的是，“灰色降落伞”主要是向中级管理人员提供类似的保证，目标企业承诺，如果该企业被并购，中级管理人员可以根据工龄长短领取数周至数月的工资。而“锡色降落伞”是指目标企业的普通员工在企业被并购后一段时间内被解雇的话，则可领取员工遣散费。

2. 降低并购收益

1）出售“皇冠上的珍珠”

从资产价值、盈利能力和发展前景等方面来衡量，企业内经营最好的下属企业或子公司被称为“皇冠上的珍珠”，因此也往往成为其他企业并购的目标。为保全其他子公司，目标企业可将“皇冠上的珍珠”这类经营好的子公司卖掉，降低主并企业的预期收益，从而达到反收购的目的。作为替代方法，也可把“皇冠上的珍珠”抵押出去。

2）“毒丸”计划

“毒丸”计划主要有负债“毒丸”计划和人员“毒丸”计划两种。前者是目标企业在收购威胁下大量增加自身负债，降低企业被收购的吸引力。例如，发行债券并约定在企业股权发生大规模转移时，债券持有人可要求立刻兑付，从而使收购企业在收购后立即面临巨额现金支出，降低其收购兴趣。人员“毒丸”计划则是企业的绝大部分高级管理人员共同签署协议，在企业被以不公平价格收购，并且这些人中有一人在收购后被降职或革职时，全部管理人员将集体辞职。这一策略会使收购方慎重考虑收购后更换管理层对企业带来的巨大影响。当企业拥有非常精锐的管理层时，该策略的效果将会十分明显。

3）“焦土”战术

当企业在遇到敌意收购而无力反击时，迫不得已可能会采取两败俱伤的做法。例如，将企业中引起收购方兴趣的资产出售，使收购方的意图难以实现，或是提高企业的负债比例，使收购方因考虑收购后严重的负债问题而放弃收购。

【例7-14】 2005年2月18日，盛大互动娱乐有限公司（纳斯达克代码：SNDA，以下简称“盛大”）及其某些关联方向美国证监会提交了13-D表备案，披露其已拥有新浪已发行普通股19.5%的股权。由此互联网惊天收购大案正式拉开序幕。而新浪方则启动“毒丸”——购股权计划，以保障股东的利益。按照这一计划，股权确认日（预计为2005年3月7日）当日记录在册的每位股东，均将按其所持的每股普通股而获得一份购股权。

在购股权计划实施的初期，购股权由普通股股票代表，不能于普通股之外单独交易，股东也不能行使该权利。只有在某个人或团体获得10%或以上的新浪普通股或是达成对新浪的收购协议时，该购股权才可以行使，即股东可按其拥有的每份购股权购买等量的额外普通股。一旦新浪10%或以上的普通股被收购（就盛大及其某些关联方而言，再收购新浪0.5%或以上的股权），购股权的持有人（收购人除外）将有权以半价购买新浪公司的普通股。盛大已经持有19.5%的新浪股份。如果盛大再收购0.5%的新浪股份，“毒丸”将使新浪股东有权以半价购买股票，收购方的股权和股票含金量都会被稀释，收购方持股比例会下降。对盛大来说意味着收购成本将是原来的3倍，分析师表明盛大收购新浪的股份可能要付出每股93美元的代价。“毒丸”计划启动后，2月22日新浪股价立刻大涨至28.42美元，“毒丸”计划起到了明显的反收购效果。

3. 收购并购者

收购并购者又称为帕克曼式防御策略，目标企业通过反向收购，以达到保护自己的目的。主要方法是当获悉收购方有意并购时，目标企业反守为攻，抢先向收购企业股东发出公开收购要约，使收购企业被迫转入防御。

实施帕克曼式防御策略使目标企业处于可进可退的主动位置，进可使收购方反过来被防御方进攻，退可使本企业拥有收购企业的部分股权，即使后者收购成功，防御方也可能分享部分利益。

但是，帕克曼式防御策略要求目标企业本身具有较强的资金实力和相当的外部融资能力。同时，收购企业也应当具备被收购的条件，一般应为上市公司，否则目标企业股东将不会同意发出公开收购要约。

4. 建立合理的持股结构

1）交叉持股计划

即关联公司或关系友好公司之间互相持有对方股份，在其中一方受到收购威胁时，另一方伸出援手。比如甲公司持有乙公司10%的股份，乙公司又收购甲公司10%的股份，双方之间达成默契，彼此忠诚、相互保护，在甲公司成为收购目标时，乙公司则锁住其持有的甲公司股份，从而加大收购者收购股份的难度，同时乙公司在表态和有关股票表决时也支持甲公司的反收购，从而达到防御收购的目的。同理，乙公司受到收购威胁，甲公司也会同样予以支持。

2）员工持股计划

国外许多公司还通过员工持股增加敌意并购时股份收购的难度，其原理与交叉持股相同。但在我国由于员工持股比例非常低，还不足以形成有效的反并购计划。

5. 修改公司章程

1）董事会轮选制

公司章程可以对董事的更换比例做出规定，如规定董事的更换每年只能改选1/4或1/3等。这样，收购方即使收购到了“足量”的股权，也难以通过董事会达到控制公司的目的。公司未更换的董事可以决定采取增资扩股或其他办法来稀释收购方的股票份额，也可以决定采取其他办法来达到反并购的目的，如吞下“毒丸”或售卖“皇冠上的珍珠”，使收购者的初衷不能得到实现或使公司股票贬值，造成并购者损失。

2）绝对多数条款

《中华人民共和国公司法》第103条规定，股东大会做出修改公司章程、增加或者减少注册资本的决议，以及公司合并、分立、解散或者变更公司形式的决议，必须经出席会议的股东所持表决权的2/3以上通过。

在并购防御中，目标企业可以在章程中对企业合并时需要获得的出席股东大会绝对多数投赞成票的比例做出规定，如80%，同时，还可以规定对这一反收购条款的修改也需要绝对多数股东同意才能生效。这样，大大增强了敌意收购方的收购成本和难度。

【例7-15】百度公司上市前就建立了一种双重股票结构，按照这种结构，包括管理层、董事、员工和早期投资者在内的股东，其所持股票的股票权10倍于在美国首次公开募股（IPO）时发行的股票。这使IPO前的股东拥有百度98.5%的股票权，而通过公开市场购买股份的股东总计只拥有其1.5%的股票权。

7.4.6 并购整合

对企业来说，并购不仅意味着机遇，也会随之带来一些困难，可能使并购最终以失败终结。波士顿咨询公司曾指出，在收购兼并之前，只有不到20%的企业考虑到并购后如何将企业整合到一起以及并购所能产生的成本节约。并购大师布鲁斯瓦瑟斯坦也指出，并购成功与否不是仅依靠被收购企业创造价值的能力，在更大程度上依靠并购后的整合。

1. 并购整合的概念与作用

并购整合是指将两个或多个企业合为一体，由共同所有者拥有的具有理论和实践意义的一门艺术。具体来讲就是指在完成产权结构调整以后，企业通过各种内部资源和外部关系的整合，维护和保持企业的核心能力，进一步增强整体的竞争优势，从而最终实现企业价值最大化的目标。

并购完成后，主并企业面临着一系列管理上的挑战，如文化冲突、人才流失甚至经营方式的改变和进入全新的领域等，这就决定了并购整合是不可或缺的重要程序之一。许多学者通过研究发现，并购整合是并购创造价值的源泉所在，并购整合使得并购最终实现了“1 +1 >2”的效果，表7-6是一些学者和咨询公司对有关并购整合失败的研究总结。

表7-6　有关并购整合失败的研究总结

年份	研究者	样本数	失败定义	失败率	失败原因
1987年	McKinsey & Company	116	3年内没有收回投资	77%	主营业务能力不强，并购规模过大，对市场潜力评估过于乐观，高估了协同效应，收购价过高，并购整合进程缓慢
1995年	Mercer管理咨询	150	并购3年后股东收益率低	50%	并购双方缺乏合理评价，存在文化冲突，并购后整合进程缓慢
1988—1996年	MItchell/EIV	150	自我评估	70%	计划不善，并购企业之间缺乏沟通，整合速度缓慢，缺乏实际推进措施
1996年	库珀斯-莱布兰会计咨询公司	125	公司收入现金流量和盈利能力	66%	整合进程缓慢

（资料来源：干春晖．并购经济学．北京：清华大学出版社，2004.）

2. 并购整合的类型与内容

1）并购整合的类型

根据并购企业与目标企业战略依赖性关系和组织独立性特征，并购整合的策略可以分为完全整合、共存型整合、保护型整合和控制型整合四种类型，如表7-7所示。

表7-7　并购整合的类型

整合策略	适用对象	特点
完全整合	并购双方在战略上互相依赖，但目标企业的组织独立性需求较低	经营资源进行共享，清除重复活动，重整业务活动和管理技巧

续表

整合策略	适用对象	特点
共存型整合	并购双方战略依赖性较强，组织独立性需求也较强	战略上互相依赖，不分享经营资源，存在管理技巧的转移
保护型整合	并购双方的战略依赖性不强，目标企业组织独立性需求较高	并购企业只能有限干预目标企业，允许目标企业全面开发和利用自己潜在的资源和优势
控制型整合	并购双方的战略依赖性不强，目标企业的组织独立性需求较低	并购企业注重对目标企业资产和营业部门的管理

（资料来源：郑磊．企业并购财务管理．北京：清华大学出版社，2004.）

2）并购整合的内容

（1）战略整合。恰当选择并购目标企业只是一个良好的开端，并购协同效应的最终实现，在很大程度上取决于并购完成后对企业整体经营战略的调整和组合。并购的完成只是实现了资产规模的扩张，而单纯资产规模的扩张并不能影响和改善业务单元之间的内在联系和必要的相互支撑。所以并购完成后，并购企业应该在把握产业结构变动趋势的基础之上，以长期的战略发展视角对被并购企业的经营战略进行调整，使其纳入并购后企业整体的发展战略框架内。具体来说，可能会涉及某些重复部门、生产线的归并、裁减、新设等。只有通过经营战略的有效整合，并购企业双方的核心能力才能同时拓展，从而形成更强大的综合竞争力。

从财务角度来看，通过整合要求实现各种信息数据的共享和有效利用，包括产、供、销、劳资、物资、设备等信息。具体操作过程应该从最高层的财务经营管理概念整合入手，以并购双方的核心能力为基础，优化资源配置，实现一体化协同效应。

（2）产业整合。产业整合有助于进一步强化和培育企业的核心能力，并将其转化为市场竞争优势。从国内外并购成功案例的经验来看，相关、创新、特色、优势是产业整合应该坚持的原则。实践中，产业整合要充分考虑并购企业和目标企业所具有的产业优势和在同业中的竞争能力。一般来说，如果一个企业的主导产品缺乏市场优势，在同业中的竞争能力比较弱，那么并购后的企业在这个产业继续发展就可能会受到一些限制。更进一步，产业整合时也常常需要考虑双方原有的供销渠道和市场策略，如可将目标企业的部分中间产品交由并购企业生产，从而增加并购企业的利润，这就是并购企业获得的“控制权价值”。

（3）存量资产整合。并购后对存量资产进行整合的主要目的就是通过处置不必要、低效率或者获利能力差的资产，降低运营成本，提高资产的总体效率。同时，存量资产的整合也有利于缓解并购带来的财务压力。具体做法可以是精简机构和人员，将一部分有形资产出售或改作他用等。实际上，国外许多并购案例就是在并购后立即将被并购企业的资产分拆出售，从而获得可观的利润。

（4）管理整合。除了以上三个方面的整合内容外，管理整合也是所有并购成功案例的共性所在。并购完成后，由并购企业对目标企业及时输入先进的管理模式、管理思想，有利于在较短的时间内实现两者的有机融合，也有利于战略整合、产业整合、存量资产整合的贯彻实施。所以并购后要注意从管理组织机构一体化角度对双方原有的管理体制进行调整，使其能够正常、有效地引导企业的生产经营活动。内部管理整合包括管理制度、经营方式、企业文化的融合和协调。从外部财务关系来看，主要应处理和协调好四个方面的关系：①同当地政府的关系；②同目标企业原有供应商、客户的关系；③同银行的关系；④同工商、税务等职能部门的关系。

【例7-16】 李善民、刘永新两位学者按照“整合过程—整合业绩—财务业绩”的因果链对并购整合进行了实证研究，证明并购后企业资源的整合对并购绩效有非常重要的影响。

其中，整合过程主要考察了整合程度和整合速度。整合程度是指并购整合后两家企业在市场和运作中系统、结构、活动和程序的相似程度，并购整合程度的影响因素主要有三类：任务特征，企业的组织文化特征，行政因素；整合速度是指达到预期整合目标所需的时间，整合速度是由整合策略及整合的复杂性决定的。

整合业绩可以从两个方面来测量，即并购后成本的降低和市场的变化情况。成本减少量是指并购整合所实现的成本降低情况，整合后的企业成本越低于整合前两家企业的总成本，则整合业绩越好。除成本降低外，并购后企业的整合业绩是与并购后市场绩效变化相关的。并购后的市场绩效定义为合并后企业营销及运作活动所带来的结果，如销售量增加，市场份额扩大，客户资源共享等。通常市场绩效的改善主要来自并购后营业收入的增加，而营业收入的增加主要来自并购后企业议价和客户管理能力得以提高，从而在市场业绩上产生了一些好的结果，如客户资源共享对销售的促进，产品和服务选择增多，改进与客户谈判的地位。

财务绩效是并购成败的一个重要衡量指标，也是并购后价值创造和价值毁损最直接的测量指标。财务绩效可以通过并购前后盈利能力的比较进行评价。

按照以上的研究思路，作者通过问卷调查的方法，对2000—2006年我国液化气行业的并购事件进行了研究，共获得43份有效问卷。通过因子分析和回归方程对并购后整合对并购绩效的影响进行了实证研究。研究证实：并购整合中必须重视市场整合和生产运作整合，市场整合和生产运作整合的程度越高和整合的速度越快，越有利于并购目标的市场业绩的实现；同时，并购整合的程度越高，越能体现出协同效应而带来的成本降低；此外，并购后市场业绩实现带来的规模经济也可使企业节约运营成本；最后，并购后如果能够带来企业市场业绩的改善，会有利于并购后最终企业财务绩效的改善。

7.5　杠杆收购和管理层收购

7.5.1　杠杆收购

1. 杠杆收购的概念与特点

1）概念

杠杆收购是指并购方以目标企业的资产作为抵押，向银行或投资者筹资借款来对目标企业进行收购，收购成功后再以目标企业的收益或是出售其资产来偿本付息。杠杆收购是并购企业通过负债筹集现金以完成并购交易的一种特殊情况，杠杆收购的实质是以现金支付并购对价的一种特殊的融资方式。

2）特点

杠杆收购的特点是：首先，杠杆收购的负债规模（相对于总的并购资金）较一般负债筹资额要大，其用于并购的自有资金远远少于完成并购所需要的全部资金，前者的比例一般为后者的10%～20%；其次，杠杆收购不是以并购方的资产作为负债筹资的担保，而是以目标企业的资产或未来或有收益为筹资基础，并购企业用来偿还贷款的款项来自目标企业的资产或现金流量，也就是说，目标企业将支付它自己的售价；最后，杠杆收购的过程中通常存在一个由交易双方之外第三方担任的经纪人，这个经纪人在并购交易的双方之间起促进和推动作用。

从筹资方式来看，杠杆收购的筹资结构类似倒金字塔形，与普通收购显著不同。收购资金的60%通常是由银行提供的以企业资产为抵押的贷款；30%的资金通常是夹层债务（过桥资本），一般是由优先股、次级债券、可转换债券构成；剩余的10%是并购方以自有资金对目标企业的投入。

在杠杆收购的实际操作中，并购企业通常是以目标企业作担保。常见的一种流程是：①并购企业先成立一家专门用于收购的"纸上公司"；②由投资银行等向并购企业提供一笔"过渡性贷款"（也称过桥贷款）用于购买目标企业的股权；③"纸上公司"举债、发行债券；④"纸上公司"与目标企业合并；⑤将"纸上公司"的负债转移至目标企业名下；⑥通过经营目标企业偿债、获利。

在这个过程中，发行的债券由于企业负债率较高、以未来收入或资产为担保，所以信用等级不高，常被称为"垃圾债券"。在国外成熟的资本市场中，通常是由投资银行安排自有资金作为过渡性贷款，并为收购方设计和承销具有高风险性质的"垃圾债券"作为偿还过渡性贷款的来源，所以，过渡性贷款和"垃圾债券"是杠杆收购的重要元素。

尽管如此，杠杆收购并非一定与"垃圾债券"画等号，从杠杆收购的筹资结构可以看出，"垃圾债券"的主要功能是偿还过桥资本，其比例也只占到30%左右，其余的资金中有60%是属于优先债务的。在我国，还缺乏"垃圾债券"得以生存的环境，私募股权基金（PE）可以成为过桥资本的资金来源，此外，发行信托也可以募集过桥资本，即收购方与信托公司合作，由信托公司发行信托计划，筹集收购资金。其中，收购方作为次级受益人，购买10%～20%的信托单位，并首先承担市场风险，在收购盈利时晚于优先受益人获得剩余收益，在亏损时不参与信托财产分配，并垫资承担损失。

2. 杠杆收购成功的条件

选择何种企业作为并购的目标是保证杠杆收购成功的重要条件。一般来说，具有以下特点的企业宜作为杠杆收购的目标企业。

1）具有稳定连续的现金流量

由于杠杆收购中巨额利息及本金的支付和偿还需要目标企业的收益和现金流来支持，所以目标企业收益及现金流的稳定性和可预测性是非常重要的。目标企业收益及现金流的质量是债权人关注的重点，在他们看来，现金流量的稳定性、连续性在某种程度上比利润规模大小还重要。

2）拥有人员稳定、责任感强的管理者

考虑到贷款的安全性，债权人往往对目标企业的管理人员要求很高。只有管理人员勤勉尽职，才能保证贷款本息的如期偿还。管理人员的稳定性，通常是根据管理人员任职时间的长短来判断，时间越长，债权人倾向于认为其在并购完成后留任的可能性就越大。

3）被并购企业的资产负债率较低

由于杠杆收购是以增加大量的负债为根本特征的，并购完成后，企业的资产负债率必将大大提高。如果并购完成前，目标企业的资产负债率较低，一方面，增加负债的空间相对较大，另一方面，在增加相同数量负债的情况下，与并购前资产负债率就已经比较高的企业相比，有较多的资产可用于抵押，能够增强债权人的安全感。

4）拥有易于出售的非核心资产

杠杆收购中巨额负债的偿还途径一是目标企业收益以及由此形成的现金流，另外就是变卖目标企业的部分资产。如果企业拥有易于出售的非核心资产，就可以在必要的时候出售这些资产来偿还债务，从而也能增强对债权人的吸引力。

一般而言，以技术为基础的知识、智力密集型企业，进行杠杆收购比较困难，因为企业只拥有无形资产和智力财富，未来收益和现金流量难以预测，并且难以变卖获得现金。但这也不是绝对的，如果债权人认为这些企业的管理水平高、无形资产能够变卖、企业现金流量稳健，也同样能给予贷款。

【例7-17】美国KKR公司是世界有名的专门做杠杆收购的公司。该公司向外大量举债，专找运营业绩欠佳，但却很有发展潜力的公司。对于拥有众多资产而又经营不善的公司，KKR公司一旦介入，通常将其部分资产出售，整顿后再以高价卖出。

1988年，KKR公司以250亿美元成功收购纳比斯克（RJR）公司。当时，RJR公司股价一直偏低，主要是因为该公司主力产业烟草业过去有多家公司被吸烟人要求损害赔偿，而使投资人对该产业没有信心。该公司最高执行主管打算以MBO（下部分将进行介绍）加上LBO的方式，通过协议银行协助，以每股75美元要约（当时市价为55美元），其资金以银行贷款及发行“垃圾债券”偿付。该主管也打算收购后将出售一些资产来偿债，且已接洽过潜在买主。但此消息传出后，KKR公司立即出价90美元参与收购竞争，于是RJR股东及董事会宣布重新择期竞标。之后KKR公司首先将要约升至94美元，RJR公司最高执行主管接着提出100美元竞价，KKR公司又将出价升至106美元，并且承诺原公司大部分事业不出售，并对员工提供更多福利与保障。最后KKR公司以109美元中标，成交金额为251亿美元。此收购案例中，KKR公司自己仅出资15亿美元，其他约50%～70%的收购资金由两家投资银行及银行集团贷款，其余则为发行“垃圾债券”。

1997年，KKR策划收购了世界著名的接插件制造商美国安费诺公司（Amphenol）。此次收购总额作价约为13.31亿美元，其中KKR投入3.41亿美元，剩余资金通过发行2.4亿美元优先次级债以及获得7.5亿美元银行贷款方式筹集。2001年，重组后的安费诺公司在雷曼兄弟公司的安排下通过IPO上市。至2004年，KKR成功全身而退，获利是当初投入资金的3倍左右。

7.5.2 管理层收购

1. 管理层收购的概念与成因

管理层收购是指目标企业的管理层利用外部筹资购买本公司的股份，从而改变本公司所有者结构、控制权结构和资产结构，进而达到重组本公司的目的并获得预期收益的一种收购行为。管理层收购是杠杆收购的一种特殊形式，当杠杆收购中的主并方是目标企业内部管理人员时，杠杆收购也就是管理层并购。

从理论上说，管理层收购有助于降低代理成本，有效激励和约束管理层，提高资源配置效率。

与所有权与经营权分离不同的是，管理层收购追求的恰恰是所有权与经营权合一，从而实现管理层对企业决策控制权、剩余控制权和剩余索取权的接管，降低了成本。管理层收购后，管理者拥有企业的股权，企业的经营绩效与管理者的个人报酬直接相关，管理者有动力挖掘企业潜力，有利于降低管理者与股东之间的代理成本。此外，管理层收购常常需要借助于高负债的杠杆作用得以完成，高负债可以进一步约束管理者的经营行为，有利于公司现金流量的及时回收。

从激励的角度来讲，管理层收购有利于激发企业家充分发挥管理才能。控制权和报酬是企业家的两大激励因素。控制权可以满足其施展才能、“自我实现”的心理需求，也能满足其处于负责地位的权力需求。而报酬则满足其物质需求和价值实现的心理需求。

管理层收购有利于企业内部结构优化，进行产业转换，实现资源优化配置。自 20 世纪 80 年代以来，管理层收购作为一种产权变革的新模式在西方企业广为应用。通过管理层收购，企业可以较为方便地转移经营重点或产业调整，集中资源，开展核心业务。

【例 7-18】四通集团以 2 万元借款起家，发展成为拥有 10 亿元资产、25 个联营企业的大型跨国企业。随着企业规模逐步扩大，由产权不清带来的问题日益尖锐，严重影响了企业利润的增长，成为企业向现代化、国际化企业跃升的严重阻碍。产权改革成为四通集团最为紧迫的任务。经过内部研讨和外部专家咨询，四通集团最后决定采用 MBO 进行此次产权改革，经理层通过贷款买下公司股权，达到对公司的绝对控制，并且四通集团的所有职工共同参与了此次管理层收购。

1999 年，四通首先成立了职工持股会，接着，集团公司经理、员工共同出资组成“四通投资有限公司”，即新四通。新四通由四通集团投资 49%，四通集团职工持股会投资 51% 共同组成。职工持股会由四通集团 616 名职工注册 5 100 万元形成，在认购总额中，总裁段永基和董事长沈国钧各占 7%，14 个核心成员共占 50% 左右。这样，管理层通过绝对控股职工持股会对新四通实现绝对控股。新四通将分期分批私募扩股，逐步购买四通集团原有资产，从而完成产权重组、产业重组和机制重组的目标。

2. 管理层收购的方式与程序

国外管理层收购的方式主要有三种：收购上市公司、收购集团的子公司或分支机构、公营部门的私有化。

1）收购上市公司

在完成管理层收购后，原来的上市公司转变为非上市公司。这种类型的收购动机主要有四种：基础管理人员的创业尝试；防御敌意收购；机构投资者或大股东转让大额股份；摆脱上市公司制度的约束。

2）收购集团的子公司或分支机构

大型企业在发展过程中为了重点发展核心业务或转换经营重心进入新领域，通常需要出售一部分资产和业务，或者是曾经被收购的子公司在经营价值得以提升以后被再次出售套现收益，这种情况下，往往会以管理层收购方式进行资产的剥离和重组。管理层收购的优点在于管理人员往往具有信息优势，作为内部人员，容易满足保密需求，被收购单位与原来集团的业务联系会继续保持，从而有利于平稳持续的经营。

3）公营部门的私有化

管理层收购是实现公营部门私有化的主要方式之一，其优势主要体现在两个方面：一是可以引入资本市场的监督机制；二是可以激励管理层提升企业经营效益。

无论是哪种类型的管理层收购，成功地进行管理层收购应综合考虑以下三个因素。一是目标企业的产业成熟度。一般来说，当企业所处的产业比较成熟时，其收益和现金流比较稳定，能满足收购后企业巨额的利息支付和分期偿还贷款需求。二是目标企业的资本结构。一般要求目标企业有形资产的质量和比重都较高，资本结构具有一定的负债空间。三是经营管理的状态。经营管理越好的企业，其可以挖掘的潜在价值就越大，管理层收购后通过业务重组获得较高现金流和超额收益回报的可能性就越大。

管理层收购的实现一般需要经过前期准备、实施收购、后续整合、重新上市四个步骤。

（1）前期准备。主要内容是筹集收购所需资金、设计管理层激励体系。在国外，一般由管理层领导的收购集团提供10%的资金，作为新公司的权益基础，余下的90%由外部投资者提供。其中约50%～60%的资金可以通过银团抵押贷款获得，其余30%～40%的资金可以通过对机构投资者进行私募或发行“垃圾债券”的方式筹集。管理层激励体系一般以股票期权或认股权证的形式向管理层提供基于股票价格的薪酬，这样，管理层的股份将不断增加，一般最终都会超过30%。

（2）实施收购。收购的方式可以采用收购目标企业的股票或资产两种形式。其收购方法与一般的收购并无本质的区别。

（3）后续整合。收购完成以后，管理者的身份发生了变化，成为企业新的所有者。为了增加利润和现金流量，他们会通过削减成本或改变市场战略进行整合，同时调整生产设备，加强库存管理、应收账款管理，调整员工结构。为了偿还并购中的银行贷款，减少负债，可能会进一步降低投资、出售资产甚至裁员。

（4）重新上市。后续整合之后，如果企业实力增强，达到投资人预期的目标，为了向现有股东提供更大的流动性便利，投资人可能会选择使企业重新上市。

3. 管理层收购在中国的实践与发展

1）管理层收购的制度规范

我国管理层收购的理论与实践与市场经济体制改革及产生的问题紧密相连。改革过程中出现的产权结构不合理、所有者缺位、内部人控制等现象，使得管理层收购成为解决问题的现实途径之一。从1999年第一家实施管理层收购的四通集团开始，短短几年时间，国内出现了管理层收购的热潮。2000年粤美管理层收购的成功实施更是进一步促进了我国管理层收购的迅速发展。然而，快速发展导致高风险，2003年4月管理层收购被紧急叫停，财政部暂停受理和审批上市和非上市公司的管理层收购。2003年12月，国务院办公厅又重新对管理层收购实行有限制的允许，转发了国资委《关于规范国有企业改制工作的意见》，对企业国有产权转让行为进行了规范。随后，国资委、财政部又公布了产权变革的一份标志性文件《企业国有产权转让管理暂行办法》，对企业国有产权向管理层转让做出更为明确的规定。但在管理层收购解禁之后，学术界、企业界开展了一次关于管理层收购的大讨论，有学者认为管理层收购是导致国有资产流失的主要途径，管理层收购不适合中国。2004 年 12 月，国资委明确国有大型企业不准实行管理层收购。2005 年 4 月，国资委和财政部公布了《企业国有产权向管理层转让暂行规定》（简称《暂行规定》），对企业国有产权向管理层转让提出了规范性要求，对管理层出资受让企业国有产权的条件、范围等进行了界定，并且明确了相关各方的责任，明确提出中小型国有及国有控股企业的国有产权可向管理层转让，而大型国有产权不得向管理层转让。

《暂行规定》明确，中小型国有控股企业的国有产权向管理层转让可以探索，但必须符合五个条件。一是国有产权持有单位应当严格按照国家规定，委托中介机构对转让标的企业进行审计，其中标的企业或者标的企业国有产权持有单位的法定代表人参与转让企业国有产权的，应当对其进行经济责任审计。二是国有产权转让方案的制定以及与此相关的清产核资、财务审计、资产评估、底价确定、中介机构委托等重大事项应当由有管理职权的国有产权持有单位依照国家有关规定统一组织进行，管理层不得参与。三是管理层应当与其他拟受让方平等竞买。企业国有产权向管理层转让必须进入经国有资产监督管理机构选定的产权交易机构公开进行，并在公开国有产权转让信息时对以下事项详尽披露：目前管理层持有标的企业的产权情况、拟参与受让国有产权的管理层名单、拟受让比例、受让国有产权的目的及相关后续计划、是否改变标的企业的主营业务、是否对标的企业进行重大重组等。产权转让公告中的受让条件不得含有为管理层设定的排他性条款，以及其他有利于管理层的安排。四是企业国有产权持有单位不得将职工安置费等有关费用从资产中抵扣（国家另有规定的除外）；不得以各种名义压低国有产权转让价格。五是管理层受让企业国有产权时，应当提供其受让资金来源的相关证明，不得以这些企业的国有产权或资产为管理层融资提供保证、抵押、质押、贴现等。

同时，《暂行规定》还明确，如果管理层存在以下五种情形之一，不得受让标的企业的国有产权：一是经审计认定对企业经营业绩下降负有直接责任的；二是故意转移、隐匿资产，或者在转让过程中通过关联交易影响标的企业净资产的；三是向中介机构提供虚假资料，导致审计、评估结果失真，或者与有关方面串通，压低资产评估结果以及国有产权转让价格的；四是违反有关规定，参与国有产权转让方案的制定以及与此相关的清产核资、财务审计、资产评估、底价确定、中介机构委托等重大事项的；五是无法提供受让资金来源相关证明的。此外，《暂行规定》还明确了管理层不得采取信托或委托方式间接受让企业国有产权。

所以，《暂行规定》已经明确，国有资产监督管理机构已经建立或政府已经明确国有资产保值增值的行为主体的责任主体的地区，可以探索中小型国有及国有控股企业的国有产权向管理层转让，但国家法律、行政法规的规章制度另有规定的除外。同时规定，大型国有及国有控股企业的国有产权不向管理层转让，大型国有及国有控股企业所属从事该大型企业主营业务的重要全资或控股企业的国有资产也不向管理层转让。

2）我国上市公司管理层收购的主要方式

我国上市公司管理层收购的主要方式有以下五类。

（1）管理层个人直接持股。在一些高新技术类上市公司，管理层个人作为发起人直接持股或在二级市场买入上市公司流通股份，如隆平高科、精伦电子、士兰微等公司。

（2）管理层设立公司持股。参与上市公司收购的管理层以自有资产或借款组建投资型有限责任公司，并以该公司为收购主体完成收购，这种做法便于融资和资本运作，股权相对集中，便于一致行动，也可以规避管理层收购前后的个人所得税问题。

（3）管理层收购上市公司的控股公司。管理层通过对上市公司的控股公司进行股份制改造，收购上市公司的控股公司，从而间接控制上市公司。上市公司的控股公司往往承担了上市公司改造时的各项费用和社会负担，导致其净资产低于上市公司，所以，在以净资产为收购定价基准时，可以降低管理层操作的成本。

（4）收购上市公司的子公司。管理层可以通过收购上市公司子公司的方式实现间接收购。通常来说，管理层控制的子公司具有较强的盈利能力或现金流量表现突出，是构成上市公司主营业务收入和盈利的重要部分。

（5）其他间接收购模式。通过信托机构实施管理层收购，信托机构依照《中华人民共和国信托法》设立并从事投资业务，解决了收购主体、资金来源问题，并可以规避国有资产管理部门和证券监管部门对信息披露的要求。典型的案例包括宇通客车、恒瑞制药等。

案例讨论

阿里巴巴并购雅虎中国

1. 公司背景

2005年8月11日，阿里巴巴和雅虎同时在北京宣布，阿里巴巴收购雅虎中国全部资产，同时得到雅虎10亿美元投资，以打造中国最大的互联网搜索平台，从而也缔造了中国互联网历史上最大的一起并购案。

其时，阿里巴巴的主要业务模式是企业间电子商务（B2B），这也是其收入的主要来源，其他的业务包括子公司浙江淘宝网络有限公司的用户间电子商务（C2C），以及浙江支付宝网络科技有限公司的电子支付业务。阿里巴巴是全球B2B的著名品牌，连续5次被美国“福布斯”选为全球最佳B2B站点之一。

1）并购前阿里巴巴的基本情况

阿里巴巴网站于1998年正式推出，到2005年并购前阿里巴巴的发展历程如表7-8所示。

从市场情况来看，并购前阿里巴巴拥有注册用户720余万户，淘宝网拥有注册会员900万名，登录商品达800万件，2005年第二季度的成交量达10亿元人民币。同时，支付宝也有上千家购物平台加盟，并且与招商银行、中国工商银行、中国农业银行和国际信用卡组织VISA等建立了战略合作关系。

表7-8 阿里巴巴发展历程

时间	事件
1998年年末	阿里巴巴网站推出
1999年7月	阿里巴巴中国控股有限公司在香港成立

续表

时间	事　件
1999 年 9 月	阿里巴巴中国网络技术有限公司在杭州成立，香港和杭州分别作为阿里巴巴公司总部和中国区总部所在地
1999 年 10 月	由高盛公司牵头，美国、亚洲、欧洲一流的基金公司参与，阿里巴巴引入 500 万美元风险投资
2000 年 1 月	软库注入第二笔投资 2 000 万美元
2002 年 2 月	日本亚洲投资公司向阿里巴巴投资
2003 年 7 月	阿里巴巴宣布投资淘宝网
2004 年 2 月	阿里巴巴再获 8 200 万美元融资
2004 年 7 月	阿里巴巴对淘宝网追加投资 3.5 亿元

从营业收益来看，淘宝网和支付宝采取免费经营策略，阿里巴巴的营业收入主要来自阿里巴巴“中国供应商（B2B）”和“诚信通”会员费。公司通过向 8.5 万名用户收取 250～10 000 美元年费的形式赚钱，而这些企业与阿里巴巴的续签率为 75%～78%。阿里巴巴基本上实现了每天利润 100 万元这个目标，2004 年阿里巴巴总收入大约为 6 亿元人民币，同行业新浪的年收入约为 1.14 亿美元，搜狐为 1.03 亿美元，网易为 1.09 亿美元。

可以说在中国当时的 B2B 电子商务市场中，阿里巴巴处于绝对领先的地位，在约 10 亿元人民币的总市场规模中，阿里巴巴独占六成。在 C2C 的市场中，eBay 占据的份额为 53%，淘宝网为 41%，一拍网为 6%，但淘宝网的增加速度很快，对 eBay 的挑战越来越大。

从当时电子商务的发展来看，2004 年年底全球电子商务交易总额已达 2.7 万亿美元，中国电子商务市场规模为 3 239 亿元人民币。2004 年的 B2B 交易额为 3 160 亿元人民币，较 2003 年增长了 128.2%。当时预测，2007 年在中国电子商务市场总体规模将达 17 373 亿元人民币，这一预测数据在后来基本得到了证实，2007 年我国电子商务的总体交易规模达到 16 087 亿元人民币，2008 年在此基础上又增加了 20%，达到了 19 510 亿元人民币。

2）并购前雅虎中国的基本情况

雅虎（Yahoo）曾是全球第一门户搜索网站。1999 年雅虎进入中国市场，但由于中国市场对外资介入互联网增值业务的政策性限制，雅虎中国表现平平，鲜有作为。直到 2005 年被并购前，雅虎的发展历程如表 7-9 所示。

表 7-9　雅虎的发展历程

时间	事　件
1994 年 1 月	创始人杨致远和 David Filo 创立网络指南信息库
1995 年 3 月	YAHOO 公司成立
1995 年 9 月	获路透和软银公司投资
1996 年 4 月	在纳斯达克成功上市

续表

时间	事　件
2000年3月	推出B2B业务
2005年8月	中国业务卖给阿里巴巴，两公司结成战略合作关系

到2005年，雅虎中国通过推出一搜网、创立电邮联盟、抢入竞拍排名，已经搭建起一个像样的目标直指门户及搜索网站的框架结构。从获利情况来看，雅虎中国的收入主体仍然是3721网络。2004年的收入约为1.5亿~2亿元，占总收入的2/3左右，此外，网络广告收入大概为5 000万元。从市场情况来看，根据艾瑞调查公司的统计，在搜索市场，整个雅虎系的占有率为22.27%，排名仅次于百度，领先于Google，而在付费市场上，雅虎中国的占有率为40%，居市场第一。

然而，由于雅虎一直游弋在门户与搜索之间，它并没有真正充分利用全球信息资源的优势，所以在门户业务上也没有什么建树。其前总裁曾经在接受媒体记者采访时坦言，雅虎中国最大的一个失误就是花去了6个月时间争论是否在中国开发独立的搜索引擎。

2. 并购交易方式

根据双方签署的股票收购和业务转让协议（SPCA），雅虎以2.5亿美元的现金和转让淘宝网股票的代价收购201 617 750股阿里巴巴的股票，并将在中国的业务转让给阿里巴巴。在相关交易完成后，雅虎将拥有阿里巴巴40%的流通股，而阿里巴巴则将100%地拥有淘宝网。但是，SPCA和预期的交易是有条件的，其中包括获政府监管机构的批准，以及一些其他补充协议的执行情况，但不局限于“淘宝网股票收购协议”“二次股票收购协议”“股东协议”等。

淘宝网股票收购协议：根据SPCA的条款，在SPCA中的交易完成后，雅虎将与软银及其全资拥有的SB TB Holding Limited签订“淘宝网股票收购协议”，以3.6亿美元的现金向SB TB Holding Limited收购淘宝网的股票。雅虎收购的淘宝网股票将被转让给阿里巴巴。

二次股票收购协议：根据SPCA的条款，在SPCA中的交易完成后，雅虎将与软银、阿里巴巴的一些投资者、高级管理人员签订“二次股票收购协议”，以3.6亿美元的现金向SB TB Holding Limited收购淘宝网的股票。雅虎收购的淘宝网股票将被转让给阿里巴巴。

股东协议：作为SPCA和相关交易执行完毕的一个条件，阿里巴巴、雅虎、软银、阿里巴巴的一些管理人员和股东将签署“股东协议”，向股东授予并限制他们的权利，其中包括但不局限于董事会代表权、投票权、优先购股权、转让限制。所有相关交易完成后，阿里巴巴董事会将有四名成员：雅虎、软银各指定一名，阿里巴巴管理层指定两名。

此次并购交易中，阿里巴巴以40%的股份、35%的投票权及董事会中的一席为代价，获得了雅虎10亿美元的注资、雅虎中国的权限业务，以及无限期使用雅虎品牌的权利。而雅虎中国的业务主要包括雅虎中国门户业务、搜索技术、通信和广告业务、3721网络实名以及C2C网站一拍网的所有权益。并购完成后的联合体将囊括B2B、C2C、搜索、即时通信、电子邮箱、门户业务等互联网业务。在新的联合体中，雅虎也成为阿里巴巴单一最大股东，但如果将阿里巴巴创业团队的持股合并计算，雅虎只能算第二大股东，同时，在董事会中，阿里巴巴拥有四席中的两席，所以雅虎仍然是没有主导权的。

但在并购协议中，有一项条款："自2010年10月起，雅虎可委任的董事人数总数将不低于集团管理股东可委托的董事人数。"条款同时规定，马云只要持有一股，就有权在董事会指派一名董事。

3. 并购的动因

从阿里巴巴方面来看，2005年1月，eBay宣布将对其中国公司易趣增加1亿美元投资，以巩固中国市场。这无疑对采取免费模式、收入尚不抵付出的淘宝网形成很大压力。同时，第二大股东软银已有套现的意思，而且当时已有传闻说软银与eBay接触谈判出售手中阿里巴巴股份事宜，最坏的结果是阿里巴巴可能被eBay收购。当时，刚刚崭露头角的淘宝网还不是阿里巴巴的子公司，其最大的股东恰是软银。面对资金和控制权的双重压力，阿里巴巴迫切需要找到一举两得的解决办法。而在此次并购交易中，软银手中的淘宝网股权在出售给雅虎后，又被雅虎作价一起拿去换了阿里巴巴股份，从而稳定了淘宝的控制权。此外，雅虎公司全球领先的搜索技术平台支持，以及强大的产品研发保障是非常有吸引力的。阿里巴巴公司CEO马云曾经表示：搜索技术的运用将在未来电子商务的发展中起到关键性的作用，阿里巴巴公司将用雅虎全球领先的搜索技术，进一步丰富和扩大电子商务的内涵，在B2B、C2C领域继续巩固和扩大自己的领先优势，为中国网民提供更加有效的服务，为中国企业获得更多的国际发展渠道。

从雅虎方面来看，主要是希望通过并入阿里巴巴，激活自收购3721网络之后尚未来得及全面整合的多条业务线，从而把电子商务引入雅虎门户业务中，打通消费者和企业级业务之间的屏障，产生最大的协同效应。此外，雅虎也希望尽快切入中国的C2C市场，雅虎与新浪合资成立的一拍网根本无法与eBay和淘宝网抗衡。并入阿里巴巴之后，雅虎中国将直接成为这家本地网络企业资产的一部分，进而彻底实现本地化，也将突破其在发展门户网站等业务上受到的政策限制。

4. 并购后效

单纯从并购交易来看，并购之后，阿里巴巴拥有了对淘宝网100%的控制权，还争取到2.5亿美元的长期发展资金。交易后不久，淘宝网便宣布继续免费3年的市场扩张计划。目前，这块业务已是阿里系中最有价值的资产，2009年全年交易额达到2 083亿元人民币，毛利率为43%，是亚洲最大的网络零售商圈。国内著名互联网分析机构艾瑞咨询调查显示，淘宝网占据国内电子商务80%以上的市场份额。

对于雅虎来说，此次并购更像是一次投资。根据第三方美国投资机构Susquehanna Financial Group的分析师保守估算，雅虎现在持有的阿里巴巴股票价值也在80亿~110亿美元，也就是说，并购完成后的5年中，雅虎获得了5~8倍的投资回报。

2007年11月，阿里巴巴B2B业务在香港联交所挂牌上市，在招股说明书中披露了更多细节，其中核心的一条就是从2010年10月开始，持有阿里巴巴集团39%经济权益的雅虎，其投票权将从当时条款约定的35%增加至39%，而马云等管理层的投票权将从35.7%降为31.7%，软银保持29.3%的经济权益及投票权不变，届时Yahoo将成为阿里巴巴真正的第一大股东。而在此之前，阿里巴巴集团的董事会由四名董事组成，分别是阿里巴巴集团管理股东指派两名，雅虎和拥有阿里巴巴集团29%的股权的软银各指派一名。并且，从2010年10月开始，雅虎、软银及阿里巴巴三个股东当时达成的"阿里巴巴集团首席执行官马云不会被辞退”条款到期。这就意味着，阿里巴巴集团第一大股东雅虎，将有机会按照董事会或公司章程辞退CEO马云。

目前，雅虎在阿里巴巴集团拥有与39%经济权益对等的投票权成为真正的第一大股东，董事会席位也将增加一个。如果雅虎现阶段只是谋求财富回报，它可以选择不行使大股东权益，雅虎和阿里巴巴管理层暂时相安无事。如果雅虎愿意出售阿里巴巴集团的股权，它手上掌握的大股东权益会成为其谈判的重要砝码。

（资料来源：网易科技：“阿里巴巴十月围城”，环球企业家：Yahoo阿里巴巴5年之痒。资料来源：http：//tecf. 163. com;）

[案例分析]：阿里巴巴并购雅虎中国，创造了中国互联网最大的并购案，其并购交易方式的设计在并购完成时可谓是皆大欢喜，然而，5年之后，由于部分并购条款被激活，新的问题又产生了：由于并购主并企业控制权存在着被变更的风险，请继续关注这个案例的进展，并对并购交易方式、并购整合、并购与公司控制权进行深入讨论和分析。

破产、重组与清算

学习目标：

1. 掌握破产、重组与清算等基本概念及相关法律规定。
2. 掌握破产危机的辨识、应对与管理。
3. 掌握重组与和解计划的制订与执行。
4. 掌握破产财产、破产债权的范围与计价方法。

8.1 破产概述

8.1.1 破产的概念界定

“破产”一词源于拉丁语“falletux”，意思为“失败”。但从经济学和法学的角度来看“破产”和“失败”的含义有所不同。

经济学意义上的破产是指由于管理无能、不明智的扩张、激烈的竞争、过高的负债等原因造成公司经营状况恶化，效益低下，在市场竞争中被淘汰。破产意味着企业经济实体的解体；它是企业的终结，又是经济资源重新分配的开始，在财务管理上为原有理财主体的消亡或再建恢复。

法学角度的破产是指在债务人不能清偿到期债务时，由法院强制执行其全部财产，公平清偿全体债权人，或者在法院监督下，由债务人与债权人会议达成和解协议，整顿复苏企业，清偿债务，避免倒闭清算的法律制度。破产意味着企业法律“人格”的丧失、法律主体的消亡。

由此可见，经济学上的破产，侧重于破产淘汰；法学上的破产，侧重于破产还债。

世界各国法学理论和司法实践中对破产的处理也不尽相同，如美国等大多数国家，出于社会安定、保护债权人利益不受侵蚀等方面的考虑，不主张采取破产清算，这种极端形式，企业从申请破产到最终破产清算，破产法尽可能为企业创造避免解体，再建恢复的机会，该程序法律上称为“和解与整顿”。破产和解制度与整顿制度，可以使债务人摆脱债务诉讼或减轻债务负担，能给因疏忽过失而陷入困境的债务人一个生存的机会。只有当债务人已具备破产宣告条件，如和解，整顿失败，不执行和解协议，严重损害债权人利益等，才依法宣告破产，因此，破产具有如下法律特征。

1. 破产是清偿债务的法律手段

当债务人不能清偿到期债务时，法院根据债权人或债务人的申请，将债务人的破产财产依法分别分配给债权人，以了结债权债务关系。

2. 破产以法定事实的存在为前提

尽管各国破产法的规定各不相同，但都以法定事实的存在作为破产的前提。如：美国以不能偿债为法定事实；德国以资不抵债为法定事实。

3. 破产必须经法院审理

破产必须经法院审理以实现公平受偿，保护双方当事人的合法权益。通过法院宣告破产，债务人民事主体资格消亡。

8.1.2 企业破产的法律规定

以1986年12月2日第六届全国人大常委会第十八次会议通过的《中华人民共和国企业破产法》（试行），1991年4月9日第七届全国人大第四次会议通过的《中华人民共和国民事诉讼法》中“企业法人破产还债程序”一章及相关法律条文、司法解释建立起来的执法规范一度是我国破产法律体系的主要构成部分。2006年8月27日，第十届全国人民代表大会常务委员会第二十三次会议通过了《中华人民共和国企业破产法》（以下简称《破产法》）并予以公布，自2007年6月1日起施行。破产法的实施将进一步规范企业破产程序，公平清理债权债务，有利于保护债权人和债务人的合法权益，维护社会主义市场经济秩序。下面介绍企业破产涉及的几个基本概念的法律规定。

1. 破产原因

破产原因是申请债务人破产的事实根据，是对债务人进行破产清算和破产预防的法律事实，也是破产程序启动、变更和终结的法律依据。新的《破产法》对所有的法人企业适用统一的破产原因，即“破产法第2条规定，企业法人不能清偿到期债务，并且资产不足以清偿全部债务或者明显缺乏清偿能力的”，并在第7条又明确规定，在此种情况下，债务人可以向人民法院提出重组和解或者破产清算申请，债权人也可以向人民法院提出对债务人进行重组或破产清算申请。

以上所说的“不能清偿到期债务”是指债务人由于缺乏债务清偿能力，对于已到清偿期而受请求的债务持续地无法全部进行清偿的一种客观经济状态。以上所说的“资产不足以清偿全部债务”，即资不抵债：是指债务人的全部资产总额不足以偿付其所负的全部债务，实质上就是不能清偿到期债务总额。以上所说的“明显缺乏清偿能力”，实质上就是不能清偿到期债务。

2. 重组与和解

所谓重组，是指不对无偿付能力的债务人的财产立即进行清算，而是在人民法院的主持下由债务人与债权人达成协议，制订重组计划，规定在一定的期限内，债务人按一定的方式全部或者部分清偿债务，同时债务人可以继续经营其业务的制度。重组适用于所有类型的企业法人，是一个独立的破产预防程序。

按照《破产法》第70条的规定，债权人对债务人进行重组。如果债权人提出破产清算，债务人都可以向人民法院申请在人民法院受理破产申请后，宣告债务人破产前，债务人或者出资额占债务人注册资本1/10以上的出资人，可以向人民法院申请重组。由人民法院裁定债务人进行重组并公告。人民法院裁定债务人重组之日起6个月内，债务人或者管理人应当向人民法院和债权人会议提交重组计划草案，应包括以下内容：①债务人的经营方案；②债权分类；③债权调整方案；④债权受偿方案；⑤重组计划的执行期限；⑥重组计划执行的监督期限；⑦有利于债务人重组的其他方案。人民法院将在收到重组计划草案30日内召开债权人会议，并按照债权是否有担保权，是否拖欠职工的医疗保险，是否欠税款等对债权进行分类，分组对重组计划草案进行表决。出席会议的同一表决组的债权人过半数同意重组计划草案，并且其所代表的债权额占该组债权总额2/3以上的，即为该组通过重组计划草案。《破产法》第73条规定，在重组期间，经债务人申请，人民法院批准，债务人可以在管理人的监督下自行管理财产和营业事务。《破产法》第78条规定，在重组期间，有下列情形之一的，经管理人或者利害关系人请求，人民法院应当裁定终止重组程序，并宣告债务人破产：①债务人的经营状况和财产状况继续恶化，缺乏挽救的可能性；②债务人有欺诈、恶意减少债务人财产或者其他显著不利于债权人的行为；③由于债务人的行为致使管理人无法执行职务。

和解是指破产程序开始后，债务人和债权人之间就债务人延期清偿债务、减少债务数额、进行整顿事项达成协议，以挽救企业，避免破产，中止破产程序的法律行为。债务人可以直接向人民法院申请和解，也可以在人民法院受理破产申请后、宣告债务人破产前，向人民法院申请和解。申请和解时应同时提交和解协议草案。经人民法院审查认为和解申请符合《破产法》的规定，应裁定和解，予以公告，并召集债权人会议讨论和解协议草案。当出席会议的有表决权的债权人过半数同意，并且其所代表的债权额占无财产担保债权总额的23%以上时，和解协议通过，经人民法院认可后，和解协议对债务人和全体债权人均有约束力。债务人按照和解协议的条款清偿债务。《破产法》第99条明确规定："和解协议草案经债权人会议表决未获得通过或者已经债权人会议通过的和解协议未获得人民法院认可的，人民法院应裁定终止和解程序，并宣告债务人破产。"同时《破产法》103条和104条对和解协议的终止也做出了规定，主要是债务人欺诈或违法行为而成立的和解协议，以及债务人不能或不执行和解协议的情况出现时，人民法院有权裁定终止和解协议，并宣告债务人破产。

3. 破产清算

《破产法》第107条规定："人民法院依照本法规定宣告债务人破产的，应当自裁定做出之日起五日内送达债务人和管理人，自裁定做出之日起十日内通知已知债权人，并予以公告。"被宣告破产后，债务人称为破产人，债务人财产为破产财产，人民法院受理申请时对破产人享有的债权称为破产债权。进入破产清算阶段后，管理人应当拟定破产财产变价方案，并交由债权人会议讨论通过后，适时变价出售破产财产。

8.1.3　企业破产财务管理的研究内容

企业一旦进入破产程序，其财务管理也进入非常时期。企业财务必须遵守破产法有关法律规定，调整或了结与债权人的债务债权关系，正确处理企业与其他各方经济利益关系，避免直接破产，保护债权人合法权益，实现公平受偿比例最大化的目标。

由于财务管理目标发生了变化，企业在破产程序实施期间财务管理与正常期间有所不同，主要表现在以下几个方面。

（1）破产企业的财务管理是一种“例外”性质的管理，即危机管理。企业进入破产程序后，随时有可能被宣告破产，此时财务管理的主要职能是防止财务状况进一步恶化，组织重组与和解计划的实施与完成，采取应急对策，纠错、治错，避免破产清算。

（2）破产企业的财务管理内容具有相对性和变异性。企业破产是在一定的理财环境下发生的，随着理财环境的改变，企业可能在瞬间由破产困境变异为盈利顺境。例如，政府有关部门给予资助或者采取其他措施帮助清偿债务；取得担保；已核销应收账款的收回；外部资源改变；经济政策出台等。因此，破产企业的财务管理内容需要根据环境的变化作相应调整或改变。

（3）破产企业的财务活动及其破产财产受控于破产管理人，并置于法院的监督之下。企业提出重组与和解申请后，应当向债权人会议提交重组和解协议草案，该草案经债权人会议通过并报请法院审查认可自公告之日起具有法律效力。如果企业不执行协议或财务状况继续恶化或者严重损害债权人利益，债权人会议有权向法院申请，终结企业重组与和解，宣告其破产。法院自宣告之日起15日内成立清算组，清算组负责破产财产的保管、清理、估价、处理和分配，并接受法院监督。破产企业在财务预算、财务决策和财务控制诸环节的管理中必须重视破产管理人的意见。

由于破产企业财务管理具有以上特点，因此有必要把破产企业财务管理作为一个相对独立的问题来研究，其研究内容包括以下两个方面。一是破产企业财务管理理论，包括预警管理理论和破产管理理论，主要研究企业破产的早期监测与控制；企业破产的财务管理体制；企业破产的原因；破产债权及破产财产的识别分辨标志；破产财产的估价方法等。二是破产企业财务管理实务，包括重组与和解实务及破产清算实务。主要研究重组与和解协议草案的内容；债务清偿方式及顺序；剩余财产的分配等。

8.2　破产预警管理

8.2.1　企业财务危机的防范

企业破产的直接原因和必要条件为不能清偿到期债务，即发生财务危机，它是财务风险加剧的必然结果。财务危机的早期监测就是提前预知风险发生的可能性，防止潜在风险转化为现实风险，一旦财务危机发生，能及时有效地采取应急对策，设法阻止危机进一步恶化。

1. 财务风险的辨识

所谓财务风险是指全部资本中债务资本比率的变化带来的风险。在竞争激烈的市场经济条件下，由于各方面的原因，财务风险是不可避免的。企业管理者应善于辨识财务风险，及时采取有效措施，方能使企业远离财务危机。所谓财务风险的辨识，就是指对存在于企业内部和外部的各种风险进行识别分辨，弄清楚哪些属于企业的财务风险，哪些不属于企业的财务风险；哪些已形成现实的财务风险，哪些尚属于潜在的财务风险；哪些财务风险已威胁到企业生存与发展，哪些财务风险尚不构成威胁。

对财务风险的辨识可以从不同层次、不同角度进行。既可以运用预测分析法、系统研究法、决策分析法、环境分析法、动态分析法等方法从宏观层面进行分析，也可以运用财务状况分析法、资产负债分析法、因素分析法、平衡分析法、专家意见法等方法从微观层面进行分析，或将二者结合进行财务风险分析和判断，前提是找到财务风险生成、发展的证据材料。健全的财务资料有利于提高辨识质量。

财务风险辨识可通过财务风险辨识问卷进行。财务风险辨识问卷如表 8-1 所示。可以根据具体情况，对表 8-1 中的问题给予不同的权重分值，通过得分高低来判断财务风险的大小。

表 8-1　财务风险辨识问卷

问题	是	否	说明
财务风险源是否存在？			
财务风险是否已经生成？			
财务风险是否针对本企业？			
与财务风险相关的因素是否已显现？有何具体特征？			
财务风险在波及本企业之前是否会发生变异？			

2. 财务风险的衡量

财务风险的衡量，是指对财务风险进行数量界定，它是针对某一种财务风险的形成、发展的概率以及可能造成的损失范围和强度等进行测算，分析该财务风险对企业的威胁程度、企业的承受能力以及可能造成的影响及其危害。

财务风险的衡量可通过财务风险衡量问卷进行，财务风险衡量问卷如图 8-2 所示。同样也可以通过对每一问题设定权重分值从而对财务风险进行量化的度量。

表 8-2　财务风险衡量问卷

问题	是	否	说明
财务风险源是否已经显化？			
财务风险资料及规律是否已经把握？			
财务风险是否有可借鉴和参考的先例或经验？			
财务风险将在何时或何种情况下发生？			
财务风险的发生需要具备什么条件？			

续表

问题	是	否	说明
在企业内外该条件是否已经形成？			
财务风险造成损失的范围和强度？			
财务风险是否产生“并发症”？			
财务风险发生是否超出预警线？			
财务风险是否需要采取行动？			

3. 财务风险的防范

从总体上来说，防范企业财务风险应做好以下几方面工作。第一，认真分析财务管理的宏观环境及其变化情况，提高企业对财务管理环境变化的适应能力和应变能力，制定多种应变措施，适时调整财务管理政策和改变财务管理方法，以此降低因环境变化给企业带来的财务风险。第二，建立和不断完善财务管理系统，以适应不断变化的财务管理环境。面对不断变化的财务管理环境，企业应设置高效的财务管理机构，配备高素质的财务管理人员，健全财务管理规章制度，强化财务管理的各项基础工作，使企业财务管理系统有效运行，以防范因财务管理系统不适应环境变化而产生的财务风险。第三，不断提高财务管理人员的风险意识。财务风险存在于财务管理工作的各个环节，任何环节的工作失误都可能会给企业带来财务风险，财务管理人员必须将风险防范贯穿于财务管理工作的始终。第四，提高财务决策的科学化水平，防止因决策失误而产生的财务风险。财务决策的正确与否直接关系到财务管理工作的成败，经验决策和主观决策会使决策失误的可能性大大增加。为防范财务风险，企业必须采用科学的决策方法。在决策过程中应充分考虑影响决策的各种因素，尽量采用定量分析方法并运用科学的决策模型进行决策。对各种可行方案要认真进行分析评价，从中选择最优的决策方案，切忌主观臆断。第五，理顺企业内部财务关系，做到权、责、利相统一。为防范财务风险，企业必须理顺内部的各种财务关系，明确各部门在企业财务管理中的地位、作用和应承担的责任，并赋予其相应的权力，真正做到权责分明。

从技术角度来说，防范财务风险的方法主要有以下三种。

（1）分散法。即通过企业之间联营、多种经营及对外投资，将风险转移给合作伙伴。例如，企业可以采用投资多元化方式分散财务风险。对于财务风险较大的项目，企业可以采用与其他企业共同投资、收益共享、风险共担的方式分散投资风险。

（2）降低法。即企业面对客观存在的财务风险，努力采取措施降低财务风险的方法。例如，当市场不可预测因素增多，股票价格出现剧烈波动时，企业应及时降低股票投资在全部对外投资中所占的比重，从而降低投资风险。

（3）回避法。即企业在选择理财方案时，应综合评价各种方案对企业正常生产经营活动的影响，以及可能产生的财务风险，在保证实现财务管理目标的前提下，选择风险较小的方案，回避风险较大的方案。

8.2.2 破产危机的征兆

美国危机管理专家菲克（Fink）在其1986年所著的《危机管理》一书中，将危机的发展分为四个阶段，即潜伏期、爆发期、长期或慢性化期和解决期。企业管理者如果能在潜伏期察觉财务危机征兆，就可以采取有效措施避开或化解可能出现的财务危机，大多数情况下，企业破产危机表现为财务危机管理无能、不明智的扩张、激烈的竞争、过高的负债等原因致使企业财务状况逐步恶化，最终危及企业生存与发展。在企业财务状况由顺境到逆境的演变过程中，通常可以从企业外在特征（如交易记录恶化、过度依赖借款及关联交易、通过收购或资本支出方式大规模扩张、财务报表及相关信息公布迟缓、管理层持股数下降、领导班子更换频繁等）及财务特征（如财务指标和财务报表）两个方面察觉危机征兆。以下仅对财务特征加以说明。

1. 财务指标

企业在日常经营过程中，通过观察现金流量、销售额、资产负债率、销售收益率等指标的变化，可以察觉财务恶化的苗头。

（1）现金流量。企业出现财务危机首先表现为缺乏支付到期债务的现金流。企业的现金流量与销售收入、利润密切相关，它们各自有可能上升，有可能持平，有可能下降，排列组合后呈现出联动的内在规律，用三维直角坐标系表示如图8-1所示。

由图8-1可以看出，从坐标系区分的象限来看，在流量上升的同时，既存在收入、利润同时上升的现象（第Ⅰ卦限），也存在收入、利润同时下降的现象（第Ⅱ卦限），还存在收入下降、利润上升的现象（第Ⅲ卦限）及收入上升、利润下降的现象（第Ⅳ卦限）；同理，在流量下降的同时，既存在收入、利润同时上升的现象（第Ⅴ卦限），也存在收入、利润同时下降的现象（第Ⅵ卦限），还存在收入下降、利润上升的现象（第Ⅶ卦限）及收入上升、利润下降的现象（第Ⅷ卦限）。

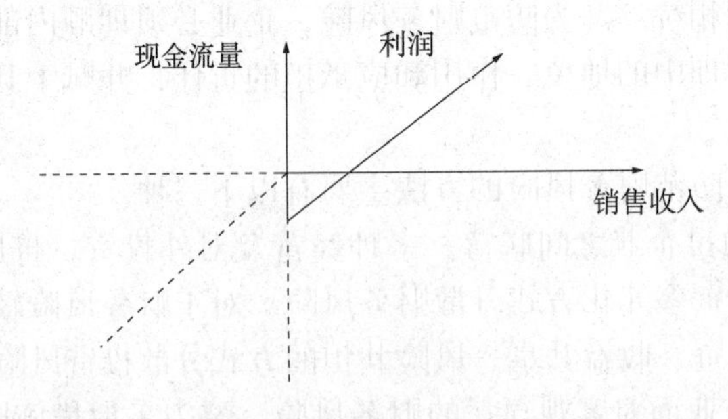

图8-1 企业现金流量与销售收入、利润的关系

就财务活动的客观结果而言，第Ⅰ卦限属正常情况，企业运作良好，现金流转顺畅。其余卦限均为病态，存在危机隐患。通常情况下，一个企业在收入上升时，如果没有利润与现金流量伴随，那么该企业财务方面便会呈现出病态，如成本失控，对外投资无法回收，流动资金短缺，企业不能按期还债付息等。根据病情症状最直接的外在表象及上面的演绎结果，将病情归并为七类三级，以“+”号多少表示病情的严重程度。以下列示各种病情的病因分析与诊断结果。

第一类，收入下降、利润上升，同时列示现金流量上升。此类病情为一级，用“+”表示。出现该类病情的可能原因是企业产品销路不畅，主营业务收入下降，企业靠其他业务、对外投资、营业外收入增加利润和现金流量。

诊断：企业资产配置不合理，影响其长期稳定发展。若举债进行证券投资，企业财务风险进一步加大。企业应尽快调整资产结构及产品结构，生产适销对路产品，才能使企业稳步健康发展。

第二类，收入下降、利润下降，而现金流量上升。此类病情为二级，用“++”表示。出现该类病情的可能原因是企业产品销路不畅，成本上升，企业主营业务利润为负值，其他业务、投资活动等增加的利润有限，仍然扭转不了利润下降的局面。从短期来看，当亏损额小于折旧额，在固定资产不需要更新之前，企业现金流转仍可维持。一旦亏损额大于折旧额，若外部筹资不能及时到位，企业将很快破产。

诊断：短期内扭亏为盈或进行资产重组。

第三类，收入上升、流量上升，而利润下降。此类病情为一级，用“+”表示。出现该类病情的可能原因是成本费用上升幅度快于收入上升幅度，或投资损失超过主营业务利润。

诊断：加强成本控制及投资风险管理。

第四类，收入上升、利润上升，而流量下降。此类病情为一级，用“+”表示。出现该类病情的可能原因是企业放宽信用条件，增加了赊销量，但现金回笼状况差，现金流转不顺畅或长期投资占用资金过大，建设周期过长致使现金流量下降。

诊断：加强应收账款管理及投资风险管理。

第五类，收入下降、流量下降，而利润上升。此类病情为二级，用“++”表示。出现该类病情的可能原因是产品市场占有率下降，现金回笼状况差，投资收益未形成现金流入。

诊断：开发新产品，尽早实现产品更新换代；立足主营业务，调整投资结构，加快货币回笼，增强外部筹资能力。

第六类，收入下降、利润下降，同时现金流量下降。此类病情为三级，用“+++”表示。出现该类病情的可能原因是产品市场占有率下降，其他业务及投资收益欠佳，外部筹资困难。

诊断：尽快进行资产重组。

第七类，收入上升、利润下降，同时现金流量下降。此类病情为二级，用“++”表示。出现该类病情的可能原因是企业采用赊销作为促销手段，信用标准降低而使收益质量下降。另外，成本上升或投资损失、营业外支出过大等均会导致利润下降。

诊断：进行账龄分析，调整信用标准；加强成本控制及投资风险管理。

（2）销售额的非正常下降。一般情况下，销售额的下降，会导致企业当期或以后各期现金流入量减少，当期现金流量受影响的程度主要取决于企业的信用政策。如果当期现金流入量明显减少，产成品存货大量积压，可以说企业财务出现了危险信号。

（3）现金流量大幅度下降而应收账款大幅度上升。在稳定的信用政策下，若出现平均收现期延长，账面现金较少而应收账款较多，表明企业现金回笼状况差，现金流转可能会受到严重影响。

2. 财务比率

通过对反映企业财务状况的各项比率进行比较分析，观察其变化趋势，从中捕捉危机信号。判断企业财务状况的主要财务指标及显现的财务危机征兆如表 8-3 所示。

表 8-3 判断企业财务状况的主要指标

财务指标	计算公式	财务危机的征兆
资金周转率	（销售净额/平均总资产）×100%	大幅度下降
资本经常收益率	（经常收益/资本平均总额）×100%	大幅度下降或负数
销售经常收益率	（经常收益/销售净额）×100%	大幅度下降或负数
经常收益增长率	（本期收益/前期收益）×100%	小于 1，并逐年下降
销售利息率	（利息总额/销售净额）×100%	接近或超过 6%（统计数据）
资产负债率	（负债总额/资产总额）×100%	大幅度上升
权益与负债比率	（权益总额/负债总额）×100%	大幅度下降
流动比率	（流动资产/流动负债）×100%	降低到 150% 以下
经营债务倍率	（应付账款+应付票据）/月销售额	接近或超过 4 倍（统计数据）

3. 财务报表

一般来说，财务报表能综合反映企业在一定日期的财务状况和一定时期内的经营成果。为此，从总体结构和平衡关系上观察，可以判断企业的安全状态。

（1）损益表。根据经营收益、经常收益与当期收益的亏损和盈利情况，可以将企业财务状况分为 A～F 六种类型，不同类型财务状况对应的安全状态如表 8-4 所示。

表 8-4 不同类型财务状况对应的安全状态

项目	类型					
	A	B	C	D	E	F
经营收益	亏损	亏损	盈利	盈利	盈利	盈利
经常收益	亏损	亏损	亏损	亏损	盈利	盈利
当期收益	亏损	盈利	亏损	盈利	亏损	盈利
说明	接近破产状态		若此状态继续，将会导致破产		根据亏损情况而定	正常状态

解注： 经营收益＝营业收入－营业成本－税金及附加－销售费用－管理费用－资产减值损失＋公允价值变动收益值＋投资收益

经常收益＝营业外收入－营业外支出

当期收益＝经常收益－财务费用

（2）资产负债表。根据资产负债表平衡关系和分类排列顺序，可以将企业财务状况分为 X、Y、Z 三种类型。X 型表示正常即企业拥有和控制的资产可以偿还到期长短期债务；

Y 型表示企业已亏损了部分资本，财务危机有所显现；Z 型表示企业已亏损了全部资本和部分负债而临近破产。

8.2.3 企业破产财务预警分析系统

破产预警管理是通过建立财务危机预警分析系统来进行的。所谓财务危机预警分析系统是指采用及时的数据化管理方式，通过全面分析企业内部经营和外部环境各种资料，以财务指标数据形式将企业面临的潜在危险预先告知经营者，同时寻找财务发生危机的原因和企业财务管理中隐藏的问题，并明确告知经营者解决问题的有效措施的智能化管理系统。财务危机预警系统主要由指标体系、预警界限、数据处理和信号显示四部分组成。

其构建步骤如下。

(1) 建立一套能够敏感反映企业财务危机状况的指标体系。

(2) 根据企业的历史资料以及各个时期的理财环境，以及由于预警界限所划分的安全状态。

(3) 用选定的数据处理方法，对各指标的取值进行综合处理，得到相应的安全等级。

(4) 用信号显示企业财务安全状态和安全等级。

在财务危机预警分析系统的构建过程中，财务危机预警分析模型是设计财务危机预警分析系统的关键。据文献记载，最早提出财务危机预警分析模型的是威廉·比弗，即通过个别财务比率的走势变化来预测财务危机状况。由于采用不同比率预测同一家公司可能会得出多种变量模型，因此运用多种财务指标加权汇总产生的总判别分来预测财务危机，该模型是以制造行业中等资产规模的企业为样本，对小企业适用性不大。1972 年埃德米斯特专门针对小企业建立了小企业财务危机预警分析模型。此后出现货币供给模型、财务指标信息类模型、现金流量信息类模型和市场收益率信息类模型。其中财务指标信息类模型是指使用常规的财务指标，如负债比率、流动比率、净资产收益率和资金周转速度等作为预警模型的变量所建立的财务危机预警模型。现金流量信息类模型是根据理财学的一个基本原理——公司的价值应等于预期的现金流量的净现值而建构的模型。如果公司没有足够的现金支付到期债务，而且又无其他途径获得资金，那么公司最终将破产，因此，过去和现在的现金流量应能很好地反映公司的价值和破产概率。市场收益率信息类模型是指使用股票市场收益率信息建构的财务危机预警模型。以下简要介绍几种具有代表性的财务指标信息类模型。

(1) 单变量判定模型，是指通过个别财务比率走势变化来预测财务危机状况。

1968 年，威廉·比佛在《会计评论》上发表的论文《可以预测失败的几种会计手段》中提出了单变量判定模型。他对 79 个发生财务失败的企业和相同数量、同等资产规模的成功企业进行比较研究后发现，按预测能力大小，预测财务危机的比率依次排序为：债务保障率（现金流量/债务总额）、资产收益率（净收益/资产总额）、资产负债率（负债总额/资产总额）、资产安全率（资产变现率 - 资产负债率）。

（2）多变量判定模型——Z 计分模型。

多变量模型——Z 计分模型，即运用多种财务指标加权汇总的总判别分来预测财务危机。该模型由爱德华·阿特曼于 20 世纪 60 年代末提出，模型如下

$$Z=0.012X_1+0.014X_2+0.033X_3+0.006X_4+0.999X_5 \quad (8-1)$$

式中：X_1——流动资产与资产总额的比值；

X_2——留存收益与资产总额的比值；

X_3——息税前收益与资产总额的比值；

X_4——权益市价与总负债账面值的比值；

X_5——销售收入与资产总额的比值。

根据这一模型，Z 值越低，企业就越有可能破产。阿特曼提出判断破产企业和非破产企业的分界点为 2.675，当 Z 值大于 2.675 时为非破产企业；当 Z 值小于 1.81，为破产企业；当 Z 值处于 1.81 ~ 2.675 时，由于该区间的企业的财务状况不稳定，误判的可能性很大，所以阿特曼称此区间为灰色地带。

该模型的预测结果表明，破产前两年预测准确率最高，随着时间的提前，预测准确率下降。有关数据如表 8－5 所示。

表 8－5　运用 Z 计分模型预测企业破产的情况

企业破产之前的年数	实际破产的企业数量	正确预测的数量	未正确预测的数量	准确率
1	33	31	2	94
2	32	23	9	72
3	29	14	15	48
4	28	8	20	29
5	25	9	16	35

（3）小企业财务危机预警分析模型。1972 年，埃德米斯特专门针对小企业建立了小企业财务危机预警分析模型，该模型判定所有变量服从 N（0，1）分布，以标准值为界线进行判别，变量值只能为 1 或 0，模型如下

$$Z=0.951-0.423X_1-0.293X_2-0.482X_3+0.277X_4-0.452X_5-0.352X_6-0.924X_7 \quad (8-2)$$

式中，各变量的计算和取值规则为：

$X_1=\frac{[\text{税前净利}+\text{折旧}]}{\text{流动负债}}$，若 $X_1<0.05$ 取值为 1；若 $X_1\geqslant 0.05$ 取值为 0。

$X_2=\frac{\text{所有者权益}}{\text{销售收入}}$，若 $X_2<0.07$，取值为 1；若 $X_2\geqslant 0.07$，取值为 0。

X_3＝净营运资金与销售收入比值再除以行业平均值，若 $X_3<0.02$，取值为 1；若 $X_3\geqslant 0.02$，取值为 0。

$X_4=\frac{\text{流动负债}}{\text{所有者权益}}$，若 $X_4<0.48$，取值为 1；若 $X_4\geqslant 0.48$，取值为 0。

X_5＝存货与销售收入比值再除以行业平均值，若 X_5 连续三年有上升趋势，取值为 1；

反之，取值为0。

$X_6=\frac{\text{速动比率}}{\text{行业平均速动比率趋向值}}$，若 X_6 有下降趋势并且小于0.34，则 X_6 取值为1；若不满足此条件，则 X_6 取值为0。

$X_7=\frac{\text{速动比率}}{\text{行业平均速动比率}}$，若 X_7 连续三年有下降趋势，则 X_7 取值为1；反之，取值为0。

8.2.4 企业破产危机的应对与管理评价

企业破产危机应对的关键是捕捉先机，即在危机到来之前，建立明确的便于操作的危机应急预案，避免事前无计划、事后忙乱的现象。应急预案的内容可能会随着企业经营范围、理财环境变化而变化，但一般应包括以下几个方面：处理危机的目标与原则；与债权人的谈判策略；专家与组织；应急资金的来源；削减现金支出和变卖资产的顺序；资产结构和负债结构的调整和优化措施；应急措施，如利用媒体与债权人进行传播和沟通，以此控制危机，设法使受危机影响大的债权人站到企业的一边，帮助企业解决有关问题，邀请公正、权威机构及专家来帮助解决危机，以取得债权人与社会对企业的信任，设立危机控制中心等；重组计划。破产危机应对具体对策如表8-6所示。

表8-6 破产危机应对具体对策

对策	举例	优缺点
规避	放弃风险大的投资项目	操作简便易行，安全可靠，效果有保障，但该方法易丧失盈利机遇，为竞争对手所利用
布控	企业建设项目投标的标的、与客户签订的购销合同的标的等重大财务决策采取加密措施	可有效控制财务风险的发生和发展，但该方法受到技术条件、成本费用、管理水平的限制
承受	变卖企业资产偿还到期债务	丢卒保车，但该方法会发生实际经济损失，并由企业内部资产进行补偿
转移	将已辨识的财务风险予以保险，或转让，转包，转租，联营，合资，抵押，预收，预提等	可减少或消除一时的风险损失，转移不慎，有可能孕育新的风险因素
对抗	企业已资不抵债，再增加借款；股票投资已套牢，再注入一笔资金	高风险，可能带来高回报，但也可能遭受加倍损失

破产预警管理效果评价是指对破产预警管理结果的评价，目的在于总结经验教训，为以后决策提供依据，破产预警管理效果评价可采取破产预警管理效果评价问卷的方式进行，如表8-7所示。

表 8-7 破产预警管理效果评价问卷

问题	是	否	说明
破产预警管理结果是否实现了预期目标？如果存在差异幅度有多大？			
破产预警管理对策是否易于分解落实？			
财务风险损失较预计有无增加？如有，原因何在？			
财务风险控制的力度如何？			
是否存在更佳的方案未被采用？			
破产预警过程中是否出现失控区间？失控原因及后果如何？			
破产预警管理过程是否为最佳费用成本选择？			
破产预警管理方案是否具有弹性？是否适应于可能发生的变异？			
该破产预警管理的经验教训			

8.3 重组与和解管理

8.3.1 重组与和解管理的特点

重组是新颁布的《破产法》的主要创新之一，重组是在法院的主持和各利害关系人的参与下，对陷入困境、濒临破产而又具有挽救价值和重建可能的企业进行生产经营上的整顿和债权债务关系的清理，最终使企业重获生产经营能力，避免破产清算，摆脱困境的一种特殊法律形式。重组、和解与破产清算有机结合构成了破产程序体系。重组与和解期间，企业的生产经营活动会继续进行，但不同于正常财务管理活动的特点主要体现为以下几个方面。

首先，重组期间，债务人要在管理人的监督下自行管理财产和营业事务。管理人可以由有关部门、机构的人员组成的清算组或者依法设立的律师事务所、会计师事务所、破产清算事务所等社会中介机构担任，由人民法院指定。

其次，重组计划与和解协议草案的制定是重组和解阶段的首要任务，而且必须通过债权人会议并由人民法院裁定认可才能生效。如果企业未能履行重组计划与和解协议，法院将终止重组和解，宣告其破产。

最后，在重组计划规定的监督期内，债务企业需要向管理人报告重组计划的执行情况和财务状况。

8.3.2　重组计划的制定与执行

重组更具有债务清理和拯救企业的双重目的，是一种再建型的制度设计，以债务企业复兴为目的，进而实现尽量减少债权人和债务人股东的损失。重组的程序可以分为四个步骤。

（1）由债权人或债务人向人民法院申请重组。企业法人只要具备明显缺乏清偿能力的可能性就可以申请进入重组程序。如果是债权人向法院申请债务破产，在法院受理破产清理后，宣告债务人破产前，债务人或出资额占债务人注册资本1/10以上的出资人可以向法院申请重组。

（2）在人民法院裁定重组的6个月内，债务人或管理人需向债权人会议和人民法院同时提交重组计划草案。

（3）人民法院在收到重组计划草案的30日内召开债权人会议，对重组计划进行表决，表决通过后10日内，债务人或管理人向人民法院申请批准重组计划，人民法院在收到申请的30日内裁定批准。

（4）债务人负责重组计划的执行，并在监督期内接受管理人的监督。

如果其中的任何一步没有按要求完成，则重组程序终止，人民法院会宣告债务人破产。

可以看出，重组是否可以顺利完成，主要取决于重组计划的制定是否可以获得债权人会议的通过以及人民法院的裁定认可。重组计划草案应尽可能完整地勾勒出债务人对未来经营的设想和安排、可行性、对债权人的利益保护程度等，以获得债权人的认可。具体来说主要可以分为以下几个方面。首先，经营方案的描述与可行性分析，这是企业获得新生的动力所在，也是促成重组程序获得通过的重要基础。其次，理清企业所有的债权并进行分类，在此基础上提出债权调整受偿方案。这一环节要注意维护债权人的利益，并做到公平对待不同类型债权人。最后，明确界定重组计划的执行期限与监督期限。

债权人会议在讨论重组计划草案时，需要按债权类型分类分组进行表决，如果涉及出资人变更权益事项，则应设出资人组对计划草案进行表决。各表决组均通过计划草案时，即为通过。否则，债务人或管理人应积极同未通过计划草案的表决组进行协商，协商后再次进行表决。如还未能通过，债务人还可以在重组期内计划符合公平、公正等条件下，申请人民法院批准计划草案。

重组计划获得批准后由债务人负责执行，并接受管理人的监督，监督期满，管理人向人民法院提交监督报告，管理人的监督职责终止，该监督报告重组计划的利害关系人有权查阅。必要时，管理人可以申请人民法院批准延长监督期限。重组计划对所有债权人和债务人都有约束力，债权人未依照《破产法》规定申报债权的，在重组计划执行期间不得行使权利；在重组计划执行完毕后，可以按照重组计划规定的同类债权的清偿条件行使权利。如果由于债务人不能执行或不执行重组计划，管理人或其他利害关系人可以向人民法院申请裁定终止重组计划，终止重组计划执行后，债权人在重组计划中做出的债权调整的承诺失去效力。债权人因执行重组计划所受的清偿仍然有效，债未受清偿的部分作为破产债权。

8.3.3 和解

和解制度着眼于债权债务关系的变动，通过债权、债务双方的协商，达成新的偿债协议，从而避免债务企业破产。不同于重组，和解申请一般由债务人提出，既可以直接提出，也可以在人民法院受理但未宣告债务企业破产前申请和解。

和解协议应有出席债权人会议有表决权的债权人半数以上同意，并且其所代表的债权额占无担保债权额的2/3以上。和解协议通过后，由人民法院裁定后公告，管理人应将财产和营业事务移交给债务人。享有无财产担保的债权人称为和解债权人，和解债权人与债务人一同受和解协议约束，按照协议减免的债务，自和解协议执行完毕起，债务人不再承担清偿责任。如果由于债务人的欺诈，或不能、不执行和解协议，和解债权人可以请求人民法院裁定终止和解协议，并宣告债务人破产。

8.4 破产清算管理

人民法院宣告债务破产时，在裁定之日内5日内送达债务人和管理人，10日内通知已知债权人，并进行公告。管理人应及时拟定破产财产变价方案，并提交债权人会议讨论。在旧的破产法规中，企业被依法宣告破产后，受理破产案件的人民法院指定各方面人员组成清算组，接收破产企业的全部资产和债权，清理破产企业的财产，处理破产企业的善后事宜等。这不仅带有浓厚的行政色彩，而且造成自受理破产申请到宣告破产之前债务人财产出于无人管理的真空状态。新的《破产法》设立了管理人制度，有助于实现破产程序中管理主体的市场化和专业化。

管理人由人民法院指定，债权人会议认为管理人不能依法、公正履行职务或者有其他不能胜任职务情形的，可以申请人民法院予以更换。管理人的职责主要有：①接管债务人的财产、印章和账簿、文书等资料；②调查债务人财产状况，制作财产状况报告；③决定债务人的内部管理事务；④决定债务人的日常开支和其他必要开支；⑤在第一次债权人会议召开之前，决定继续或者停止债务人的营业；⑥管理和处置债务人的财产；⑦代表债务人参加诉讼、仲裁或者其他法律程序；⑧提议召开债权人会议；⑨人民法院认为管理人应当履行的其他职责。

除债权人会议另有决议的之外，变价出售破产财产应当通过拍卖进行，既可以全部也可以部分变价出售，其中无形资产和其他财产单独变价出售，按照国家规定不能拍卖或限制转让的财产应按国家规定的方式处理。破产财产分配方案应载明以下事项：①参加破产财产分配的债权人名称或者姓名、住所；②参加破产财产分配的债权额；③可供分配的破产财产数额；④破产财产分配的顺序、比例及数额；⑤实施破产财产分配的方法。经债权人会议通过，并经人民法院裁定认可后，由管理人执行破产财产分配。除债权人会议另有决议的以外，破产财产的分配应当以货币分配方式进行。破产财产不足以清偿同一顺序的清偿要求，按比例分配。破产企业的董事、监事和高级管理人员的工资按照该企业职工的平均工资计算。分配完毕，管理人要及时向人民法院提交破产财产分配报告，并提请人民法院裁定终结破产程序。收到终结破产程序请求之日起15日内，人民法院应做出裁定，裁定终结的，应予以公告。自终结破产程序起10日内，管理人持人民法院的裁定公告到原注册机关办理注销登记。至此，破产清算程序完成。

8.4.1 破产财产的范围及计价

破产申请受理时属于债务人的全部财产，以及破产申请受理后至破产程序终结前债务人取得的财产，为债务人财产。债务人被宣告破产后，债务人财产称为破产财产。

下列特殊情况的财产仍属破产财产，管理人有权追回。

（1）人民法院受理破产申请前1年内，涉及债务人财产的下列行为，管理人有权请求人民法院予以撤销：①无偿转让财产的；②以明显不合理的价格进行交易的；③对没有财产担保的债务提供财产担保的；④对未到期的债务提前清偿的；⑤放弃债权的。

（2）为逃避债务而隐匿、转移财产的；虚构债务或者承认不真实的债务的。

（3）人民法院受理破产申请前6个月内，债务人不能清偿到期债务，并且资产不足以清偿全部债务或者明显缺乏清偿能力的，但仍对各别债权人进行清偿的，管理人有权请求人民法院予以撤销。但是，个别清偿使债务人财产受益的除外。

为了正确确定破产财产的价值，以便合理地按价值进行分配，破产财产的计价，可以采用账面价值、重估价值和变现收入等多种方法。

账面价值法是指以核实后的各项资产、负债的账面价值（原值扣除损耗和摊销）为依据，计算企业财产价值的方法。该方法适用于破产财产的账面价值与实际价值偏离不大的项目，如货币资金、应收账款等货币性资产项目。

重估价值法是指对财产的原值采用重置成本法、现行市价法等方法进行重估所确定的价值为依据，计算企业财产价值的方法。该方法适用于各项财产价值的确定，如设备、存款等。

变现收入法是指以出售资产可获得的现金收入为依据，计算企业财产价值的方法。

8.4.2 破产债权的范围及计价

人民法院受理破产申请时对债务人享有的债权称为破产债权。依法申报确认，债权申报期限自人民法院发布受理破产申请公告之日起计算，最短不得少于30日，最长不得超过3个月。此外，人民法院裁定终止重组计划执行的，债权未受到清偿的部分作为破产债权。人民法院裁定终止和解协议执行的，和解债权未受到清偿的部分作为破产债权。

债权人申报债权时，应当书面说明债权的数额和有无财务担保，并提交有关证据。申报的债权是连带债权的，应当说明。连带债权人可以由其中一人代表全体连带债权人申报债权，也可以共同申报债权。在人民法院确定的债权申报期限内，债权人未申报债权的，可以在破产财产最后分配前补充申报；但是，此前已进行的分配，不再对其补充分配。为审核和确认补充申报债权的费用，由补充申报人承担。

未到期的债权，在破产申请受理时视为到期。附利息的债权自破产申请受理时起停止计息。

管理人对所收到的债权申报材料进行审核并编制债权表，供利害关系人查阅。债务人、债权人对债权表的记录没有异议时，由人民法院裁定确定；如有异议，可向人民法院提起诉讼。凡是依法申报债权的债权人均为债权人会议成员，有权参加债权人会议，享有表决权。

破产债权的计价是为了确定债权人对破产企业拥有的债权额度，以便为破产财产的公平分配提供依据。破产债权的计价因债权类型的不同而不同，主要有以下几种。

（1）破产宣告日尚未到期的利随本清债权，其债权额为原债权额，加上从债权发生日至破产申请受理时的应计利息。

（2）不计利息的现金债权及非现金债权，一般按债权发生时的历史记录金额计价。

（3）以外币结算的债权，按破产宣告日国家外汇牌价中间价折合为人民币金额计价。

（4）索赔债权，赔偿金额由清算组与索赔债权人协商确定。

8.5 资产和债务重组实务

8.5.1 郑百文案例背景介绍

2000 年 3 月，上市公司郑州百文股份有限公司（集团）（简称郑百文）的最大债权人中国信达资产管理公司向郑州市中级人民法院提起申请，称郑百文由于连年巨额亏损，无法偿还信达资产管理公司共计人民币 213 021 万元的债务，现申请郑百文破产还债，被法院驳回，从此引发了在市场上广受关注的郑百文资产与债务重组。

郑百文股份有限公司（以下简称郑百文，股票代码 600898）是以批发业为主营业务的商业类上市公司。1987 年 6 月，由郑州市百货公司与郑州市钟表文化用品公司合并成立了郑州市百货文化用品公司。1988 年 12 月，作为一家股份制试点企业，公司更名为郑州市百货文化用品股份有限公司，并向社会公开发行股票 400 万元（20000 股，每股 200 元）。1992 年 7 月，公司更名为郑州百文股份有限公司（集团），并于 1992 年 12 月增资扩股。1993 年 2 月，由当时的国家体制改革委员会认定为“继续进行规范化的股份制试点企业”。1996 年 4 月，公司经中国证监会批准在上海证券交易所公开上市。

郑百文的股份结构如表 8-8 所示。

表 8-8　郑百文的股份结构

	股数/万股	所占比例/%
国有股	2 887.7869	14.62
法人股	6 160.505	31.18
流通股	10 709.92	54.20
股份总额	19 758.289	100.00

郑百文的第一大股东是拥有占全部股本 14.62% 的郑州市国资局，该国有股由郑州市国资局全资公司——郑州百文集团有限公司持有。

按照郑百文公布的数字，1997 年其主营规模和资产收益率等指标在深沪上市的所有商业公司中均排序第一，成为国内上市企业 100 强之一。而且，郑百文还是郑州市的第一家上市企业和河南省首家股票上市公司。这些数字和这些第一，使郑百文在当时的证券市场声名大噪，股价也从刚上市时的 6.50 元左右上涨至 1997 年 5 月 12 日的 22.70 元。不仅如此，当时的郑百文还被塑造成为当地企业界耀眼的改革新星和率先建立现代企业制度的典型。然而，衰败似乎就发生在一夜之间。就在被推举为改革典型的第二年，即 1998 年，郑百文即在中国股市创下每股净亏 2.54 元的最高纪录，而上一年它还宣称每股盈利 0.448 元。1999 年，郑百文一年亏损 9.8 亿元，再创沪深股市亏损之最。由于郑百文的账目极为混乱，真实性和完整性不能保证，1998 年度和 1999 年度，郑州华为会计师事务所和北京天健会计师事务所连续两年拒绝为其年报出具审计意见。

几经曲折，郑百文已经从当年的明星企业成为问题公司，郑百文的经营也基本处于停滞状态。郑百文的大起大落，引起从当地决策层到社会的一片哗然。

事后的调查表明，导致郑百文“变脸”的原因主要有以下几点。

郑百文胆大妄为的弄虚作假。郑百文其实一直亏损，根本不具备上市资格。为了上市，公司硬是把亏损做成盈利报上去，最后蒙混过关。郑百文公司的一位财务经理回忆说，为了上市，公司几度组建专门的做假账班子，把各种指标准备得一应俱全。一家靠弄虚作假上市的公司从一开始就注定了其不稳定的经营基础。

（1）公司上市后高速膨胀、管理失控。郑百文从 1996 年起建立全国性的营销网络，投入资金上亿元，建起 40 多家分公司，最后将 1998 年的配股资金 1.26 亿元也提前花完。公司规定，凡完成销售额 1 亿元者，可享受集团公司副总待遇，自行购进小汽车一部。仅仅一年间，“郑百文”的销售额便从 20 亿元一路飙升到 70 多亿元。为完成指标，各分公司不惜采用购销价格倒挂的办法，商品大量高进低出，形成恶性循环。由于公司总部对外地分支机构的监管乏力，1988 年下半年起，设在全国各地的几十家分公司在弹尽粮绝之后相继关门歇业，数以亿计的货款要么直接装进了个人的腰包，要么成为无法回收的呆坏账。

（2）郑百文与四川长虹、建行郑州分行建立起来的三角信用关系导致郑百文的资金链断裂。1997 年，郑百文、长虹、建设银行结成“三角信用关系”，销售长虹彩电，在“大批发”战略的基础上，尝试建立“中国市场经济信用基础”。在这种三角信用关系中，郑百文简化了原来必须由货币结算的资金运营方式，采用承兑汇票的方式，即由银行出具代行货币职能、体现各方信用关系的票据，这一改革使资金的周转速度大大提高，公司得以用很少的投入进行大规模的商品流通，在短短数年时间内占领了中国家电批发市场的半壁江山。但是，1998 年亚洲金融危机爆发，国家紧缩银根，建行大幅减少了给郑百文的承兑业务，这对于正在高速膨胀、每年需要几十亿元承兑的郑百文来说是个沉重的打击。使郑伯文立即失去生机。三联集团公司与郑百文公司进行一定的资产置换，具体如下。

① 最大债权人中国信达公司出售给三联集团后的余下部分债务，由郑百文母公司承担，并由郑州市政府提供债权人认可的有效担保。具体的步骤是百文集团承接郑百文公司除 3 014 万元房产外的全部资产 9.7 亿元，同时承接郑百文的部分债务共计 5.92 亿元，两者的差额 3.78 亿元，计为郑百文对百文集团的其他应收款。郑百文现有的员工由百文集团负责安置。信达公司则从郑州市政府处获得约 3 亿元现金补偿。

② 三联集团与郑百文公司进行资产置换，三联集团将旗下的三联商社的部分优质资产装入郑百文的壳中。具体来说，郑百文对百文集团的3.78亿元其他应收款中的2.52亿元与三联的总价值4亿元的优质资产进行置换，两者的差额1.48亿元计为郑百文对三联的负债。郑百文对百文集团的其余1.27亿元其他应收款及房产3 014万元之和与重组前产生的留在郑百文的债务1.57亿元相对应。

在重组方案公布后，后续的重组工作历时3年多才宣告完成，这在一定程度上说明了郑百文资产重组的复杂和曲折。

8.5.2 重组方案的效应分析

从完成重组前各方设定目标的角度看，郑百文重组是成功的，这不仅体现在通过重组，使郑百文相关利益方得到了不同程度的收益，更重要的是，重组的成功使郑百文公司免于退市或破产的风险，并获得了持续发展的能力。具体而言，郑百文重组成功对各方的影响如下。

1. 对公司债权人的影响

（1）公司最大债权人——信达公司。作为郑百文最大的债权人，信达公司为了避免因郑百文破产而带来“颗粒无收”的风险，在此次重组中选择了合作的态度。具体来说，在郑百文重组前，信达公司对郑百文有约20亿元债权。重组中，信达公司以3亿元向三联集团转让了其中约15亿元债权，三联集团将分六期完成这3亿元债务的支付，期间，三联集团将通过股权质押的形式为这3亿元债务提供担保；母公司百文集团承担了郑百文对信达公司的5亿元债务，其中3亿元债务由第三方提供抵押担保，如果百文集团在4年内向信达公司偿还3亿元债务，其余2亿元债务将自动豁免。

因此在本次重组中，信达公司放弃了大约1 5亿元无担保债权，总共从三联集团和郑州市政府那里获得约6亿元的现金补偿，其债务清偿率近30%。

用约20亿元的债权只换回6亿元的现金，看似损失巨大，但实则收获不小。如果不能重组，只有破产，破产后信达公司可以收回的资金数额显然要少许多。虽然1999年郑百文还有不到6亿元的资产，但是，2000年亏损4 700万元，2001年又亏损1 900万元。剩下的资产绝大部分为存货、应收账款和固定资产等，可见实际上郑百文的资产质量、资产可变现性和盈利能力已极差，真正能变现的实际上价值很少。这个重组结果相比于申请郑百文破产方案最多可能收回的几千万元债权来说，绝对是令人满意的。

（2）公司其他债权人。除信达公司以外的郑百文其他债权人，也是这次重组中的实际获利者。通过资产、债务的重组，郑百文的资产质量得到了实质性的提高，债务总额也从23亿元减少到1.5亿元左右，同时重组方案中重组各方对郑百文债务偿还所提供的各种保障措施，也使得相关债权人的安全程度提高了不少。

2. 对公司股东的影响

公司的股东无疑也是这次重组中的受益者，这既包括郑百文的国有股和法人股股东，也包括流通股股东。

重组时，郑百文的股东权益是－13亿多元，每股净资产为－6.57元，幸好股东们承担的是公司的有限责任，他们的责任以他们投资入股的资金为限，他们财产中投资于公司以外的部分不会受到连累。但是，如果郑百文破产，股东将损失百分之百的投资；相反，如果实施重组方案，公司得以起死回生，其债务总额也将减少94%左右，每股账面净资产将从-6元增加到1元以上。而且通过后续的资产重组可以使公司基本面逐步得到根本性改变。

然而，根据重组方案，要求股东零价格转让自己50%的股份给三联集团，这使股东不得不为了重组而使自己的资产缩水50%，因此，股东接受重组方案是无奈而又迫不得已的。尽管本次重组让股东特别是广大中小股东尝到股市风险滋味，并付出了代价，广大中小股东还是避免了颗粒无收的窘境。

而作为郑百文的第一大股东，百文集团在此次重组中扮演了债务承担和资产转接的角色。它承接了郑百文9.7亿元的资产和5.9亿元的债务，同时，百文集团还承诺安置郑百文2 800名职工。由于郑百文转移给百文集团的资产多为应收账款，而我国商业企业的应收账款多为风险极高的逾期债权；对应收账款的收回要耗费企业大量的时间和金钱，故该项资产转接是将收回逾期债权的风险和成本同时转移给了百文集团，提升了郑百文自身的资产质量。

表面上看，百文集团在此次重组中似乎没有得到什么利益，但实际上，百文集团代表了当地政府对重组的态度。由于郑百文破产或退市对当地政府非常不利，它会产生当地税收来源减少、失业职工增加、债务纠纷繁杂、对当地投资环境形成负面影响等弊端，因此郑州市政府希望通过重组能够挽救郑百文破产或退市的困境，因此，上述百文集团的作为可以看作郑州市政府对郑百文重组做出的贡献。事实上，郑百文重组成功后，又可以继续为地方经济建设做贡献。这一层面来说，郑州市政府和百文集团也获得了它们所需要的利益。

3. 对重组方三联集团的影响

重组方三联集团是此次重组的关键人物。从表面上看，在此次重组中，三联集团付出了不少代价。主要包括：①通过存量重组，向信达公司支付3亿元的现金换取对郑百文约15亿元的债权；②通过增量重组，向郑百文注入2.5亿的优质资产（按15倍市盈率计，三联集团注入2.5亿元资产，市场价值约4亿元）；③通过给予百文集团2.5亿元债务豁免的补偿，换取对郑百文资产、债务重组的支持；④向百文集团支付3 000万元托管费；⑤为郑百文名下的1.5亿元债务向郑百文债权人提供还款保证等。

但是，不可否认，即使考虑了三联集团所付出的这些代价，三联集团仍然是本次重组中最大的赢家。

（1）三联用3亿元现金换得债权人信达公司约15亿元债权的豁免，使郑百文每股净资产由-6.89元上升到1.45元，仅此一项就使郑百文摆脱了资不抵债的困境，由于重组后的郑百文实质上已经变成山东三联（三联将拥有其50%的股份），因此本次债务豁免是三联花3亿元购回2.864亿元的账面净资产。

（2）郑州市政府为了实现郑百文重组，给予了三联许多优惠政策，如将郑百文富余员工划归母公司百文集团、将郑百文其余债务划归母公司百文集团、给予税收优惠等。其中仅税收优惠每年保守估计就可为三联增加3 000万元收入，3~5年的税收优惠总额将在9 000万~1.5亿元。

（3）三联将以零价格获得郑百文50%的股权（包括5 354万股流通股），根据协议三联集团3年后有权全部抛售。如果重组方案顺利实施，郑百文在3年内完成扭亏盈利，则这些流通股将带给三联巨大的收益。

（4）通过重组，三联集团可以进一步拓展集团在家电零售业务中的全国市场，建立广泛的市场销售网络，逐步树立自己行业领导者的形象。这次重组，三联集团从战略角度上达到了调整集团产业结构，提升自己核心竞争力的目的。

（5）最重要的是，对于三联集团而言，这次重组使三联集团获得了一个干净的郑百文壳资源，成功实现了“借壳上市”，打通了公司通过证券市场进行直接融资的渠道。

另外，在这次重组中，三联集团还在一夜之间名扬全国，让中国股民熟记于心。

由此可见。本次重组三联集团付出的成本不是很高，而将来的利润空间却很大，这正是三联重组郑百文的最大利益驱动点。这次重组对三联而言，可谓名利双收，春风得意。

4. 对被重组方郑百文的影响

三年多艰难重组使已濒临破产退市的郑百文起死回生，并走上了正轨，现已更名为“三联商社”。重组立竿见影的效果是使郑百文由一家濒临破产的公司浴火重生，从这个意义上说，郑百文也算达到了它重组的目的。

具体来说，重组后的郑百文发生了如下变化。

（1）股东权益大幅增加。其中，三联豁免郑百文的14.47亿元债务形成资本公积，加上重组出售资产产生的关联交易价差和重组后实现的净利润，郑百文股东权益实现由负转正的变化，每股净资产由2001年年底的-6元增加到2002年年底的1元，同时，每股收益、净资产收益率等财务指标也得到较大改观。

（2）现金状况得到改善。由于三联分两次共注入约1.3亿元现金，公司货币资金由2002年年底的4 000多万元上升为2003年3月31日的1.9亿元左右。

（3）由于债务豁免，公司2002年度的财务费用同比下降76.4%。

（4）主营业务及结构发生较大变化。公司原先的洗涤化妆品、日用百货、文化用品等商品批发业务转出，变更为家电类、信息类和通信产品类的零售业务，主营业务的改变带来毛利率的提高（约2.3%）。

（5）股东、债权人、公司职工的利益得到了较好维护，保持了当地社会的稳定，为当地政府保留了上市壳资源，为企业未来发展铺平了道路。

（6）重组后公司股价在二级市场的表现也令人瞩目。2000年1月16日，公司重组停牌前的股价为5.48元/股，重组完成后2003年7月18日复牌的首日，公司股价以9.96元开盘，10.30元收盘，中间最高达到12.18元的价位。

经过重组，郑百文的财务状况和经营业绩不断改进。在公司2003年未经审计的一季度季报中，报告期主营业务收入同比增长31.92%，净利润同比增长20.47%。此外，现金流净额达36 594 173.39元，超过整个2002年度的数额，同比增长507.86%，每股经营现金流净额由此增至0.185 2元。

从表8-9中郑百文2001—2003年中期的有关财务指标可以看出其财务状况的变化。

表8-9 郑百文2001—2003年6月的相关财务指标

	2003年中期	2002年	2001年
主营收入/万元	80 006.87	125 689.93	27 316.98
利润总额/万元	2 374.42	3 732.62	541.01
总资产/万元	61 241.02	50 630.51	47 923.68
总负债/万元	34 656.58	25 551.20	169 744.74
股东权益/万元	26 584.44	25 079.31	-121 821.06
每股收益/万元	0.076 0	0.105 3	0.019 3
每股净资产/元	1.35	1.27	-6.17
净资产收益率/%	5.66	8.30	-0.31
流动比率	1.11	1.08	0.14
速动比率	0.80	0.79	0.12

案例讨论

浙江海纳重组与和解

1. 危机爆发

浙江海纳科技股份有限公司（简称“浙江海纳”）是一家以浙江大学为技术依托的高科技企业，公司成立之初，法人股东为浙江大学企业集团控股有限公司、浙江省科技风险投资公司以及四位自然人。1999年5月在深交所上市。

2003年2月14日，浙江大学企业集团控股有限公司分别与珠海溶信、海南皇冠签订了《股权转让协议》。根据该协议，浙大企业集团将其持有的2 560万股（占总股本的28.44%）和2 160万股国有法人股（占总股本的24%）分别转让给珠海溶信和海南皇冠，而珠海溶信与海南皇冠的实际控制人都是飞天系的实际控制人邱忠保。

在邱忠保控制了海纳之后，海纳为多家单位提供了层层担保，如表8-10所示。

表8-10 海纳为多家单位提供了层层担保

时间	担保对象	金额	说明
2004年5月31日	中石油飞天实业投资开发有限公司	8 000万元	为银行借贷提供连带责任担保
2004年6月18日	武汉民生石油液化器有限公司	3 000万元	为银行借款提供担保
2004年8月5日	南京恒牛工贸实业有限公司	3 500万元	和中油龙昌共同为银行借款提供连带责任担保
2004年8月5日	珠海经济特区溶信投资有限公司和海南皇冠假日滨海温泉酒店有限公司	1.46亿元	债务连带责任担保

邱忠保操控下的违规担保在债务到期后，债权人纷纷起诉，申请执行。为应付2005年开始出现的众多担保引起的诉讼事项，浙江海纳在2005年年报中将飞天系实际占用资金2.82亿元、涉讼担保3.31亿元和其他违规担保2.51亿元的80%进行计提，直接导致浙江海纳2005年高达近6.36亿元的巨额亏损，当年每股亏损7.07元。

2005年年底海纳危机逐渐显现出来，公司涉及的重大诉讼、仲裁事项达19项之多，涉及债权人16人。随着2006年2月邱忠保被上海警方调查，海纳危机开始全面爆发，大部分诉讼和仲裁事项均进入强制执行阶段。

2. 重组计划

2006年3月开始，在浙江省政府、浙江大学和浙江证监局的领导和支持下，海纳积极探索解决债务危机的方法。2007年，以浙江大学经营性资产管理委员会为主体，成立了浙江海纳重组清算组，浙江大学国资办和浙江证监局派员参加。海纳破产重组清算工作先行启动。清算组主动与债权人接触，尽力得到债权人的支持和理解，以维护公司及下属企业的生产稳定和员工稳定，防止资产不当流失。

2007年9月14日，债权人袁建华以拥有海纳2 190.43万元的债权向杭州市中级人民法院提出海纳破产重组的申请。申请当天，法院就裁定予以受理，并指定重组清算组担任管理人。由此，海纳破产重组工作正式进入司法程序。杭州中院则严格按照2007年6月1日正式实施的《破产法》的相关规定，进行各项程序。

2007年10月19日，15家债权人如期向海纳管理人申报了债权，债权总金额为人民币5.42亿元。10月24日，海纳第一次债权人会议在杭州中院召开，15家债权人和海纳以及海纳管理人出席会议。在这次会议上，海纳破产重组计划（草案）正式出炉，在管理人对破产重组计划草案作了充分说明后，债权人对该草案进行表决。该草案显示：经专业评估机构的评估，海纳债务总金额为5.42亿元，债务本金总额为4.05亿元；资产价值为1.107亿元，两者相比，严重资不抵债。草案提出的方案是：深圳大地公司以海纳资产价值，1.107亿元为基数提供等值现金，用于清偿债务。债权人可以获得25.35%的本金清偿，高于模拟破产清算条件下19.84%的本金清偿率。

经法院确认，因海纳不存在对特定财产享有担保权的债权，不存在职工的工资和医疗，伤残补助、抚恤费用和应当划入职工个人账户的基本养老保险、基本医疗保险费用和法律、行政法规规定应当支付给职工的补偿金债权，不存在税款债权，只存在普通债权。普通债权人共计15家，普通债权本金总额共计40 522.89万元。普通债权人在重组计划执行期内获得上述比例现金一次性清偿后，免除海纳剩余本金债权和全部利息债权及其他债权。

该草案经过表决，有12家债权人表示同意，不同意的为1家，还有2家弃权。根据《破产法》相关规定，同意重组计划草案的债权人已大大超过半数，他们所代表的债权额占债权总额的87.17%，也已超过《破产法》所规定的2/3以上，重组计划获得通过。2007年8月23日，杭州市中级人民法院召开新闻发布会，宣布海纳破产重组一案已审理终结，法院已裁定批准债权人会议通过的海纳重组计划，并终止重组程序。

2009年浙江海纳公司资产重组和股权分置改革已全面完成。公司主营业务将从原来单一的半导体节能材料拓展为以节能减排和轨道交通业务为主营业务方向的大机电产业。由于公司通过机电脱硫类资产经营实现的收入占公司主营业务收入的91.07%，经核准，从2009年7月16日起，公司所属行业将变更为“专用设备制造业”，同时，公司中文名称缩写由“浙江海纳”，更名为“众合机电”。

3. 小结

海纳是新《破产法》实施后严格按照司法程序，最先实质性地走完了破产重组程序的上市公司。在该案例中，如果按照破产清算，债权人只能获得19.84%的本金清偿率。而通过破产重组，可以大大提高对债权人的清偿率，最大限度地保障债权人的权益。同时，破产重组可以使破产企业摆脱债务，轻装上阵，由此获得重生的希望，避免因纯粹的破产清算而引发的一系列社会问题。

（资料来源：首例上市公司破产案重组成功　浙江海纳能否重生，http：//news. xinhuanet. com/legal/2007 - ll/25/content7140802. htm。）

案例分析：

浙江海纳的破产重组对于陷入危机的上市公司有什么启示？破产重组是否优于破产清算？

思考题

1. 尽管国外有许多研究成果是关于财务危机预警分析模型的，但迄今为止，仍没有一个得到一致认可并广泛应用的财务危机预警分析模型。这说明财务危机预警分析模型纯属理论研究，缺乏实际应用价值。你如何看待这种说法？对此进行评论。
2. 财务危机防范的重点和难点是什么？
3. 根据阿特曼模型，企业在计算Z值时会遇到哪些实际问题？
4. 如何理解“重组”与“和解”两个法律程序？使用时要注意什么问题？
5. 破产清算财务管理的工作重点是什么？
6. 如何进行破产财产的分配？